财新丛书
Caixin book
series

财新丛书
Caixin book
series

财新丛书
Caixin book
series

财新丛书
Caixin book
series

财新丛书
Caixin book
series

财新丛书
Caixin book
series

财新丛书
Caixin book
series

财新丛书
Caixin book
series

财新丛书
Caixin book
series

财新丛书
Caixin book
series

财新丛书
Caixin book
series

新常态改变中国 3.0

世界经济与中国机会

THE CHINA OPPORTUNITIES

［美］比尔·盖茨等 _ 著

胡舒立 编

中国文史出版社

图书在版编目（CIP）数据

新常态改变中国3.0：世界经济与中国机会 ／ (美)盖茨等口述；

胡舒立等编． —— 北京 ： 中国文史出版社，2015.10

ISBN 978-7-5034-6646-5

Ⅰ．①新… Ⅱ．①盖… ②胡… Ⅲ．①世界经济－文集 Ⅳ．①F11-53

中国版本图书馆CIP数据核字(2015)第191626号

新常态改变中国3.0：世界经济与中国机会

责任编辑：刘 夏

封面设计：黎花莉

版式设计：谭 锴

出版发行：中国文史出版社

网　　址：www.wenshipress.com

社　　址：北京市西城区太平桥大街23号　　邮编：100811

电　　话：010－66173572　66168268　66192736（发行部）

传　　真：010－66192703

印　　制：北京京都六环印刷厂

经　　销：全国新华书店

开　　本：700毫米×1000毫米　1/16

印　　张：27.5

字　　数：340千字

版　　次：2015年11月北京第1版

印　　次：2020年1月第2次印刷

定　　价：49.80元

第一篇·财富新视野

盖茨这样做慈善

微软公司创办人和董事长：比尔·盖茨（Bill Gates）

特派记者：胡舒立

记者：李昕、刘虹桥、蓝方

墨西哥城内的查普尔特佩克公园，位于城区西南，拥有大片绿地，素有"城市之肺"之称。公园又与著名的墨西哥国家人类学博物馆、国家历史博物馆、现代艺术博物馆相拥相邻，从人头攒动的墨西哥老城区来到此处，更觉神清气爽。

2月12日，中国农历大年初三的下午，我们从"城市之肺"南门穿过马路，来到附近的四季酒店。刚刚抵达墨西哥城的比尔·盖茨在此接受了财新的专访。

（一）

58岁的盖茨今天引人注目，不仅在于他身为微软公司创办人和董事长的身份，更重要的还是他在慈善业的宏大作为。从1995年到2007年，盖茨连续13年是《福布斯》评选的世界首富，他捐资创办的比尔及梅琳达·盖茨基金会正是世界上最大的私人慈善基金会之一。至2012年12月，基金会总资产已达362亿美元。

恰如当年从哈佛大学辍学创办发展微软公司，盖茨在慈善业的举动同样不同寻常：2006年6月，在将近51岁时，盖茨宣布将淡出微软管理工作；2008年6月，他正式从微软退休，全职从事慈善事业，并宣布已立下遗嘱，将把绝大多数个人财产遗赠基金会——其时，盖茨的个人财产总值约为 555 亿美元。

盖茨同时以成功企业家的财力和能力倾注慈善，深得大投资家巴菲特认可。2006 年 6 月 25 日，巴菲特表示将把自己的慈善捐助注入盖茨基金会。如今，巴菲特是盖茨基金会的三名董事之一，其余两人是盖茨夫妇。

盖茨加巴菲特，成功的世界级富豪以其富可敌国的实力从事慈善业，且亲力亲为，将给慈善业带来什么样的新局面？这对中国正在悄然兴起、亟待提升的慈善业，特别是私人慈善业有何直接或间接的影响？

（二）

盖茨此次墨西哥之行，计划与墨西哥电信大亨卡洛斯·斯利姆（Carlos Slim）一起，参加墨西哥国际玉米小麦改良中心（CIMMYT）中一个新研究中心的揭幕仪式。

CIMMYT 是一家非营利机构，创始于 1943 年，在 1966 年拓展为国际机构。盖茨与当今的世界首富斯利姆为其新研究中心联合出资 2500 万美元。新中心主要研究种子的基因特征，旨在为 CIMMYT 的种子库增加适应不同环境要求的良种供世界各国选用；而盖茨基金会已有计划，将改良的种子用于对非洲和南亚等地的农业扶贫。

盖茨此行亦有联手斯利姆，更多从事慈善之意。

盖茨在筹划基金会时，曾对美国最有影响的洛克菲勒基金会做过多次考察，与小洛克菲勒的会面就达七次之多。盖茨基金会设定的关注领域，着眼与其他慈善基金会的配套、补充或加强，其国际上重点是健康和消除贫困，在美国国内则是教育机会均等。

有针对性地推动农业领域的科技创新，在盖茨看来正可以帮助穷国的小农户提升生产力。

到目前，盖茨基金会运作的项目覆盖 100 多个国家。其中，每年大约 15% 用于美国国内，60% 用于海外医疗卫生事业，20% 用于全球发展——包括 10% 用于农业扶贫。

（三）

或因常有日光浴，盖茨的肤色黝黑，略显清瘦，神色中带着刚下飞机的疲倦。他穿深灰色西服套装，戴有小红点的浅棕色领带，很随和地过来和我们握手，采访结束时还一起合了影。我们并坐在长沙发上交谈。他听到提问反应很快，滔滔不绝，说话时则直视前方，配合语言有手势和身体的动作，情绪饱满。

盖茨显然总是在思考中。从企业而转至慈善业，盖茨基金会该做些什么，他总在想。

话题从农业开始，很快转入中国，再转入他对于慈善项目如何建立信用、提升效率的思考——就在 1 月间，盖茨刚刚发表了他的年度公开信，其核心就是必须加强对慈善项目的结果考量，这一话题自然成了采访的重点。

预定的采访限时到了，记者抢问最后一个问题：你的高科技背景，还有你成功的企业家经历，哪些对你今天直接从事慈善事业帮助最大？

他笑了。他告诉财新，他觉得对新科技的理解力，和组织能力相结合，对于他从事慈善业的确很有帮助。

高效慈善何来

慈善业的效率总是引人关注。

自上世纪初至七八十年代西方国家兴起结社浪潮，全球慈善事业完成了从传统到现代的转型，往昔个人扶弱济困的自发善举，转变为以组织化、公益化为标志的现代慈善事业。慈善事业的非营利组织管理模式正在更新中，盖茨基金会就做出了诸多尝试。盖茨本人曾反复强调，要高效利用有限资源。而创新、企业化的管理，就是打开公益事业效率之门的钥匙。

2009 年起，盖茨每年初都发表公开信，阐释和分享在慈善公益方面的思考和规划。2013 年的年信中，盖茨对其在 2010 年提出的结果考量管理手段做了全面阐释。他指出，历史上，外国援助总是以投资的金钱总额来衡量，而非以帮助人民的实际效果为标准。他担心，"如果一项革新——无论是新疫苗还是改良的种子——不能触及未来受益的人群，它就无法产生影响"。这一看法，引起了我们的兴趣。

财新记者 你在年信中强调结果考量对慈善业的重要性。在你看来，慈善中的结果考量和商业的结果考量有何异同？

盖茨 主要有两大不同。第一，在商业领域对结果的考量是如何提高利润，而政府和慈善组织并不将盈利作为主要目标。我们的首要任务是提供医疗、教育等服务。

第二个不同是，企业能否吸引到人才和能否获得投资，都取决于盈利能力。如果企业不成功，获得的资源就少。而在慈善部门并没有这种直接反馈。在商业世界，如果一个公司缺乏效率，很可能会消亡。但是在慈善业，即使效率不高也可能继续运营下去。

要让慈善组织高效，首先应当有明确的目标，还要有对达到目标各个步骤的实际效果的衡量标准。这方面慈善组织在逐渐提高中。例如在卫生领域，在统计死亡率、疫苗接种率等方面，我们采用了最先进的技术，力求能够建立对结果的衡量。从效果而言，卫生项目的效率和认知度都提高了很多。举例说，小儿麻痹症的根除就是因为我们在结果考量方面做得不错，不断寻找提高效率的方法。

商界搞结果考量，有约束和激励机制，最终是市场力量在起作用。在慈善业，靠什么样的机制，能使人们更看重、从而更积极地进行结果考量？

盖茨 政府和慈善组织面临共同挑战。他们都没有类似企业的、基于盈利能力的直接反馈机制，来决定如何分配资源。

在政府项目方面，可以将一国的情况与别国相比，可与历史情况比较，可以向私人领域学习并吸引人才。

当然，很多事情是慈善业能做而商业部门做不到的，甚至政府也做不到。商业部门不会重视贫困人群的需求，因为他们在市场中的声音很弱，只有慈善业才会关注，并以创新的方法来帮助他们。在结果考量方面，我们只需要保证不比商业部门差很多就可以了。

你既是成功的商业领袖，也是慈善组织的领导人。以你的感受，两种身份之间的转换会面临什么挑战？

盖茨 我觉得，这两种身份对个人能力的要求是相似的。科技的角色是对创新下注，慈善的角色得知道如何传递愿景，如何获得社会关注。两个角色也有不一样的目标，涉及一些不同的技术，但基本的管理方式和对结果的考量一样。

<table>
<tr><td rowspan="5">记者述评</td><td>确实，盖茨基金会的特色，不仅在于其资金和规模，还在于基金会的运作采用商业手段，体现了一种商业模式。按盖茨基金会中国项目主任叶雷的说法，盖茨基金会的运作类似风险投资机构，但投资的对象并非企业，而是全世界的贫困者；目标不是获得商业利益，而是形成社会效益。</td></tr>
<tr><td>他举例说，盖茨基金会目前最大的投入领域为全球健康，其中约一</td></tr>
</table>

半资金用于疫苗。疫苗的广泛使用可以显著降低死亡率，但在南亚、非洲以及中国西部等贫困地区，人们往往难以负担高昂的注射费用。盖茨基金会通过投资支持企业进行疫苗研发，改善生产条件与能力，降低研发成本，研发成功后即可将疫苗低价销往贫困地区，使穷人可及。以肺炎疫苗为例，跨国公司报价需每针 100 美元，但盖茨支持的公司可以把价格缩减至每针 3 美元。不过，一旦企业不能克服研发技术瓶颈，或因其他变故项目无法继续，基金会的项目难免失败。

"这就是风险，这种投资精神，就是一种冒险的精神，是现在大部分的慈善机构都不做的。"叶雷说。如果项目成功，人们不用再高价购买疫苗，基金会将通过企业直接销售低价产品的方式进行扶贫，由此达到公益目标。叶雷介绍，一旦可持续的机制形成，盖茨基金会也将"功成身退"。

问题是，公益事业的成效并不像商业投资那样可用利润等指标轻易衡量。以往公益事业常用计划手段推动，如教育扶贫，评估方法也仅是投资额，或是新建多少学校，增加多少老师等物化指标，学生的能力提升等关键因素被忽略，慈善投入和实际受益人群所获真实效益难以挂钩形成良性循环，这也是全球慈善事业的通病。但盖茨认为，社会效益实际上可被测量。关键是要对社会效益制定可行的量化目标、测量方式和监督机制，包括对慈善组织自身的管理运营亦行此道。即便这必然推高慈善的成本，却是保证资金"不打水漂"的必要投入。

在制定终结脊髓灰质炎的行动规划时，盖茨基金会遵循国际社会此前制定的清晰目标，迅速扩大疫苗接种率。现在，脊髓灰质炎仅在三个国家还有流行，每年新增病例始终处于 1000 例以下。依据更详尽的收尾计划，全球有望在六年时间内实现目标。

在美国的教育项目中，盖茨基金会提出"有效教学衡量标准"，通过建立一整套考量与反馈系统以帮助教师改善教学，这其中包含一项与毕业率脱钩的学生结业考试。这套衡量方法虽因老师和校长们的不适而一度遭遇推行困难，但现在已渐受教师信赖。

在中国，盖茨基金会资助的艾滋防控项目中，也一反以往以投资额或举办防控活动次数规模等量度慈善成效的常规，而是在寻找艾滋感染者进行有效防控的过程中，要求受捐部门将寻获的新增感染者数量作为一个重要的考量指标。这也曾不被理解，但几经曲折后终见成效，使得这一考量模式最终成为中国疾病防控部门的一个规范性指标。

如何考量在华慈善

记者述评

自 2007 年在中国设立办事处以来，盖茨基金会承诺在中国的投入至 2012 年已超过 2 亿美元。一些是通过中国办事处来完成的，其中包括中盖艾滋病项目 5000 万美元，中盖结核病项目 3300 万美元，绿色超级稻项目 1800 万美元，中国红十字会控烟项目 900 万美元等，另一些则是由西雅图总部直接捐赠，或是基金会的全球合作伙伴、受赠机构执行。如此投入，如何评价产出？

你们怎么考量盖茨基金会在中国的项目？

盖茨　这取决于我们制定的目标。盖茨基金会在中国的结核病项目，旨在减少受结核病之困的人群。从三年前开始，在政府的支持帮助下，我们已经看到结核病感染人数明显下降。这是我们的目标。其间的考量方式包括我们能多快检测出结核病人，怎样让病人遵循处方坚持做完治疗等。我们有很多方式可以检测跟踪，这样项目效果就更好。

你对盖茨基金会在华项目取得的成果满意吗？

盖茨　满意。我们的疫苗项目非常成功。艾滋病防治方面的投入，有助于控制这一疾病。

控烟方面还没有看到太多进展，死亡率仍然在提高。在所有成功国家中，中国对烟草的课税最低。尽管有在某些地方不允许吸烟的规定，但并没有强制实施，与其他国家相比的市场手段对控烟的激励不足。控烟方面进展速度较慢，但是我们还是会继续投入。

控烟项目，需要思考如何让全社会谈论二手烟的问题，了解被迫吸烟的危害以及感染肺癌的风险。目前还没有在中国达到这样的效果。当然，美国也是直到上世纪 70 年代，也就是 40 年前，才逐步改善控烟，推动现在的变革的。

　　盖茨基金会在中国遇到最主要的挑战是什么？

盖茨　我们的工作集中于一个领域，即健康领域。如果有其他的机会，我们也抱着开放的心态。

可以说，从三年前开始，我们一半的努力是用中国经验帮助其他国家。我们希望在这方面能够取得较大进展。当然这一过程是一个复杂的过程，包括三方的合作——贫困国家、中国和我们——但我们有信心将其推进。我们在中国的项目也同样在推进中。

记者述评

盖茨基金会对中国的项目较乐观。叶雷透露，盖茨相信中国未来会有非常快的增长，因此把很多项目安排在中国。

基金会落地中国初期，投入主要用于直接支持中国的项目，如艾滋、结核病的防控等，大部分据称都进展顺利。

据叶雷介绍，盖茨基金会的项目主要由其他机构来执行，"受益人可能都不知道是你的投入让他受益"。例如，具体的运作，就采取把资金投给当地的一些执行部门的方式，包括政府和项目当地的非政府组织。

同时，基金会方面更希望携手多方一起来参与。

"中盖艾滋病项目"是一个成功案例。2007 年，盖茨基金会承诺与中国政府以及非政府组织合作，在包括男男同性恋人群在内的高危人群中开展艾滋病预防工作，并资助 700 万美元研究经费，用于艾滋病预防的研究。艾滋项目将每年新检测出的阳性感染者数量、感染者关怀、教育的具体数量等作为考核指标，并将考核指标与项目款项分配直接挂钩。2012 年末，中盖艾滋项目完成技术输入和制度建设，进入尾声，中国政府接过接力棒，将成功经验继续运用在艾滋病防治领域。

相较而言，控烟项目进展有限。据悉，盖茨基金会控烟项目有两个预期的产出：第一是搭建国家级的控烟框架，现在地方有了文件，要推动国家级的政策法规出台；第二个就是提高烟草税。在实施中，至今进展仍较为缓慢。

携手中国创新

记者述评

对中国，未来盖茨基金会计划除了在某些重大的全球健康问题，如重要传染病的防控上加速进程，更致力于推动中国的人才、技术以"中国制造"的优势帮助世界上其他国家。中国制造的低价优质的疫苗等高技术含量的产品乃是重点。盖茨认为，中国绝不仅仅是受捐者，更应当成为慈善力量的输出者。

农业也是盖茨基金会想携手中国改变世界的雄心之一。盖茨基金会正在资助研究者，打算将不依赖化肥的"绿色超级稻"带到非洲，以绿色新技术帮助贫困农民在恶劣环境下实现粮食丰产。

这次你的墨西哥之行主要为了当地的农业项目。为什么对农业问题如此关注？

盖茨 盖茨基金会每年提供30多亿美元赠款,其中农业项目的投入增长很快,从3亿美元增长到每年4.5亿美元左右。这是一笔可观的投入,我们也非常重视。农业赠款中的较大部分用在提高贫困国家农产品产量的种子研究上。

我这次到墨西哥来,主要是拜访国际玉米小麦改良中心(CIMMYT),当年玉米与小麦这两种重要作物的绿色革命就是发源于此。当然,大米的改良主要是在菲律宾。

时至今日,对种子改良的研究投入仍然不够,产量还需提高,出现了新的农产品病虫害,而气候变化影响下的旱灾也越来越严重。

全世界70%的贫困人口是拥有小块农地的农民。上世纪60年代和70年代印度与巴基斯坦的"绿色革命",以及此后中国的"绿色革命"都大幅提高了农作物产量,避免了一些本来预计可能出现的饥荒。现在我们需要将农作物产量提升到一个新的高度,尤其是在非洲提高主食农作物的产量。在中国,我们与中国农业科学院合作培育"绿色超级稻",引种到非洲并本地化。这个项目若顺利推行,非洲最贫困农户家庭的产量将在未来十年中提高20%。

农业生产中规模化很重要,你为什么选择主要资助小规模生产的农民?其中经验是否能推广到规模化农业生产中?

盖茨 贫困国家缺乏大型农场,而农民没有资金来购买机械。幸好,大部分主食农作物即使在小块农田中也能获得高产,不需要依赖机械化。有一些作物需要规模化生产,比如咖啡和茶叶等,人们称其为种植园作物。

如果一个国家发展程度高,人力资源价格高昂,自然会提高机械化程度。但主食农作物一般都是最后机械化的。而且许多非洲国家还远远达不到机械化的要求,主食作物还是小规模生产。但即使这样也可以非常有竞争力。

为什么盖茨基金会在中国没有较大的农业项目?

盖茨 盖茨基金会在中国的农业捐赠主要是种子研发，而大部分投入在医疗方面，如疫苗、结核病等。中国有非常高的结核病发病率，盖茨基金会给中国政府提供了不少捐赠，用以对抗结核病。此外还有烟草控制的项目。中国的"吸烟父亲"（smoking dads）比例很高，可能是世界最高，而且还在不断上升之中。在艾滋病防治领域我们也有在华项目。

现在我们更希望在中国的项目和中国创新对世界的贡献中寻得平衡。水稻就是一个例子——中国的稻种可以让贫穷国家获益。我们和中国政府建立合作，共同投资这方面的创新研发。

记者述评

在盖茨基金会近期完成的全球策略调整中，中国的角色和定位已显著变化。直接援助资金逐步减少，战略性的投资如农业、卫生领域的研发将保持增长。2013 年，盖茨基金会将把更多精力放在中国项目成果的推广上，尤其将助力中国研发的创新产品的商业化进程。叶雷坦言："最近两年，我们更看重利用中国的能力来帮助世界。"

显然，在盖茨看来，中国近些年在卫生、科技等重要领域的投入和发展非常巨大，这使得中国具备科技、新产品等慈善新动力的输出能力。虽然中国之前确实存在如今也存在投入不足、制度不良、人才流失等问题，但较前已进步良多，和国际水平差距大大缩小，甚至不少跨国企业也愿意到中国设立研发中心。"我们相信中国会成为一个支持全世界的基地。"叶雷说。

叶雷还分析，正处于高速发展阶段的中国，不仅具有"中国制造"的独特生产优势，在某些领域还具备相当大程度的技术优势。

他告诉财新记者，盖茨基金会曾寻找企业合作研发一种动物疫苗，后来却发现中国的研究者早已攻克难关，并具备成熟技术。

由此，叶雷强调，盖茨基金会可以发挥桥梁作用，把中国好东西推向世界。不但要让世界知晓，也要让世界接受。

2008 年，基金会向中国农业科学院提供 1800 万美元研发资金，用于研发可在恶劣环境下成功生长的"绿色超级稻"。目前，稻种培育已十分成熟，这种单位产值高、不需要施加化肥的新型稻种，正在同样以小农耕作为主的非洲国家进行本土化栽培。若成功推广，将能在短期内使非洲粮食产量翻番。

新疫苗研发，是盖茨基金会在中国投入的重要领域。

盖茨基金会发现，中国医药产品安于巨大的国内市场，例如疫苗产品就非常缺乏出口经验，生产也很少达到国际标准。七年前，盖茨基金会捐资中国最大的疫苗企业中国生物技术集团公司进行新疫苗研发。目前，这种疫苗正在获取美国食品药品监督管理局（FDA）和世界卫生组织（WHO）的新药认证。一旦通过，中国疫苗将有资格大量供给印度等发展中国家。

叶雷分析，此举不仅使慈善事业受益，企业一旦获得走向世界的门票，未来必然也将获得更多的商业机会。盖茨基金会在其中投入的回报，则或将直接转化为产品价格的进一步降低。

慈善动力之源

记者述评

盖茨在退出微软公司之后，开启了劝说世界巨富捐资从善的漫长旅途。中国也是其旅途的重要站点。

不过，这些钱并不需要富豪们捐给盖茨基金会。甚至，盖茨和巴菲特都曾许诺，在去世后若干年内，要将所有捐款花完，结束基金会。盖茨式慈善也面临可持续性问题。但盖茨似乎已经找到了自己的答案：理念的传播，制度的建立，是他努力的方向。

有关心制度的思考在先，盖茨怎么看中国慈善业？

越来越多的中国中产阶级开始关心慈善业，愿意捐献自己的钱为社会做事；并且不少富人建立了公益基金。现在人们最大的担心是善款使用不当。

盖茨 现在中国的基金会数量还非常少，慈善业才刚刚起步。而且其中相当大部分集中于灾难救助。政府的灾难救助并不依赖于慈善捐赠。在其他领域，例如研究方面，投入很少。中国最大的慈善家之一是香港的李嘉诚。

慈善在中国刚刚起步，有很多关注和讨论。

我曾与为数不少的中国成功企业家会面，他们都表示对慈善兴趣浓厚。我们会进一步观察未来的发展。

政府可以有效地推动慈善，例如帮助企业家建立慈善组织，提供税收激励等，尤其是慈善相关的遗产税减免被证明是一个有效的激励方法。政府还能为慈善企业喝彩，达到鼓励的效果。

人们对慈善组织的信任度仍然不够。如何让中国的慈善组织赢得社会信任？

盖茨 中国红十字会做得还是不错的。说到底都要看数字。任何对慈善认真的人都关注具体数字，而不仅仅是一个丑闻。事过几年，当初的丑闻应该没什么人提及了吧。

人们应该更关注数据，看资金怎么花的——如果你捐助的是研究项目，研究是否加强了；如果你资助控烟，是否控烟得到加强。

中国的慈善不应该比美国或者任何地方差。人们可以选择自己能直接监督的项目，例如在自己的城市帮助残疾儿童和研究。若要捐助有更大的影响，有时候需要加入一个较大的基金会，投向较远的地方。总的说来，中国慈善业应该有可见度，是可以监督的。

2010 年，你和巴菲特来华，为中国的成功企业家举办了著名的"巴比晚宴"，共同商讨如何募捐和从事慈善，此事在中国引起广泛关注。你如何衡量"巴比晚宴"的效果？下一步还有哪些举措？

盖茨 那次活动的曝光率高，源于媒体关注度高。

当时我们并没有向参与者提出什么特别的要求，只是想有一个讨论，并分享我们做慈善的感受。我们鼓励中国的慈善家经常性聚会，这在海外是常见的事。遗憾的是这个聚会并没有出现。当然是否想更有组织，是否愿意互相学习，都是慈善家自己的选择。这是一个自然的过程。按照现在中国的财富程度，即使捐助数额仅有美国十分之一，也能产生多得多的基金会。

我会继续与中国企业家会面，看看自己能提供什么样的帮助。中国的慈善组织要走出自己的道路。我只能分享慈善是多么美好的一件事，多么让人享受。或者说，仅仅是帮助中国的企业家更多了解资本主义，了解慈善是其中正面的一部分。

基金会在世界各地的项目，都需要在当地寻找合作伙伴。而包括中国在内的很多地区，无论是政府组织还是非政府组织，专业化管理方面都有一定的欠缺。基金会如何寻找和培养合作伙伴，帮助其成长？

盖茨 我们给他们提供资金，这当然是很重要的帮助。我们也带来世界各地的经验，例如艾滋病防治的创新，主要借助了印度的经验。印度民间组织接触比较封闭的群体，例如吸毒人群、性工作者、男男同性恋等富有经验。通常政府很难接触到这些人群。非盈利项目的推行并非易事。我们和政府合作，逐步建立起推进的能力。

盖茨基金会在墨西哥的农业项目与当地企业家，也是目前世界首富斯利姆（Carlos Slim）合作。在中国有这样的紧密合作伙伴吗？

盖茨　如果在中国有愿意资助农业的慈善家，我们当然愿意与之合作。我们和中国政府合作绿色超级稻，这本身就是一个可观的农业项目。

你过去的从业背景是高科技领域，同时又是成功的企业家。你觉得哪个背景对你今天充当社会企业家更有帮助呢？

盖茨　疫苗技术和育种技术堪称奇迹。如果没有科技就不能获得这些神奇的进步。如何能凝聚共识，激发热情，克服挑战，需要组织能力。

对我来说，需要把对于科学的理解和组织能力结合在一起。惟有如此，才能集合大家的努力，管理各种项目，提高项目的社会关注度，让大家关心为什么需要注射小儿麻痹症的疫苗，为什么非洲农产品种子不足等，然后调动资源并较好地使用资源。

我不明白你说的企业家是指什么。不过，我们既需要组织能力，也需要了解奇迹来源何处——这是科技的力量。

记者述评　2013 年 2 月 19 日，乌克兰"钢铁大王"、富豪维克托·平丘克（Victor Pinchuk）公开承诺，将在有生之年及身后捐出自己一半以上的财产。由是，他成为最新进入捐赠承诺（the giving pledge）的第 105 名富豪。

捐赠承诺，是盖茨夫妇和巴菲特 2010 年 6 月发起的捐赠行动。盖茨和巴菲特从这一年起，亲自游说世界级的富豪们，鼓励他们为慈善事业做出承诺，在有生之年或过世后捐出 50% 以上的财富从事慈善。在他们发起这项行动仅两个月后，就有 40 名美国最富有的个人和家庭同意在捐赠承诺书上签名。这份名单还在不断拉长。迄今为止，已有来自 9 个不同国家的 106 个富豪和家庭，加入到了"捐赠承诺"中。据美国基金会中心估计，这些富豪捐赠的身家共计约 4000 多亿美元，捐赠者中年龄最小的 28 岁，最大的 97 岁。而与盖茨在墨西哥城会面的现任世界首富卡洛斯·斯利姆，即是在平丘克之前最近一位加入该行动的富豪。不过，至今尚无中国富豪进入此榜单。

作为其慈善行动的第二站，盖茨和巴菲特曾在 2010 年 9 月底来华，邀请了 50 名中国富豪参加慈善晚宴，也就是轰动一时的"巴比晚宴"（参见本刊 2010 年第 39 期封面报道"错位的慈善"）。这一活动，将中国的富豪们推上风口浪尖。对比海外巨富们的慷慨解囊，中国富人们的善举远不令公众满意。2010 年，胡润富豪榜单上排名前十名的富豪（共有 12 位），只有 5 人进入前 50 名慈善榜榜单。

不过，正如盖茨在事前事后反复强调的，这一场晚宴并非要"劝捐"，更多的是中国慈善理念与国际视野的交流碰撞。宴席中，一些中国的富豪虽表现出投身慈善的意愿，但也普遍表达了自己的担忧——在私人财产保护不力、社会保障福利体系仍有缺失的情况下，不得不为子孙后代的未来打算，称"裸捐"风险太大。

但另一方面，随着中国经济社会的迅猛变化，越来越开放的慈善环境，也为中国的富人慈善创造了空间。上市公司福耀玻璃创始人曹德旺 2011 年正式设立非公募基金会河仁慈善基金会，资本逾 35 亿元，是中国资产规模最大的慈善基金会。截至 2013 年 2 月 20 日，中国本土已登记注册了 1707 家非公募基金会，以富豪或企业财产成立的基金会，远远超过公募基金会的数量（1323 家）。中国社会的精英阶层开始更积极地回应社会问题，他们面临更多的挑战，将是在现代慈善的语境下，如何更有效花好他们捐出的财产。

盖茨向来认为，加强慈善机构的能力非常重要，也尤其重视资金使用的效率和影响力。他自己的慈善事业瞄准与科技创新相结合的领域，以期更持续有效地影响改变乃至世界。

传统的官办社会组织，大多仍延续非市场化的管理模式，转型有待时日。从 2011 年开始，无论是红十字会的"郭美美事件"，还是河南宋基会的投资风波，一系列官办机构的丑闻，促成官办社团的改革。

在登记、税收的重重限制下，根植于民间的组织刚刚起步，良莠不齐，不少机构在专业性、职业化上都颇有欠缺，无论是在能力建设还是组织经验上，甚至难以同政府机构或者官办社团相提并论。2012 年底，网友对民办机构中华儿童慈善救助基金会的财务管理能力发起连续质疑，即是典型案例。这些慈善组织要提升自己的能力并最终获得公众信任和认可，还需时间的检验。

本刊记者任波、昝馨，实习记者陈洁对此文亦有贡献
发表于财新《新世纪》周刊 2013 年第 7 期 出版日期：2013 年 2 月 25 日

资本之王的财富观

黑石集团的共同创始人
全球主席兼首席执行官：苏世民（Stephen Schwarzman）
记者：胡舒立、王烁

　　现年 68 岁的美国规模最大的上市投资管理公司——黑石集团的共同创始人、全球主席兼首席执行官史蒂芬·施瓦茨曼，有个中文名字叫苏世民。与很多含着金钥匙出生的华尔街精英不同，苏世民只是美国宾州一家干货店老板的儿子，早年凭借天资聪颖，以优异成绩毕业于哈佛商学院，并跻身华尔街，31 岁成为投行大鳄雷曼兄弟最年轻的合伙人，深得大老板彼得森的赏识。1985 年，他离开雷曼后与彼得森各出资 20 万美元，创办了后来大名鼎鼎的黑石集团。2013 年时，他曾以 65 亿美元的身价在美国 400 富豪榜上位于第 63 位，褒扬者称他是"华尔街的新国王"，投资以谨慎著称，即便在金融危机中也表现不俗；批评者则把他推上"福布斯 2013 年十大最差亿万富翁"榜单，因为他对自己的财富毫不掩饰，一场生日派对名流云集，耗资数百万美元，他还曾将美国总统奥巴马向富人增税的计划比作纳粹进攻波兰。

　　与大多数华尔街富豪一样，苏世民也热衷慈善事业，曾为纽约公共图书馆出资 1 亿美元，图书馆大楼获名"苏世民楼"；向耶鲁大学捐资 1700 万美元建造"苏世民食堂"。两年前，他还向中国的清华大学捐赠 1 亿美元，并计划筹集 3 亿美元作为 "清华大学苏世民学者项目"永久运行基金，在清华建立"苏世民书院"。这也是中国有史以来规模最大的外资资助的慈善项目。

财新记者 作为一个成功的商业人士，我们很想知道促使你追求成功的早期动力是什么？作为美国最富有的人之一，你是否享受自己作为一个亿万富翁，或者说私募股权领域的超级富豪所获得的成就？

苏世民 这个问题很难回答，它不仅仅是关于致富，更与成功之道有关。如果你要问我是怎样追求成功的，我想说，人们做事总是追求好的结果，越是一帆风顺，越是享受成功带来的喜悦。比起获得金钱，更希望有属于自己的、独一无二的建树。如果你能够做到这一点，那实际上就是对社会需求的一种满足，比如说耐克公司生产的运动鞋，苹果公司设计的电脑、iPad 和 iPhone，或者是其他一些既富有独创性，又经济实用的产品。做到这些，意味着要创造新事物、投资新领域，革新现有技术，这些都是促使人不断奋斗的基础动力。

我觉得这就是为什么沃伦·巴菲特会说"我对工作充满激情"。

苏世民 我也很享受我的工作时光。实际上，当我干这一行越久，经验积累得就越丰富。但问题是，随着年龄的增长，对金融越来越不敏感，这时就需要不断学习。因为世界总是在不断变化和发展的。从外部来看，很有意思的一个现象是，有一些在金融领域很有成就的人。在美国，针对这群人曾做过一个调查，结果是，与中国不同，大多数成功的美国商人依旧认为自己属于中产阶级，和白手起家时处在同一地位。我很认同这个想法。我也并不认为现在和过去的自己有什么不同。我在高中时候交往的朋友，现在和他们依旧维持着友谊。在成功之后，身边的人或许会对你另眼相看，但你自己要保持初衷，否则便失去了做人的本心，今后的事业发展也将会受到阻碍。

你的个人抱负是否与童年经历有关？是否受到了父亲或其他亲人的
影响？

苏世民　部分是受到我成长环境的影响。我的祖父做了很多慈善工作，我对
此耳濡目染。至于我本人，很有意思的是，因为我如今的事业已经非常成功，
持有大量的股份，所以现在面临一个尴尬的状况：黑石公司发展得越来越好，
我的事业越来越成功，获得的个人资产也在增加，甚至已经超过了我个人需要
的范畴。对于这些资产的用途，选择余地其实并不多，你可以把所有的钱留给
孩子，但是很多人认为这并不是一个合适的做法。然而，你还可以用这些资产
去帮助有困难的人。开展慈善工作的选择有很多种，既可以将钱投入现有的慈
善项目，亦可以设立新的活动。我个人来说倾向于后者。

　　我和我的妻子捐出了一大笔钱，去资助贫困的少数民族学生读大学。这些
学生中的绝大多数在高中毕业后得以进入大学学习，人生也得到了极大的改变。
当你有能力做这样的善举时，你会得到一种美妙的体验，因为可以说，你给予
了这些人改变生活的机会。因此，我们总是在寻找一些有意义的慈善项目，能
够对人们的生活产生影响。做这样的慈善工作，对我来说是很有价值的。

你的儿子选择了一条和你完全不同的人生轨迹，并且已成为一名出
色的电影制作人。你对他有过什么样的指导？或者说你之前对他有
什么样的期盼？

苏世民　这个问题提得好。我儿子大学读的法学院，之后成为一名律师。两
年之后，他找到我，对我说："我并不想当一名律师，这份工作太无聊，上班
的时间也太长了。我不想再继续做下去。"我问道："好吧，要知道你大学读
的是法学专业，那么现在你还想做什么工作呢？"他说："我想应聘一家从事
电影领域的公司。"于是他在这家公司干了两年，然后找到我说："我想自己

单干，因为我已经了解到行业的规则了。"之后，他参与制作了一到两部规模很小的电影制作，然后，他得到了名为"模仿游戏"的电影剧本。这就是电影本身的名字。这部电影被提名 8 项奥斯卡奖，票房成绩高达 2 亿美元。这对我儿子来说是金钱上的一次巨大成功。更重要的是，这次成功对他意义深远，表示了从事电影行业需要充足的自信心。

我想说的是，他的成功与我无关，是靠他自身的努力。我并没有帮助他制作一部电影，包括挑选剧本，吸引投资，协调员工，聘请导演，邀请如本尼迪克特·康伯巴奇及凯拉·奈特莉等影星参演，这些环节我都没有参与，都是我儿子自己在做。我并没有意识到我儿子身份的特殊，因为我一直认为自己只是一个认真工作的普通人。然而显而易见，作为我的儿子，他在很多方面会遇到一些挑战。但是他靠自己的努力取得成就，这让我感到无限欣喜，极其为他自豪。

记者述评　在中国，苏世民最大的"投资"不是商业，而是教育。2013 年 4 月 21 日，由苏世民与时任清华大学校长陈吉宁共同发起的"苏世民学者项目"正式启动。该项目秉承"立足中国、面向世界"的原则，在全球范围内选拔优秀的大学毕业生，到清华进行为期一年的研究生学习，使其更直观地了解中国社会、理解中国文化，努力为崛起中的中国与变化中的世界做出重要贡献。

我们对您在清华开设的苏世民学者项目也很感兴趣。您当时为何会产生这样的想法？

苏世民　这个项目的发起是以清华大学 2011 年 100 周年校庆为契机的。当时校方找到我，希望开展一些中国与海外学生交流的项目，作为庆祝 100 周年校庆的一项活动。然而我当时正为经济危机而焦头烂额，没有时间顾及其他的事情。于是我没能及时回复清华大学的这项提议。之后，我在巴黎待了六个月，时任清华大学校长的陈吉宁来找我，言简意赅地告诉我："如果你能够做一些教育项目，那将是非常有意义的。这些项目不必专门为清华100周年校庆而准备。"因为他不远万里前来与我会面，也让我开始认真地思考我想要在教育领域做些什么事情，目的何在，因为这不仅仅是一个学生交换的项目。于是我开始思考，什么样的事情重要到可以让我愿意花费时间去做？因为我的时间基本被谈生意所占据。所以，如果我想要做一些其他方面的事情，那么它一定要足够重要。

在我看来，中国和其他国家间的关系将成为全世界在未来的重要议题。考虑到时下世界经济的一体化，当中国就业人口多而西方就业人口少时，两个地区之间就会产生摩擦，西方国家民众就会产生不满情绪，继而衍生出所谓的"民粹主义"。在西方国家，潜在的"反华"行动很使人不快，对于中国民众来说，当受到人身攻击或辱骂的时候，一定是非常气恼的。所以，我发现西方国家，或者说发达国家，普遍存在这样一些人，他们以富人为攻击对象。造成这种现象的原因有很多，比如说收入不均、种族冲突等等。某种意义上，中国也是这些人的攻击对象之一。我想通过一些行动来阻止这种恶劣状况的发生。

所以，我想了想自己可以做些什么，然后说，"好吧，罗德奖学金项目能够吸引很多优秀的毕业生来参与，我们可以参考一下它的模式。"罗德奖学金项目的模式是，不会安排学生去类似于英国牛津等欧洲大学，而是组织他们来到中国，给予他们一种新奇独特的学习经验。让他们有机会去到中国各地，不仅仅是上海、香港这样的大都市，也包括偏远地区，给他们一个充分进行区域研究的机会。具体来说，他们可以与当地的一位名人接触，而这位名人将带领学生们参观他的工作地点，体验他的工作流程，并邀请学生们去他的住所，认识他的家人。

关于参与项目的学生人数，20%来自中国，45%来自美国，剩下的35%则来自其他国家。我们在清华建起了一座特殊的大楼，称之为"苏世民书院"。参与项目的研究生将会在这里生活和学习。书院里将设有图书馆、餐厅以及多间教室。他们居住的宿舍是由八个单独的房间围绕着一个中心大厅组成，有一到两名中国学生参与其中，会和其他参加项目的研究生居住在一起。当中外地区的学生相互理解，当参加项目的研究生们跳出外国学生思维来看待中国时，他们就得到了成长，并且能够在项目结束后回到本国，告诉当地人中国的现实情况如何。同时，有些中国人身上还有一些缺点，有时会做一些惹人不快的举动。而在中国学习的这些外国学生们，能够提醒他们的中国朋友，"看看你做了些什么？"，就像他们在自己国家所经常做的那样。我们试图培养能够在中外交流中发挥影响力的人，比如说政客、商人、记者及学者。他们能够告诉本国人，"中国人的这种做法并没有恶意，你的理解有误，不要对此作出过激反应。而且当你了解中国真实的一面，你会感到惊讶，并深有感触。"这就是为何我致力于推进苏世民学者项目。

这些参与苏世民学者项目的学生被视为是未来推进世界发展的中坚力量。我知道现在第一阶段的申请已经开放。那么您觉得申请状况如何？

苏世民　申请开放的时间是 4 月 15 日左右，现在还没有开放，也没有对此进行宣传。我们预计会收到很多学生的申请，在项目开始的第一年我们打算招收 100 名学生，并在今后逐渐扩招至 200 人。但是我们并不打算在第一年就招收 200 名学生，希望项目还是按部就班地进行。我们会在世界各地进行面试，从 300 名进入面试环节的学生中选取 100 名。

记
者
述
评
　　2008 年，一场由次贷危机所引发的金融风暴自美国华尔街发端，迅速横扫全球。从金融界到实体经济，各国的经济形势都面临着严峻的挑战。黑石集团所从事的私募股权产业也步入了有史以来最为艰难的时刻：

> 2008 年，全球私募股权投资交易量降至 1887 亿美元，比 2007 年锐减
> 72%。在那段金融界人人自危的时期，黑石采取了怎样的措施来渡过难
> 关？作为企业核心人物的苏世民，又从此次危机中获得了什么经验？

上一次我们见面的时候，你正忙于解决金融危机给公司带来的问题。我想知道，从此次金融危机中你学到了什么？获得了怎样的经验？

苏世民　此次金融危机在经过理性思考之后，其实可以看做是一件好事。首先，你需要预测危机会对经济带来的影响，然后采取相应的对策。这不仅仅事关黑石一家企业。当时，我们公司发展势态良好，但是金融危机导致我们的股票大跌，基本所有的金融股都遭遇了严重的下跌。然而，判断我们公司的投资效益如何是以十年为期限，因此没有投资者会把我们当作银行，随时去取回投资的款项。金融危机时期，投资额暂时性地减少；但是如果耐心等待，情况必将会好转。

所以我并不担心黑石公司会受到金融危机的严重影响。我更为担心的是整个世界的经济形势，如果世界经济整体崩塌，那对所有人来说都是灾难。如果世界经济恢复，那对所有人来说都是幸事。所以在金融危机期间，我尽力协助在美国政府以及其他国家工作的朋友，帮助他们应对金融危机给当地带来的影响。让我感到很有意思的是，有很多人都提出了非常好的建议。对我来说，那是一段压力如山的时间，因为这不是公司间的一场交易，而是关系着整个世界经济能否重振的行动。这是所有人都参与其中的一件大事。

经历了快速发展，现在的黑石公司已经成为世界上最大的资产管理公司，业务涵括另类资产管理、私募股权、房地产投资、对冲基金以及信贷业务。公司的业务量以每年 20% 的速度增长，可以说公司正经历着一个发展的黄金时期。对于当时的我们来说，很难预料到金融危机的爆发。然而，当世界经济恢复稳定，很多困扰着公司的问题也都迎刃而解。

私募股权业务其实和投资银行，以及其他一些金融机构的业务有很大不同。我们是不是可以理解说，私募股权业务在金融危机中受到的冲击较小，并且恢复得也比较快？

苏世民　我同意这个观点。你所谓的私募股权投资其实并不算是金钱交易，而更多是一种对企业的经营管理。黑石公司的私募股权投资仅占总业务的25%，然而人们却认为这是我们的主要业务。事实并非如此。私募股权投资只是针对公司的经营管理而言。黑石公司目前管理着自不同时期投资的近 80 家企业，带来的总利润在 1.2 万亿美元左右。同时，我们会将这些企业分门别类，根据需求雇佣 60 万到 70 万左右的员工。即使是在中国，这也是一个庞大的数字。你的企业有足够多的员工。所以说，与持有股权、关注股份涨跌不同，私募股权投资的重点是在公司的经营管理上。经济萧条时期，公司的收入减少，利润下降，但是经营良好的企业能够渡过难关。在金融危机期间，黑石公司所管理的诸多企业没有一家破产，也没有抛售的房地产项目。

你曾强调过，前瞻眼光对于黑石公司的成功至关重要。所以我想问你一个问题。未来十年内，你最看好哪一个投资领域？

苏世民　我从投资业务中悟到的一点是，仅仅靠学习是无法获得投资机会的。因为投资具有偶然性。而在看待那些已经发生的事情时，你要考虑到它会在未来带来什么样的新机遇。举例来说，能源价格跌落，石油价格跌幅达到约50%，从 220 美元 / 桶降至 53 美元 / 桶，所以跌幅准确来说是 60%，甚至是65%。这件事会引起很多连锁反应。

作为结论，我不能断言之后的整个十年，但是可以预测在几年内这将会是一个蕴含无限商机的领域。和大多数商品类似，当供需关系恢复平衡，能源价格就会上涨。现在，你并不知道能源价格的底线何在，也不清楚低价会维持多久，但是能源产业是活跃的，供需关系会受到各种因素的影响，因此我认为能源市场将会面临巨大波动。

你怎么看互联网产业？

苏世民　当然，针对互联网产业有很多种投资方向。

你曾经投资过吗？

苏世民　我们并没有在早期开展互联网业务，原因之一是我本人不太熟悉科学技术。公司所招聘的大多是年长的员工，我觉得这些人基本上和我相似，都不太擅长科学技术应用。科技企业兴起于美国，是获取投资的主要来源。对科技创新的投资更多地像是内行人士间的博弈。在硅谷，有 5 到 6 家规模不大的创业投资企业达成了绝大多数的好交易。如果你想要针对某个领域进行投资，但是已经有其他投资者在该领域表现出色，那么你就不应该置身其间，除非有熟悉行业内情的人士来提供帮助。这些人一般在行业内都做得非常出色。

我深信，当你想投资某一领域时，一定要确保你的员工能够在这一领域将业务做大做新。有些人愿意跟在其他投资者之后投资，因为他看到了这些人从中盈利。但实际上，这些投资者也许拥有一些特殊的资源，能够确保他们在这一领域获利。而你，则会在投资初始就滞后于这些人。从资金角度来说，在某一领域最后一个投资，意味着收益最少，是不是？这就是为何我们对于投资互联网产业不甚活跃。但是，我们还是认为整个技术领域在十年内会充满机遇，一个行业总是经历着繁荣与衰退互替的过程，这是世间常理。

所以你在耐心等待行业发展进入下坡的时期。

苏世民 用一句谚语来说，巧妇难为无米之炊。但是当一个行业面临困境，实际上是会衍生出许多的投资机会的。

你认为中国的投资领域里哪一部分是你最感兴趣的？

苏世民 中国正在经历巨大的变革。在经济转型的过程中，中国经济的增长水平可能会放缓。但是这更多地意味着中国经济增长方式的成熟。此进程将会持续数年，并且为投资者提供新的机遇。我们收购了一家名为 Pack Terra 的信息科技公司，主要业务是信息技术外包及软件产品测试。这家公司正快速发展。所以我们有意识地寻找这一类有发展前景的企业。最近，我们收购了一家医疗器械公司，原因是在中国，人们的医疗支出费用正在逐渐上升。至于中国的房地产方面，我们买下了几家购物中心。为什么我们会这么做？原因就是中国的中产阶级人数正在增加，而他们是购物的主力军。事实就是，人们在经济上或许会面临买房的压力，但是这并不影响他们购物的欲望，因而购物中心的数量可以继续增加。我们还在中国买下了一些仓库。我们为什么会这么做？原因就是在中国，网络购物数量大幅增加，因而构建一个庞大而完整的网购体系已成为趋势。所以，我们跟随这个趋势，投资于此。你总是可以在世界各地找到有意思的投资项目，当然也包括中国。

记者述评 中国经济稳步前进的当下，越来越多的本地企业开始走出国门，放眼世界。一方面是受企业自身发展驱使，进一步在海外市场布局，提高国际知名度；另一方面，则受中国政府鼓励，到海外学习先进的开发技术和管理策略。对此苏世民表示，欢迎更多的中国企业进行海外投资；同时也建议这些企业，在充分了解当地市场特点的情况下有效地开展业务。

中国有大量的资金正准备投入国际市场。你认为这将对你所在的行业产生什么影响？对于中国这些想要走向国际的投资商们，你有没有什么建议？

苏世民 这是两个不同的问题。先谈谈中国的可利用资金。中国一向不缺乏投资资金。由于现在人民币不可自由兑换，因而这些资金只能投入到房地产行业或者是股市之中。受到资本管制和货币不可兑换的影响，针对中国境内的投资金额通常会上下波动，极其不稳定。因此，未来中国应该解决的问题，就是允许金融机构和个人将资金投向海外市场。中国投资市场逐步开放，像我们这样的海外企业正持续获得来自于一些中国金融机构的投资，比如说针对海外投资而设立的中国投资公司。然而这些获准在海外投资的企业毕竟占据少数。所以我们希望，中国能够继续放宽海外投资的门槛，对我们海外企业投入更多的资金。再谈谈走出国门的中国投资商。无论何时，当你想要在本国之外的地区投资或采购，都面临着极大的风险，原因就是大多数人都没意识到，与投资一个你了解规则、熟悉语言、了解民众的地区相比，海外投资的好处要少得多。当你进入外国的文化氛围，你对当地的一切都不了解，因而很容易遇到麻烦。所以在一无所知的情况下，你需要采取一些应对措施来保护自身的利益。因此，你可以与熟知当地文化的本地投资者合作，听取他们的建议。这些人会帮你分辨哪些是"君子"，哪些是"小人"。当然，在你自己的国家你也可以为他人提建议，但是在海外，作为一个异乡人，很多事情你并不了解。这是很普遍的一个现象。所以你需要一些"向导"，他们不仅仅了解本地的投资市场，更清楚你的需求和喜好。这些人能够提供专业的帮助，比如律师以及其他类型的咨询专家。然而，在雇佣这类专业咨询人员的基础上，你也需要2到3名值得信赖的人来帮助你分辨是非。然后我们发现，组建起一个咨询团队之后，当我们在别国设立办事处时，要把最出色的咨询人才，而不是那些无所事事的员工，派到地区遥远的办事处。因为在一个你并不了解其市场规则的国家，你更需要优秀的人才来帮你运营业务。否则靠谁来熟悉当地的情况？指望那些普通的员工？你需要的是最优秀的员工。然而，这些优秀的员工即使在别处，依旧能够为公司盈利，因而决策者们不愿意轻易调动他们，进而将那些不那么出色的员工派遣到海外。这是一个严重错误的做法。

记者仇一，龙周园，袁新对此文亦有贡献

发表于财新网《舒立时间》栏目 发表时间：2015 年 5 月 3 日

华尔街债券教父的投资箴言

贝莱德公司创始人和 CEO：劳伦斯·芬克 (Laurence Fink)
记者：胡舒立、王烁

　　62 岁的劳伦斯·芬克，出身于洛杉矶郊区普通工人家庭，1976 年自加利福尼亚大学获得 MBA 学位之后，进入投资银行第一波士顿（First Boston），从公开市场债券投资起家，由于业绩出色，28 岁时即成为第一波士顿历史上最年轻的合伙人。但后又因一笔巨额投资损失而黯然离开。1987 年，芬克正式加入苏世民的黑石集团，并创立了金融管理公司；1992 年，正式脱离黑石集团，改名为贝莱德（BlackRock）投资管理公司，也称黑岩集团，并于 1999 年上市。2008 年美国次贷危机爆发，印证了芬克此前的一系列判断，这将他和贝莱德推上神坛。在雷曼兄弟、贝尔斯登、AIG 每一次危机的风暴眼中，都能看到芬克的身影。据报道，芬克曾是时任美国财长盖特纳 2011 年致电请教的华尔街高管中次数最多的一位。

财新记者　贝莱德公司管理着近 5 万亿美元的资产，这个数值甚至超过中国的外汇储备。你们是怎样打理数额如此巨大的资产的？

劳伦斯·芬克　我们肩负很大的职责。我们关注的重点并不是 4.8 万亿美元这个数值，而是确保我们能够有效地管理各个领域的资产，包括养老基金，保险机构，政府资金以及个人资产。这是项很大的职责，我们每一天都严肃认真地对待资产管理工作。我们已经成功地管理了许多客户的资产，并确保每一天都不忘履行这项职责。

你们管理如此大规模的资产，已经可以比肩整个投资市场了。

劳伦斯·芬克　不。整个投资市场有超过 100 万亿美元的资产。我们无法与整个市场相提并论，而是市场中一个规模较大的参与者。但是如果你考虑中国市场的规模，新加坡市场的规模，中东国家以及挪威所投入的主权基金数额；当你考虑中国、欧洲以及美国等地保险企业的规模……就会发现，贝莱德只是庞大的全球市场中的一个小部分。

告诉我们你的秘诀，一个基金管理公司能管理的最大资金额度是多少？

劳伦斯·芬克　我并不觉得有所谓的最大管理资金额。如果我们能够为客户成功地管理他们的资产，就能够继续扩大公司业务。在过去的 12 个月中，贝莱德为客户带来了 2.5 万亿美元的净利润，越来越多的客户要求我们为他们管理更多数额的资产。他们之所以这样做，是源于贝莱德良好的投资服务。所以，只要我们继续为客户提供优良的服务，就能够继续扩大业务。

记者述评｜在贝莱德的全球资产管理版图中，中国市场举足轻重。2006 年 11 月，贝莱德被选为中国的社保基金全球债券积极型产品和外汇现金管理产品两项产品的境外投资管理人。2008 年，贝莱德在北京设立代表处。在贝莱德与中国银行合资的中银基金管理有限公司中，贝莱德也占有 16.5％的股份。而劳伦斯·芬克每年也会到访中国两到三次。

我还记得 2013 年我们见面的时候，你曾提到，贝莱德需要看到中国资本市场的进一步开放才会决定在中国发展宏图。你现在对此有计划了吗？

劳伦斯·芬克　目前为止，我还没有看到中国的资本市场有大幅开放的迹象，但是我预计在未来几年，中国市场会变得更加开放，允许贝莱德这样的海外企业助力中国国内经济发展。我们与中国关系良好，在帮助中国企业管理投资方面有一定的优势。更重要的是，在过去的 2013 年，贝莱德的业务在全世界范围内得到扩展，并且我们希望有一天，在中国也能够极大地拓展业务。我们期待着提升在中国市场内的影响力。我每年都会造访中国两到三次，而这一次已经是我 2015 年第二次来到中国。现在对贝莱德来说，进入中国市场是一个绝佳机会。

在你看来，中国是主要的资金来源，还是投资对象？

劳伦斯·芬克　两者均是。和世界上其他人口大国一样，中国拥有很多的投资机遇。随着中国城市发展，这些地区将成为投资的绝佳选择。现在，我们已经同多数中国大型企业建立了合作关系。从长远眼光出发，我们认为中国是极其适合投资的地点。我们也坚信，贝莱德开阔的国际视野将有助于中国投资者进军海外市场。我认为在中国，贝莱德既可以扮演大型投资商的角色，同时能够管理一些股票及债权公司。再者，我们也在中国寻找其他一些投资机会，中国正在完善基础设施建设，作为全世界最大的基础设施投资机构，贝莱德也可以参与其中。然而，更重要的一点是，中国的储蓄量增加，储蓄率提高，这和其他国家的情况是相似的，人们需要更多样化地去支配财产，而贝莱德能够为这些人在投资国际市场中引路指航。

现在，当你观察中国的 GDP，会发现中国正在经历全球最大规模的经济转型过程中。中国经济极度依赖出口和制造业。现在，中国正致力于经济转型，将经济重心由出口和制造业转为国内消费；致力于建设服务型经济。大多数的发达国家用了近 30 到 40 年的时间来完成经济转型。而中国才步入第三年。受转型影响，中国经济必然会经历 GDP 增速下降的过程。

作为中国的观察者，中国转型的进展让我印象深刻。我并不是说经济转型不存在风险，也不是说不会出现短期问题。但是，中国大规模的经济转型的确在顺利进行。另外，无论在什么情况下，GDP 都不是唯一的评价经济的指标。如你所知，中国正由制造经济向服务型经济转变，尽管服务型企业对 GDP 的贡献较少，却能使更多人就业。因而很有意思的情况是，我们发现在中国 GDP 增速放缓的情况下，就业率却在提升。我想说，人们应该看好 GDP 增速放缓现状，因为这意味着经济重心正由制造业向服务业转变。我认为中国应该为其经济转型速度之快感到自豪，能够在如此短的时间内发展更广泛的经济。

而令我最担忧的是，尽管中国经济正在发生转变，但是储蓄量依旧居高不下，这意味着人们依旧对未来抱有不确定性。中国中产阶级群体不断扩大，接受教育的人群数量不断上升，中国人海外旅游的机会也前所未有地得到提升，给予年轻人创业的诸多机遇也是百年不遇。然而，高储蓄率意味着人们依旧为未来生活而担忧。问题是：这种担忧是否只存在于这一代人身上？还是说要等到 10 到 20 年之后，下一代中国人才能够更加正视自己所拥有的机会？中国经济发展的障碍之一就是高储蓄率。除非它有所下降，否则中国经济不会比现在发展得更快。

> 所以对于中国的决策者，您会怎样建议他们减少储蓄以及促进消费增长？

劳伦斯·芬克 我觉得你们应该比我更了解这个情况。以一个局外人的眼光来看，我相信，随着人口老龄化，医疗保健会成为越来越多的中国人关注的重点。因此，建立有效的医疗保障体系将会成为降低储蓄的一种方法。第二个则是退休领域。随着中国经济规模的扩大，在我看来，可以通过完善退休和医保体系来帮助中国国内经济向消费型经济转化。

　　你刚刚提到，你并不担心中国 GDP 的增速，因为相比之下就业问题更为重要。但是人们会说，发展缓慢的经济可能会引起债务危机。

劳伦斯·芬克　你是在说个人债务还是政府债务？得考虑到中国政府债务的背后有 3.7 万亿的外汇储备。所以中国处在一个非常独特的位置。这笔债务毫无疑问数额巨大并且还在增长。但同时，中国的外汇储备是世界最多的。我对于欧洲国家和欧洲问题比较担忧。我对美国及其债务水平的担心要比中国的多得多。中国甚至不在我最担心的政府债务前 10 名国家之列。

　　两年前我们聊天时，你曾提到影子银行和证券化是中国经济发展的两个影响因素。那么现在你觉得这两者是否在正确的轨道上发展？

劳伦斯·芬克　首先，我不喜欢影子银行这个名字。它带有贬义的味道。我觉得这些非银行机构——因此也请不要称呼他们为影子银行——是为社会提供了一种服务。如果一家银行提供了贷款，我们就不需要这些额外的放款者。它们提供的服务是基于社会的需求。我觉得大部分人会觉得这些放款人提供了一个不错的服务。关键是，它们提供的这种服务是否会让借款人承担额外的风险，或者它们自身会承担更多风险？问题是它们如何形成一套体系。它们是否是合伙通过大量举债来提供贷款？这是很不好的行为，因为这样只是把风险从一处转向另一处。

　　但是如果它们提供了一种不需要举债的贷款服务，它们能够给无法从银行贷款的中小企业提供贷款资金，那么它们就提供了一项极佳的服务。这是一种平衡，你不能叫它们新型放款人。不论你叫不叫它们影子银行，不论它们自身的好与坏。你需要关注每一个具体规章。但是我要说总体来讲，对于那些无法从银行取得贷款的小企业来讲，影子银行提供了一种极好的社会服务，这是一个伟大的创举。这让信贷系统运转得更高效，同时，也可能刺激银行更多放贷的意愿。因为如果不这样做，银行可能会失去不少贷款的业务。所以说影子银行是好事，它创造了竞争，但是我在这表示这样的态度，并不是说这样做就没有风险。影子银行需要被妥善监管，以确保它们可以提供优质的服务，而不是为金融系统增加新的风险。

它们现在是否在正确的发展方向上前进？

劳伦斯·芬克 每当有影子银行这样的新型借贷人出现时，监管者就完善和改正一些规定。否则不论是影子银行或是其他的新形式，这都增加了额外的风险。这对于整个借贷系统不是一件好事。看一看美国的大趋势，有一些叫做P2P 的借款人，它们使用网络来运筹贷款，这提供了一种良好的思路。为什么不这样做呢？这拓展了一种新的方式,把借款人和放贷人有机地联系在了一起。我们现在需要做的是确保 P2P 模式不会增加新的社会风险。

中国政府正在大力推动人民币加入世界货币基金组织特别提款权货币篮子。有人说这会加速中国的改革。你同意吗？

劳伦斯·芬克 我觉得这确实可以加速中国的改革，因为中国的货币正在越来越国际化，这就意味着需要更多的改革，也需要更加开放。拥有一种全球货币的积极点或是不利点在于，必须是一个开放的经济体。一个封闭的经济体不可能拥有国际货币。这就是为什么美元是被大量储备的货币，因为需要开放的货币流，开放的资本市场采可能吸引投资者。如果中国希望迅速提高货币地位，使人民币成为储备货币之一，也需要经历同样的进程。同时也要快速地开放资本市场。

> 在你此访华前后，中国股市正经历着一轮暴涨，在经济形势日趋严峻的条件下，中国股市却成为全球表现最好的市场，对此你怎样看？

劳伦斯·芬克　毫无疑问，中国股市的杠杆率让我很担忧。我被告知，杠杆率集中在很小的一部分投资者手中。毋庸置疑，面对中国股票如此程度的飞涨，杠杆率如此规模的提高，人们会担忧市场的力量是否强大到可以维持现状。但是作为背景，在六个月之前，中国股票市场的估值还处在全球市场的最底端。如今，中国股票的市盈率是 16 倍。16 倍的市盈率并不意味着市场过度繁荣。一些小盘股的估值出奇的高，那些是应该担心的，且他们中的很多也有较高的杠杆率。不过从长期来看，我相信中国股市的表现不会有问题。我不是说不会在短期内看到 20% 的调整——我也不是暗示会这样发展，我只是说，中国股市较强的基本面是受估值还算合理的大盘股支撑的。然而，针对那些市盈率极高的小盘股，情况则确实让人有些不安。

> 现在中国的股票市场，会出现今天大盘大涨 5%，明天又暴跌 5%。大盘走势扑朔迷离。你觉得这传递了怎样的信号？

劳伦斯·芬克　当你看到市场起伏不定时，这说明市场深度不够，没有足够的长期投资者。有人告诉我中国需要快速拓展它的股票市场，也许应该让贝莱德在其中发挥作用。但是如果你的股票市场的趋势像这样震荡，实际上显示市场遍布短线投资者。特别是你谈到年轻人开始炒股为退休之后的生活做打算，他们离退休大多还有三四十年的时间。这不是一个短暂的事情。这是一件很难给人们讲明白的事情。当你炒股赚退休金，这是一个漫长的过程。沃伦·巴菲特，这位在中国以及全世界都受推崇的股神，也不会在股市频繁地进进出出。他收购公司至少都要保持 30~40 年的周期，这是我们想教给越来越多的人的。现在中国股市的过山车节奏，显示出大盘很单薄、脆弱，它需要更广泛的投资者基础，更多投资长线交易的股民的参与可以终结这种过山车模式。

实际上我们已经教育、引导了股民近 15 年，但是现在又有新一代（未经考验）的短线股民进入股市了。

劳伦斯·芬克　考虑到现在 50% 的储蓄率，大多数前在银行账户里赚取少得可怜的利息。如果有大量存款人转变成长线投资者，你知道这会是对于中国股市多么强大的一股力量？如果你对财新的读者做个调查——所有的读者，你们相信中国在未来 20 年，许多人会说我看好中国未来 20 年的股市行情吗？如果你同意，有信心，那么可以说对于中国股市投资期限为 20 年的投资是一笔好的投资。

能到多好？和谁相比？

劳伦斯·芬克　如果你认为中国可以在未来 20 年保持 5% 的经济增长速度，我觉得就是不错的长线投资机会。

你最近对美国的货币政策提出了警告。是否认为美联储应该立即提息？

劳伦斯·芬克　我并不仅仅说到了美联储。我也说到了所有央行都实施了宽松的货币政策，日本已经进行了量化宽松，美国和欧洲也都进行了同样的工作。这导致了债券的短缺以及许多银行的困境。但是最重要的是，美国开始议论升息的同时，欧洲央行却在很激进地买进债券，日本央行也在买入上十分激进，后果是美元迅速升值，这对美国的出口造成了十分消极的影响。我们现在的建议是，美联储应该在 9 月开启升息，提高利率 25 个基点，然后等待，看到这对于经济复苏、美元走势没有很大影响，再进一步行动。我们现在不想要过于强势的美元。

> 你觉得全球央行同步动作的情况是应该延续的，你觉得 9 月前，中国、日本和欧洲会结束它们的量化宽松吗？

劳伦斯·芬克 中国、日本和欧洲都在深入各自的量化宽松计划。所以这让美联储很难采取相反方向的动作。

> 对于欧洲，你最近说，我不希望购买任何债券，市场出了问题，因为评级存在异常。你现在会买入了吗？

劳伦斯·芬克 我现在人在这里（没法进行交易买入）。我们相信欧洲会保持稳定，市场会逐步稳定，这是购买欧债的机会。

> 近期你公开了一封写给美国 500 强企业 CEO 的信，其中对一些企业的短期发展战略提出了质疑。可以请你详细解释一下吗？

劳伦斯·芬克 这封信是我在一年前写的，在上周公开，并收到了很多的评论。我认为有很多企业过于关注短期效益。像刚才我们谈到中国，短期投资会引发市场的不稳定。我们需要重组投资者的结构，需要重新定义政治家所扮演的角色，需要让 CEO 们知道，通过长期投资可以获得好的效益。想想媒体这个行业，它总是关注于当下发生的事情。同样对于商业领域来说，长期发展很难得到重视，很难让政治家们去关注国家的长期发展，因为人们更在乎现在发生的每件事。我相信，对于一个成功的社会体系来说，对成功的企业来说，一定会关注长期发展所带来的结果。

再谈谈沃伦巴菲特。作为每个人心中最成功的投资者之一，他认为要以超过十年的眼界来看待投资。我们都很尊敬他，但是很少有人效仿他的投资理念。这是一个问题。但实际上，遵循这种理念很简单，非常简单，你只需要关注于你想投资的领域，并确保没有被其他因素所干扰。随着互联网普及，信息爆炸，很多人都不知道应该关注些什么。哪些信息有用，哪些又不太重要？在信里我提到，要以长期眼光看待事物。我相信，如果 CEO 们关注长线发展，具有长期眼光，那么公司的表现将会蒸蒸日上，投资客户将得到好的回报，进而整个社会也会更加富足。作为世界上最大的投资企业，我们关注的重点是如何造福于社会，如何为人民创造一个美好的未来。如果对此充满信心，就像在中国，如果你对未来 20 年的发展都充满信心，那么我保证，中国会带动更多的消费，而不像现在这样消费水平低。随着消费水平增长，中国经济会越来越好。

记者仇一、袁新对此文亦有贡献

发表于财新网《舒立时间》栏目 发表时间：2015 年 5 月 10 日

上海自贸区可为法治试验田

麦肯锡全球资深董事：欧高敦（Gordon Orr）

记者：王力为

上海作为中国改革开放的两个桥头堡之一，一直引领着中国的发展。上海市目前正在制订该市的"十三五"规划，也早已为自己立下了到 2020 年建成"四个中心"，即国际经济中心、国际金融中心、国际航运中心、国际贸易中心的目标。

进入改革新时期，上海自贸区被寄予厚望。习近平主席在今年五月视察自贸区时提出，自贸区应该成为行政体制改革的试验田和对外开放的压力测试平台。

自贸区一周岁生日将至，然而其前景正引发越来越多人的担忧。在不少行业实践者看来，自贸区内一年来少有实质性的变化，距离成为金融改革试验田的目标依然遥远。

麦肯锡全球资深董事欧高敦亦有类似看法，不过他认为自贸区仍有可为。在他看来，自贸区可以成为法治的试验田——法治既是上海成为国际金融中心的必要条件，也是中国今年进一步深化改革的全局性要求。

欧高敦在上世纪 80 年代加入麦肯锡后，于 90 年代初来到中国设立麦肯锡北京分公司。1993 年起他常驻中国，并在较长一段时间内落足上海。为表彰他对上海市发展做出的杰出贡献，上海市政府于 2014 年 9 月 9 日授予他白玉兰奖。"这个奖项事实上是颁给麦肯锡的"，他表示，颁给我个人只是因为我作为麦肯锡一员已经在上海工作了很长一段时间。

借此契机，财新记者在天津夏季达沃斯期间专访了欧高敦，试图从为公共部门提供政策咨询的视角，窥探中国各城市政府面临的城市规划、互联网产业管理、改善环境等诸多挑战。

上海下一个五年的挑战

财新记者 上海市目前正在制订其"十三五"规划，之前也已经立下了到 2020 年成为国际航运中心和国际金融中心的目标。这两个目标在你看来与现实的距离分别有多大？

欧高敦 这两个目标属于截然不同的情况。航运中心需要的是实实在在的基础设施，不只是让货物能进口和出口，也要能使之成为转运的重要节点。如果仔细审视香港、新加坡、阿姆斯特丹成为国际航运中心的原因，你会发现，他们有很大的转运货物流量。

在很大程度上，上海有很良好的基本条件，也有上海周边省份货物流量的支撑。所以对于上海来说，只需要朝着既定的大方向走，继续保持发展的动能，做出一些适当的调整，并专注于港口竞争力的提升就可以达到这一目标。

所以这是相对容易的。那么国际金融中心的目标呢？

欧高敦 这无疑是更为复杂的。"国际"这个词在这一定位中尤其重要。我认为，上海首先需要成为中国的金融中心。审视其他国际金融中心，如纽约、伦敦，他们都首先是该国的金融中心，之后才演变成国际金融中心。所以上海需要加速发展股票市场、债券市场，以及相关的包括专业服务行业在内的各个行业。

当然，在此过程中与香港的竞争不可避免：即在多大程度上上海是在替代香港的作用？我认为在一些领域，上海和香港有共同增长的空间；但在另一些领域，两者无疑是完完全全的竞争关系。

香港有着异常出色的资产管理业、股权投资业、风险资本业，我们必须问一问这是为什么。一部分原因是，一个长期建立起来的从业者社群：人们无疑会倾向于到先行者已经落脚的地方去。

但另一方面，法治确实扮演很重要的角色。到这里的从业人员必须能够相信，该地的法律是可执行的，而且是易于执行的：你可以说印度有很多的成文法，但是如果要花 15 年时间才能将一个商业纠纷结案，这无疑不是金融业人士脑海中的法治概念。

在此基础上，还需要再加上国际维度。为此，以上这些特点都必须是具有足够吸引力的，让人们愿意把金融活动放到上海来开展。其中很重要的一个测试就是，能否让在海外上市的中国企业回到上海上市。要知道，目前几乎所有的中国互联网企业都在海外上市——一些在香港，大多数在纽约。

10 年之后，上海如果成为了一个国际金融中心，企业难道不应该在上海上市？这应该是上海管理者的目标。

> 但这更多还只是一个美好的愿望，而不是在中期内有较大希望实现的目标？

欧高敦　如果不大胆憧憬，我确信它没法发生。所以我感觉，这会是那些上海市下一个五年计划规划者脑海中的目标之一。

而且，在上海上市可以是首次上市，也可以是二次上市。一个大型、成功的亚洲企业，会想要利用中国巨大的资金池，乃至上海市场较大的流动性。所以（上海的管理者）需要保证（各种企业）在上海上市都是较容易实现的，同时尽可能让用来为股票计价的货币可兑换。

上海要实现这些目标，在很大程度上受制于整个国家的制度环境，尤其是在法治方面，不是吗？

欧高敦　这恰恰是质变还没有发生的原因。从某种程度上说，这并不是一个新的讨论：上海建成国际金融中心这样一个目标已经存在了很长时间，不比中国建立起一个具备国际竞争力的汽车行业的目标提出的时间短。这无疑是较为根本的障碍：一些来源于周边环境的限制，另一些是监管上的，比如监管机构并没有鼓励企业自主发债。

所以（上海的）管理者应该思考的极为重要的一点是，是不是可以在上海自贸区范围内，建立起一套特殊的法治、法规体系，为自贸区范围内的交易、金融活动服务，从而在上海范围内形成某种程度上的两种体系。

当然这只是我的臆测，但我怀疑，这可能也是自贸区试验的内容之一。很多时候，中国都希望先试验，然后大范围推开，这是我个人完全赞同的一种改革方法。用这样一个区域来试验，就是方式之一，很有可能会提高最终成功的几率。

互联网行业管理挑战

8 月初，上海市印发了《促进本市互联网金融产业健康发展的若干意见》，成为继深圳之后第二个发文支持互联网金融业发展的地区。这是不是上海感觉到在互联网相关行业上发展相对落后之后，试图加速发展的尝试？我听说前任上海领导对于没能让马云把他的企业总部设在上海，曾有过懊恼？

欧高敦　互联网企业一出生就是全国性质的，其总部可能会在某个城市，但是业务往往覆盖全国。政府官员应该意识到互联网行业与传统行业这一本质性的不同。我确实感觉到，当政府官员谈论互联网产业时，或多或少还有一些制造业思维：比如我们要让企业留在我们这。

另一个互联网行业对政府官员带来的认知挑战是，大多数互联网企业是会失败的。举例来说，中国的团购企业数量，曾在 18 个月内由 400 家上升到 5000 家，在之后的两年内又跌回到 500 家。这已经是互联网产业空间内，一个较为成功的行业演进例子。

政府官员是应该由于他帮助过的 10 个企业里有 9 个失败了而受惩罚，还是因为 10 个里面有 1 个脱颖而出了而受表彰？这是整个政府部门所面临的一个挑战。政府看待互联网产业应该有不同于以往的视角、愿意接受失败的心态。

> 但是上海市层面的鼓励互联网金融行业发展、优化行业环境，在下级政府层面则变成了通过各种各样的税收激励、财政补贴来吸引企业等更多属于（中国发展）过去时的手段。

欧高敦　税收激励无疑是地方政府熟知应该如何使用的一个政策抓手，而且他们可以较好地控制这一政策倾斜的力度。从这个角度上说，这是完全可行的。

但另一方面，政府是否能后退一步，说我们不再挑选胜者；为了吸引企业，我们会让经营环境变得更好，比如在基础设施方面，让网络质量变得更好，让环境变得更宜人，加强人才储备和，完善科研机构？当然应该是如此，但这更多是我期望（中国）政府未来可以朝之演进的方向。

政府完善治理的实际进度肯定会比互联网企业发展的速度慢，所以如果我是上海市政府，我宁可下级地方政府作些什么，而不是花 18 个月来决定怎样最优地吸引企业。

> 但上海此举是否会引致其他地区争向效仿，从而产生地区间的恶性
> 竞争？

欧高敦　这并不是一个新的趋势，而是中国一直在上演的故事。目前为止，中国做得还算不错。或许这不是一个完美的模式，但我也不认为这是个有很大问题的模式。不过我确实认为，政府需要对大多数互联网企业都会失败的现实有更好的认识。

> 在中国，互联网金融行业无疑正在走过类似几年前股权投资行业
> （PE）的"全民性"热潮？如何才能保证这个行业健康、可持续地
> 发展？

欧高敦　这是个很重要的问题。对于任何金融业，政府都需要有所监管，所有国家都是如此。其中的原因是，要保护消费者、保护借贷者。监管者必须保证，放贷者所承担的风险是与他们的风险承受能力相符的，各类金融中介机构都必须有足够的资本，从而在出现违约或是地区性经济不景气时，提供必要的缓冲。

互联网金融不是一个没有风险的业务，违约不可避免、总会发生。所以保证互联网金融企业有足够的资本，从而保护给这些企业资金的投资者是异常重要的。政府绝不能站在那里说，所有的风险都必须由投资者自己衡量、自己承担。

当然，在很大程度上这是国家性的，而不是地区性的监管问题。

> 在过去一段时间内，中国的互联网行业并购活动异常频繁，尤其是
> 来自于三巨头的收购行为。一些市场人士担心，他们是试图通过买

下所有竞争者来规避竞争。对此你怎么看？

欧高敦　很多大型互联网企业，当他们要寻觅下一个机会时，都会向企业外部看。美国的 eBay、谷歌都收购了很多竞争者。他们也因此与主要竞争对手产生越来越多的业务重合。据我所知，在美国和其他成熟经济体，互联网产业内都有大量的所有权易手和并购活动。所以你在中国看到的是与其他国家类似的现象。

一个大型互联网企业在发展初期极具创新力，能自己有机地发展出第一个成功的商业模式，并不意味着它一定能够有机地发展出第二个、第三个、第四个成功的商业模式。有很多聪明人在外面发展新的创业型公司，如果他们能对这些巨头的商业模式有所补充，他们就会希望充分利用那些创业性企业。从这个角度上说，这些互联网巨头的行为是理性的。

如果存在（垄断）问题，应该由政府监管部门来裁定：这是否是正当的竞争行为。中国也有反垄断法，可以像美国一样对垄断行为进行执法。

政府的环境攻坚战

在这两天的达沃斯会议期间，与会嘉宾对于全球气候和中国的环境问题多有提及。你在最近的博客文章中，也反复提到中国大城市的空气问题对外企高管带来的影响。能否为中国的政府官员提些建议，如何应对环境挑战？

欧高敦　我认为政府官员的任务很明确：全身心地对待这一问题、打好这一仗。解决办法都是已知的，只是会需要一些时间来贯彻、让效果显现。

不要采取见效快、但"半拉子"式的解决办法，应该采取根本性的措施，推进产业、发电、交通和建造的清洁化。这会需要资金，需要决心和努力，政府官员必须向市民沟通你要做的事，设计好路线图，并认真执行。

我在亚洲待的时间足够长，让我能够看到很多亚洲城市从极度污染变得真的很有吸引力。我相信中国的城市也会完成这一转变。

与此同时，这一战役也会带来商业机会，比如在一些城市发展出令人耳目一新的清洁产业集群。政府可以通过吸引那些致力于发展清洁事业的公司——如清洁空气、清洁水、清洁能源，让所有这些企业形成产业集群。

如果哪个地方政府对此真心重视，还可以使用各种激励方式来吸引这些企业落户。这些企业从而可以与地方政府协作，在当地试验最为先进的环境解决方案，并在此基础上进一步向全国推广。

让全中国的城市都来竞争，能帮助发展出越来越多、越来越好的清洁产业解决方案企业。

如果这些变化不在较短的时间内发生，外企高管们是否会因为空气质量"逃离"中国，放弃巨大的中国市场？

欧高敦　我很有信心这最终会发生。这无疑是在政府官员的议程上的，也无疑是他们打算优先解决的事项。重要的是鼓励官员，不让他们因为其他事情分散注意力。

发表于财新网 发表时间：2014 年 9 月 17 日

自贸区可成更广泛改革试验场

罗兹全球咨询有限公司总裁兼首席执行官
花旗集团高级顾问：威廉·罗兹（William Rhodes）
记者：王力为

  威廉·罗兹，罗兹全球咨询有限公司总裁兼首席执行官，同时担任布朗大学博文讲座教授和花旗集团高级顾问。曾任花旗集团的高级副董事长及负责国际事务的高级官员，在上世纪 80、90 年代率领国际银行组成的顾问委员会参与阿根廷、巴西、韩国、牙买加、墨西哥、秘鲁、乌拉圭等国的债务重组谈判。他还在一系列公共、私营机构担任顾问职务。

  "上海自贸区是一个很好的策略，可以作为更广泛改革的试验场。我相信它也能帮助中国的银行业更好地走出去。"谈到中国的改革进展，现年 78 岁的银行家、花旗集团高级顾问威廉·罗兹这样联想到中国的银行业。

  2010 年结束在花旗超过 50 年的职业生涯后，罗兹仍担任花旗顾问，同时回母校布朗大学任教授。此前，作为花旗集团的高级副董事长和高级国际官员，他在花旗和一系列国家面临的金融、经济、政治危机中，果断地处理危机，有"国际金融外交使节"之称。

  罗兹于 2011 年著书《走向世界的银行家》（"Banker to The World"），讲述他那一段故事，也为后人提供领导力经验。

  他与中国有较深渊源，曾经参与了一系列花旗在中国的业务发展，也曾与中国中央和地方官员多次沟通、建言。

中国改革前路

财新记者 近来中国的经济增长有所放缓，复苏过程有些反复，你对中国的增长前景怎么看？

罗兹 中国需要把增长保持在 7% 以上。我曾担任上海市长办公室国际咨询委员会委员，当时与上海的政府官员交流时我提到，7% 是个神奇的数字，增长只有在此之上，才能满足从西部转移来的农民工的就业需要。现在看来，这一数字依然适用。

中国不能再依赖出口，看一看中国最大的贸易伙伴欧洲目前的情况，你就该意识到这一点。中国需要进一步开放，加速服务业发展，开放金融市场。上海自贸区是一个很好的策略，可以作为更广泛改革的试验场。我相信它也能帮助中国的银行业更好地走出去。中国银行很早就在海外有业务和分支机构，我希望更多的中资银行尽快加入这个行列。

利率市场化将是金融改革的一个重头戏。而它的先决条件，正如李克强总理所提到的，是存款保险制度。为此，中国应该尽快推出定期可转存单这一工具。

中国继续前行对于世界极其重要。1997 亚洲金融危机时，中国在全球经济体中的地位或许还不是那么核心，而现在则是异常重要的。

在经济减速过程中，中国的银行体系也面临一些问题。有人担心可能会出现新一轮坏账上升。如果这种可能性存在，应该如何应对？

罗兹 我认为要提前行动，不应该等遇到大问题再试图解决。由于资本和流动性往往是连在一起的，所有的监管者，包括央行，应该迫使各大银行保有充足的资本，同时优化流动性结构，做好流动性备份、预案及风险管理。这样，才可以避免类似 6 月份那样的情况再次发生。

我相信中央政府在改革的进程中最不愿意看到的就是金融体系再次出问题。不要忘了，距离上一次中央政府被迫介入，把不良贷款从国有银行剥离，转移到新设的资产管理公司，仅仅过去了十多年。而且当时的情况比现在也要相对容易，因为现在还多出了影子银行体系。因此，银行和监管部门都应该做好自己的本职工作。

你在书中谈到和多位中国的领导人有过交集，都有什么样的印象？

罗兹 我有幸在 2006 年和 2007 年两次与习近平主席接触过，对于他的领导力和执行力，我印象深刻。在大连达沃斯论坛上，从李克强总理的讲话中能看到他的开放、自信，展现了中国领导人的新形象。我感觉中国现在的领导层有很大的信心和决心来推进改革。

我也曾有幸和前总理朱镕基打交道，由他推动的 20 世纪 90 年代的国企改革和中国加入世贸谈判，这两个成就现在看来都是极为关键的。所以我认为一个好的领导人对中国的改革异常重要。

你也曾在 2005 年与中国银行业监管机构沟通，希望花旗能持有 40% 以上的广发银行股份，但后来未能如愿。近年来，尽管其他不少方面加速放开，但对于外资持有境内银行股份 20% 的上限一直没有变。你们怎么看？

罗兹 目前确实仍有外资持股不能超过 20% 的限制，这是现实。我从来不认为外资银行会在中国的任何金融机构中扮演主导性的角色，但我确实认为，它们可以为中国的金融业带来好的经营手段和正面的创新。它们可以提供在其他地区运营积累的经验，帮助中国的金融机构更好地为百姓服务。因为往前看，说到底还是中国的消费者会从中受益，他们也会要求更好的服务。

美国退出量化宽松政策（QE）目前看来只是时间问题，你这一政策有何评价？

罗兹　QE 政策导致美联储资产负债表规模从 8000 亿美元上升到 3.7 万亿美元，这是前所未有的。由于大量的流动性，资金流入新兴市场国家，寻求更高的收益率，就像潮水一样。现在到了该退潮的时候。当然，这并不是第一次，我在几十年的职业生涯中看到过不止一次这样的情形。和以往一样，我认为这反而是推进改革较好的机会，就像中文中的词"危机"说的一样，没有危险就没有机遇。新兴市场国家应该抓住这个机会推进结构性改革，放开过度的管制。

美国前路并非坦途

美国经济正在加速复苏，不少人认为其前景是几个大的经济体中最好的，你是否认同这一观点？

罗兹　美国的增长前景确实在变好，但仍然有一系列中期和短期的问题。

短期内仍有债务上限的问题。国会需要积极协商、找到办法跨过这道坎。我认为他们最终会达成协议，但在此过程中，是否会让政府短期关门，我不太确定。

中期来看，存在基础设施落后的问题。把纽约、洛杉矶的机场同北京、上海的做一下比较，你就会意识到美国的基础设施其实问题很大。中国的基础设施相对完善，是因为在这方面投入了巨额的资金。有一个有意思的对比：大家都知道印度的基础设施极差，几年以前，大家普遍认为印度基础设施落后中国 7–10 年，现在来看，这一数字或许应该加倍：落后 15–20 年。

美国政府应该尽快正视这个问题，并行动起来。美国的港口、桥梁、高速公路、铁路很多都已十分陈旧，在目前财政紧张的情况下，应该借助公共私营

合作 (Public Private Partnership) 的模式。

教育和社会保障是另两个主要的中期问题。美国的教育过去十分出色，但现在，初级和中等教育大大落后了。社保方面，目前由于今年的强制减支计划以及填补所得税征收漏洞得来的收入，资金缺口情况还不算太糟。短期内利率和税率的提高，也可能会让财政状况有所好转。但未来如何支付目前已写入法律的福利计划是一个巨大的挑战。

不过，对于美国极为有利的是页岩气革命。优势是两方面的。我前段时间和陶氏化工 (Dow Chemical) 的人交谈，了解到他们打算为开采页岩气在美国境内投入巨资，大约 50 亿—60 亿美元，这会创造数以万计本来可能流向海外的就业。另外，页岩气将让天然气的价格变得更具市场竞争力，这也会降低美国为能源进口所需支付的成本。由于页岩气前景广阔，中国也已着手探索是否可以高效开采页岩气。所以我认为这是美国中长期一个很大的优势。

总的来说，短期内的经济状况比前几年好了很多，但仍面临中长期的各类问题。美国需要集中政治和经济资源，直面这些挑战。

欧洲前路布满荆棘

你在最近的一系列文章中提到，虽然欧洲在二季度重回增长，但其面临的挑战仍旧很大，核心挑战在于哪些方面？

罗兹 欧洲的核心问题是缺乏竞争力。德国具备竞争力，因此其增长态势良好。但是其他国家，尤其是南欧国家，仍缺乏竞争力。因此我认为欧洲仍然会在一段时间内经历困难。

我觉得人们仍然对欧洲过于乐观，第二季度的数据显示欧元区重返增长，但这些数据可能具有一定的欺骗性。昨天，意大利的 GDP 数据已经被向下修正，法国制造业的数据也很可疑。希腊很可能需要另一轮纾困，这已是人们的共识，问题只是如何执行。希腊的情况已经不再是衰退，而是萧条。相比之下，爱尔兰的情况可能是问题国家中最好的。

对于中国来说，较有意思的一例是葡萄牙。该国最近两年进行了广泛的国有企业私有化，引进外资和民资，在这一点上它比其他任何南欧国家做得都好。该国的电力系统问题较大，你猜他们引入了哪个国家的投资？中国的国家电网和三峡集团（注：两家公司分别于 2011 年底、2012 年初成为了葡萄牙两家大型电力企业的最大股东）。我认为葡萄牙在这一点上走在前面。尽管该国过去 10 年都未有显著增长，但最近一季度 GDP 已出现了正增长。

另外，欧洲的失业问题仍过于严重。希腊的失业率为 27%，但在 25 岁以下青年中，65% 没有工作；西班牙也好不到哪去，青年失业率 55% 以上，总失业率仍在 26%、27% 徘徊；葡萄牙也达到 17%、18%；法国的 10.5% 也是其现代历史上从未有过的。想象一下这样的失业率发生在中国或是美国，会怎样？美国最差的就业数字是 1933 年大萧条之后的 25%。

欧洲的银行业是另一个主要问题，意大利第三大银行很可能马上需要注资纾困。我是银行业联盟的坚定支持者，银行业联盟对于欧洲来说是分离主权和银行业问题的核心。

一个好的银行体系对欧洲比对美国更为重要，因为美国的资本市场十分发达，而在欧洲资本市场没有那么发达的情况下，银行体系就成了融资的主体。危机之后，欧洲银行为了满足巴塞尔 III 的要求，不得不削减资产，而这实质上导致贷款规模受限，受该举措打击最大的即为中小企业，而它们是南欧国家经济体的支柱。

因此，银行业联盟应该尽快形成，不然的话，这些经济体无法前行。但事实上欧洲人一直在推延执行时间。这涉及三个方面：

第一，银行业监督，这一点上欧元区已确定了方案，原定今年初开始执行，但现在看来恐怕要拖到 2014 年 10 月执行了。

第二，银行退出机制仍停留在讨论阶段。现在有说法说可能要到 2018 才完成。

第三，存款保险，欧洲目前仍未就该体系达成协议。

发表于财新网 发表时间：2013 年 10 月 18 日

中国可推动世界再思考城市

霍尼韦尔董事长兼首席执行官：高德威（David Cote）
记者：王玲

　　中国经济增速从两位数降到个位数的一路来，看空派和看好派争辩不止。作为多元高科技制造企业霍尼韦尔的 CEO，高德威常开一个玩笑：当中国发布的 GDP 数据很好时，西方人说不能信，当中国发布的 GDP 数据不好时，他们又说"天啊，不敢相信中国经济竟然放缓了"。

　　从十多年前加入霍尼韦尔到之后带领其取得骄人业绩、使其跻身于财富 100 强企业，高德威一直押宝中国市场，如今，中国经济结构调整、增速或继续放缓之际，他依然坚定看好中国市场。能效等中国经济升级中需要的元素也成为霍尼韦尔对华主打，它还日益关注中国智慧城市的建设。究竟为何如此看好中国市场？霍尼韦尔的中国战略会有哪些变和不变？对中国智慧城市建设有何观察？

中国推动世界思考智慧城市

财新记者　中国正在发展智慧城市，霍尼韦尔也做了相关方面的研究，在你看来，何为智慧城市？

高德威　我对智慧城市的概念非常着迷。第一次在中国听到这个概念时，我就觉得这是一个非常明智的选择，中国的这一改变，放之全球而言，都是前所未有的。中国有能力创造城市的新模式：一个城市应该是怎样的？没有一个国家采取过这样的行动。看欧洲的城市，绝大部分建于一两千年前，或者更早，而绝大部分美国城市建于几百年前，不论欧洲还是美国，城市都已建成，建筑、地铁都已存在，如果试图作出改变，真的很难。但中国有能力，因为3亿中国人将从乡村进入城市，这就可以从一开始创造新的城市，重新思考众多元素，如：社区如何建、工作地点和居住地点距离多远、公交如何建。这样的新城市可以成为美国、欧洲那些需要进化的城市的模范。

你觉得哪个美国城市可以称得上是智慧城市？

高德威　没有。我们处于的阶段是：城市已经在那里了，如何改进，但每个步伐都很小，因为基建都建成了，真的很难改。今天放眼全球众多城市，其中没有一个是我认为中国城市应该成为的样子。我真觉得中国有能力从一开始重新思考城市的概念，推动世界如何看待今天的城市。

所以你认为，智慧城市上，中国没有什么可以向其他国家学习的地方？

高德威　我觉得中国可以从其他城市身上学到一些，但没有一个完整的例子可以作为中国的模板，说这就是中国应该做的。基于IT、基建、城市规划多维度考量，智慧城市的概念需要从中国本土诞生。

霍尼韦尔打算如何参与中国智慧城市的建设？

高德威　这将是我们一个重要的动态，尤其提高能效一项对中国而言就值得投入很多钱。全球很多城市都需要提高能效。我们做了一项研究，如果美国和欧洲积极使用我们现有的技术，他们的能源账单就可以减少 15% 至 20%。霍尼韦尔将是智慧城市建设过程中的一个主要参与者。

和提高能效，一些观察认为中国地方政府更容易追求建设更多的发电厂，霍尼韦尔怎么去说服中国政府提高能效，而不是建更多的发电厂？

高德威　当地方政府试图作相关决定时，并不总是从更长远的利益考虑，只要不考虑干净的空气、水、土地，可以这么去决策，不过长远看，这是决策的代价很高，因为最终还是得回去处理这些污染。在霍尼韦尔以及西方社会，我们一直在避免犯一些错，同时中国也可以从我们早期发展犯过的错中有所学习，绕过这些错误。我是不会去说服中国地方政府如何决策，中国中央政府得说服地方政府，明白什么重要。

霍尼韦尔从不通过说服政府做生意？

高德威　如果你有一个觉得环境不重要的地方政府，我不会去说服他们，因为这样想的人很顽固。需要政府确保重视环境的人在其位谋其职。

押宝中国

霍尼韦尔和中国一样，开展五年计划，霍尼韦尔中国市场的五年计划是什么？

高德威　我很少计划要达到多少数额，而是十分关注我们的优势领域，确保我们在每个发展前景不错的国家都做得很好。我们所有的领域，不管是航空，比如C919，还是能源效率、控制系统、涡轮增压器、化工领域，都将促进我们的增长，这些未来五年在中国也都很重要，实际上不止五年。

仅看我们这些领域的实力，未来五年，霍尼韦尔将在中国取得重大发展。过去十年也是这样。十年前，我们在中国只有约1000名员工，销售额约3亿美元左右，今天中国员工数已达近1.2万，销售额近30亿美元。在中国经济接下来增长和改革的过程中，我们将是重要的合作伙伴。所以，我非常看好霍尼韦尔在中国的发展前景。

> 未来五年你预计霍尼韦尔50%的增长将来自中国这样的"高增长地区"（high-growth region），为何如此确信？

高德威 首先，我们业绩的格局已经如此，回顾霍尼韦尔的业绩，50%已经来自高增长地区。此外，二十年后，发展中国家将创造全球约一半的GDP，中国是其中最重要的国家。过去二十年，全球一个主要的经济现象是发展中国家GDP占全球比重的上升，取1990年、2010和2030年三个阶段来看，你会发现美国GDP占全球比重基本没怎么变，从27%到26%再到24%；其他发达地区比如欧盟和日本，其比重从50%降到39%，未来大概会降到28%至29%；发展中国家，我们称之为"高增长地区"，将创造余下的GDP，这些国家在1990年大概占全球GDP的26%，到2010年为34%，二十年后大概会达到47%。

中国的发展空间巨大，会出现一些问题，但最终，中国总能展现出难以置信的进化能力，我非常看好中国和我们在中国的发展。

> 你加入霍尼韦尔的时候也给它注入关注中国的新战略，这些年来对中国地区的战略有何变化？未来可能会有何种调整？

高德威　我无法想象改变我们的中国战略。中国在我们的发展战略中非常重要，我也认为中美关系会继续发展、增强，更加关注商业，这将对两国都有益。作为全球最大的两个经济体，中美两国利益交织，美国也意识到美国的胜利不非得是中国的失败，中国的胜利也不非得是美国的失败。尽管有时候关系会紧张，实际上两国合作取得共赢的趋势会一直持续下去。

　　霍尼韦尔在天津实验了中国首个智能电网自动需求响应（ ADR ）系统，何时可以看到这一系统的推广？

高德威　我希望可以尽快看到更多这样的项目，ADR 是一种电力需求超过供应时管理需求的方式，比如，当夏天非常热的时候，人们开着冰箱、空调，工厂也在运行，这时候可能会出现电力需求超过供应，结果要么是电力不足，所有用户受损，要么就是有人得支付高昂的电价，我们的系统是国家电网、地方电力分销商和用户达成协议后，用电高峰时，系统会自动告诉工厂或者家庭用户，根据已经同意的协议，关闭灯、电扇或其他设备，这样就不会出现上述两种结果。

　　这是一个很好的系统，我们已经在美国这么做了，并在中国天津和上海开展试点，在天津有一栋建筑在高峰时可以节约用电 30%，平均节约 7% 电力。随着时间的推移，我觉得这种系统会推广到全中国。

　　要推广到全中国不容易，你们在这一过程中以及与中方合作时遇到的挑战如何？

高德威　推广一个好点子遇到挑战，这种情况不限于中国，而是每一个国家都存在的问题。中国而言，我很受中国政府五年计划的鼓舞，关注能源效率是其中一个重要的内容。ADR 只是提高能效方面的一个例子，我们还有可编程的温度控制器，也已在美国研发了一款，它跟手机关联，当你走出家门 500 米之外，室内温度自动改变，当你回到家门 500 米内，温度再次自动改变。我们需要不断研发这些产品，让人们很方便就能节约能源。同时，我们了解中国政府对此很有兴趣，意识到能效提高可以创造最便宜的能源，还可以带来干净的空气。

在中国竞争

中国的市场很大，也意味着竞争很激烈，你如何看待来自中国企业的竞争？

高德威　首先，我觉得我们已经涉足了一个未来长期都充满竞争的市场，就像美国公司变得更具竞争力并成长为跨国公司一样，中国公司也会有这么一天。这一进程已经开始了，不过未来将更多。对霍尼韦尔来说，我们始终讨论的是要成为中国企业的竞争者，原因在于，在中国市场打败其他跨国公司并不重要，我们得有能力和中国本土公司竞争并在中国打败他们，这才能从总体上让我们在全球市场中处于优势地位。

中国公司会继续取得不错的发展，一开始可能有 900 家中国公司做同一个产品，一些会消失，一些会合并，最终留下三四家成长为跨国公司，我们不想等 20 年才猛然发现竞争对手是谁，后悔该早点行动。所以对我们而言，一开始成为一家中国公司很重要，我们在中国的 1.2 万名员工中只有约 75 名是外籍员工，其他都是中国人，我们希望管理、设计、制造等全部本土化，不希望中国员工有这样的想法：我只需要做到这一步，下一步加拿大人或欧洲人负责，相反，中国人管理一切，公司一直成长。

在霍尼韦尔及其中国分部内创造这样的动态机制很重要，我们也做得很好。

前段时间中国的垄断执法也让一些外企颇为担忧，作为一家跨行业的跨国企业，你对现阶段中国商业环境有何担忧？

高德威　不管在哪个国家营商，都应该时刻有所忧虑：政府是否够聪明？能否不断进化、出台政策保证企业的成功？作为商人，我觉得企业对一国发展很重要，它提高人们生活水平和生产率，政府不会纵容企业为所欲为，但同时支持企业发展、创造良好商业环境很重要。我看好中国的原因之一是这种商业环境已经被打造出来，回顾 20 年，就会发现中国政府采取了很多措施。中国经历如此快速的改革，很多方面都需调整和变化，美国、欧洲也如此，要不断进化，打造商业繁荣的环境。

中国发展很快，不过很多事情仍待解决，有些已开展，反腐是一件大事，如何提高国企的竞争力，如何处理影子银行，如何解决中小企业融资以及中美关系。未来 20 年，两国得致力于如何合作。两国都得担忧的是，每个国家都有强硬派，这些人受内心恐惧控制更多，而非机会，有时他们是正确的，但全球经济下，我们要成功的话，中美得保证竞争实在商业方面，且有利于两国。

你十分看好中国，但不少欧洲企业觉得中国经商的黄金时期已经结束，中国经济降速比发布的数据更快。

高德威　在美国，我经常开一个玩笑。当中国发布的 GDP 数据很好时，西方人说不能信，当中国发布的 GDP 数据不好时，他们又说"天啊，不敢相信中国经济竟然放缓了"。说到 GDP 数据的准确性，可能中国没欧美那么准确，但我也不确切知道，总的来说，尽管我认为中国经济增速比十年前慢了，那会儿我刚开始推动霍尼韦尔关注中国市场，但中国经济仍然表现很好，如果全球都以中国这么"低"的增速发展，我们都会很开心。霍尼韦尔中国业务去年和今年都保持了两数位的增长，中国经济放缓，我们的增速也是从譬如 20% 降到 12% 左右，这也很好。

发表于财新网 发表时间：2014 年 11 月 21 日

迈向工业 4.0,中国向德国学什么?

波士顿咨询公司（BCG）全球主席：博克纳（Hans-Paul Bu·rkner）

记者：王力为

观察者言："工业 4.0"在德国如火如荼，中国也试图跟上，激起了中国传统产业与互联网融合的热潮。政府也很想帮一把手。而波士顿咨询公司（BCG）全球主席接受财新记者表示，不可能通过政府创造真正的工业 4.0，必须要有千千万万的企业进行自下而上的努力、试错；劳动力成本不是决定性因素 。

全球金融危机后，德国在欧洲，乃至全球经济中的地位日益提高。其强健的中小企业群（Mittelstand）、独特的中小城镇城市化模式，以及一直在最前沿的高端制造业被世人广泛称道。"工业 4.0"更是激起了中国传统产业与互联网融合的热潮。

作为中国在欧洲的主要伙伴国家，德国与中国的过去、现在和未来有诸多共同点：相对较高的储蓄率及贸易顺差水平，制造业为主的经济结构。中国可以从德国的发展中觅得什么经验？

来自德国的博克纳在近年的全球各类会议中，健谈的他深度参与到中国议题中来。他 1981 年加盟 BCG 2003 年至 2012 年任 BCG 全球总裁兼首席执行官，此前任 BCG 全球金融服务专项的领导人。他以罗德学者（Rhodes Scholar）身份在牛津大学获得了博士学位，拥有耶鲁大学工商管理硕士学位以及德国鲁尔大学的经济学和企业管理学士学位。

一带一路

财新记者 怎么看中国提出的"一带一路"倡议？

博克纳 "一带一路"的主要目标是发展亚洲经济体，其为重要的是让所有牵涉其中的人都获益，包括中国、中国企业、南亚国家、中亚国家等等。如果日益发展的中国没有充分使用自己的能力帮助其他国家发展，中国自己也不会实现自身最大的发展潜力。

"一带一路"是大的全球化浪潮的一部分。在亚洲乃至世界范围内打破各国之间的"围墙"，变得更为开放，会衍生出更好、更快捷的供应链。那些在上海运营成本太高的企业，可以迁移到越南。这并不是中国的损失，而是强化亚洲、乃至全球的产业链。

我有很强的信念，全球化应该是多赢的，这并不意味着不会有一些紧张关系出现，但是对多数人都会是有利的。

工厂由欧美向亚洲转移，由中国向东南亚国家转移，转出地因此失去一些就业，但是这是一直在持续的全球化的有机组成部分。19世纪，纺织业在欧洲蓬勃发展，之后在那里衰落，却在亚洲发芽。产业转移和升级是绵延不断的过程。

就拿苹果笔记本电脑来说，它是在加州设计的，但很可能是在中国组装。然而也并不是所有零部件都来自中国，可能来自南亚、中国台湾，甚至美国。这是一个"全球化的产品"，很难说脱胎于哪个国家。而在整个生产过程中，完成法律服务、营销、研发、设计这些任务的人更是来自于各个国家。

全球化的好处，是把越来越多企业家、生产者、消费者聚到一起，共享繁容，"一带一路"可以帮助覆盖全球化还未能惠及的部分地区——比如缅甸、中亚，会让这些国家借助基础设施联通融入全球经济体。

当然对于个人来说，这意味着变革，需要人人都有灵活性和适应性，这是一个挑战。在这一过程中，保持开放的心态，携手合作很重要。越是保持开放的推进方式，越是相互竞争，就越能够提高参与者的福祉。

也就是说在实施过程中，要摒弃"国家冠军队"，独占市场或是独占项目的做法？

博克纳　我确实对"国家冠军队"的想法持保留意见——认为只有在一家企业控制本国一个产业的情况下，该产业才是有竞争力的，这没有道理。相反，只有竞争才能带来最好的东西。

拿欧洲的电信业来说，几十年前，德国、法国、英国都是高度管制的。在德国，当时只有德国电信，想要安装一台固定电话，需要几个月的时间，而且十分昂贵。今天，同样的服务能在几天或几小时内完成，而且十分便宜。

所以，垄断是"保证"消费者为差的产品和服务付出较高的价钱的"最好办法"。

工业 4.0

工业 4.0 在德国发展得如火如荼，中国人对此也有很高期望。德国在这方面目前进展到了一个什么阶段？

博克纳　在德国，确实到处都在谈论工业 4.0，确实一些企业和一些地方有不错的进展和应用，但是要让工业 4.0 渗透整个产业，仍然有很长的路要走。常常能看到工厂运作效率问题、信息（号）沟通问题、产品质量问题，等等。

这是未来 15-20 年的目标，还有巨大的发展空间。

在引领这一发展的是政府还是其他主体?

博克纳　是私人部门。政府当然会希望推动工业4.0的发展，但是不可能通过政府创造真正的工业4.0，必须要来自千千万万的企业尝试各种不同的东西。各类主体越是能够自发进行试验，效果就会越好：一些会成功，另一些会失败。这是一个需要广泛试验的事，而不是只是来自于几个主体的努力。

政府在这中间能扮演什么角色?

博克纳　确实有一些政府性质的机构在作生产过程等方面的研究，这当然有帮助。但是我对于认为只要政府提供更多的支持、资金、规则，工业4.0就能成功的看法，持谨慎态度。需要真正让千千万万的相关主体进行由下至上的努力。

当不论哪里的政府做研究，出资，都需要有成果。尤其在一些大的研究课题上，政府很难承认"我失败了"。所以它会一直持续，即使是走在了错误的方向上。当然，在基础研究中，政府的资金很重要，因为这类研究没有短期的商业成果。

所以需要有很多的来自私人部门的努力：企业与大学、研究机构合作。最终应该是企业在工业4.0上进行投入，因为他们才是直接的受益者。

政府最主要的角色在于，破产监管规则方面的障碍。很多时候，法规不允许某类研究推进，或是不允许企业进行协作。其中的一些是不可理解，一些甚至是矛盾的：一个政府部门想让某件事发生，另一个部门则不想让这件事发生，所以作了完全相反的规定。

所以我认为核心是开放的原则，让各类企业都能自由参与。而且我认为很多的发展会来自于中小规模的企业。大企业总有惯性，希望保护自己已有的利益，小企业并不在一个安稳的位置上，所以愿意尝试新东西，需要走新路径。

我预计很多创新会来自于中小企业。

中小企业群

所以德国发展出中小企业群（Mittelstand）的秘诀是让它们自由探索、尝试？

博克纳　是的，而且不仅仅是在大城市，而是分散在全国各地的。很多为一些高端产品提供核心部件的顶尖企业，低处很小规模的城市或城镇——有些可能只有几千的人口。这才是靠产品质量和创新脱颖而出，而非借助政府补贴取得成功的表现。

所以在一开始，德国并没有国家规划来催生这样出色的中小企业群？

博克纳　是的。只要政府不在这中间起反作用，阻碍它们的发展，我就不太担心。政府对于中小企业发展的指导原则在大多数情况下应该是"放手"（letting go）。如果需要 125 个章才能设立起一个公司，会需要几年时间，那会制造巨大的障碍。我认为政府以一站式的许可服务，让企业可以十分便捷地开始运作。

制造业与服务业

德国和中国都是以制造业见长。近几年也不断有西方学者表示这两个制造大国的大规模贸易顺差造成了全球经济不平衡，甚至是金融危机爆发的原因之一。你认为应该如何平衡看待制造业和服务业？

博克纳 当你看一台 Mac，它看起来是一个制造产品，但是事实上牵涉很多服务业活动，包括物流、设计、营销、法律、金融。在什么被定义为制造业，什么被定义为服务业问题上，人们应该有更深入的思考。

一家车企外包其保洁工作，之前制造业的就业马上就变成了服务业就业。这也适用于法务、会计等工作。人们需要考虑到这一点。

此外，不应该鄙视制造业，认为服务业是更高级的经济形态。我记得直到2007年，类似《经济学人》等顶尖媒体也一直鼓吹，德国经济是落后的，因为其服务业的占比不高，大幅低于美国和英国。然而在危机后，大多数人改变了立场，认为制造业是重要的，"让我们重建制造业"。

在这一点上，并不是非黑即白的。一个国家需要在全球供应链、产业链里有强的环节，一部分国家的强项当然可以是制造业。

过去，人们认为制造业就业就是如美国大型车企的就业：高收入的工厂工作。由于全球化，制造业就业的工资承压，出现更多的自动化，制造业逐步在全球生根发芽。

对于中国来说，其制造业一开始是得益于低的劳动力成本，但是现在已经逐步发展起完整的生态体系——比如数以百计的制造商为 Mac 提供零部件，然后再完成组装。

所以，认为能够把制造业、工厂完全移向东南亚或是非洲，只是因为那里的劳动力成本更低的想法，是不切实际的。现代制造业事实上需要一整个生态体系：好的基础设施、物流体系，这些都需要有机地组合到一起。

所以我认为，中国仍然会是制造业大国。当然，会逐步迈向高技术、高附加值的部分；同时，一部分低附加值的活动会转移到越南、缅甸、印尼，但仍然会是通过全球供应链，紧密地连接在一起的。

整个过程会经历几十年，不会因为政府或是其他人说，"我们需要改革"，就在几年内实现。

创新

德国传统上并不如盎格鲁撒克逊国家有创新精神和能力，现在则似乎在创新方面快步前进？

博克纳　我并不同意你的假设。德国在 19 世纪时，在化工业、机械行业还是有很强创新能力的。在软件、电子行业，确实比不上盎格鲁撒克逊国家。

　　不过对于欧洲来说，确实需要更为创新，欧洲人需要变得更愿意尝试新东西。你也得理解，欧洲，包括日本，都面临很大的人口挑战。欧洲已经有近一半的人口在 50 岁以上。或许这一说法过度泛化，但是总的来说，50 岁以上的人更希望维持现状，而非构建未来。所以欧洲民众对于科技进步、对于新技术有更大的阻力。当新的产品出现，人们会先想风险，而非机遇。这也会是中国将要面临的挑战。

发表于财新网 发表时间：2015 年 5 月 7 日

第二篇·危机下的投行之变

危机重塑华尔街

摩根士丹利董事长兼首席执行官：高闻（James Gorman）
记者：胡舒立

　　2008 年那一场席卷全球的金融危机改变了美国金融业的格局。华尔街五大巨头，贝尔斯登被摩根大通收购、雷曼兄弟轰然崩塌、美林被迫与美国银行合并，甚至连摩根士丹利与高盛也岌岌可危。但在美国政府的帮助下，它们止步于悬崖。

　　2010 年，危机的余波还未散去，高闻（James Gorman）"临危受命"，经其前任麦晋桁（John Mack）钦点，出任摩根士丹利的首席执行官。

　　五年过去了，作为危机后第一位出任华尔街金融巨擘新掌门人的高闻，如何回望金融危机？他如何看待危机后日益严格的监管环境，针对雇佣高官子女这一业界顽疾做出怎样的承诺？作为金融危机"始作俑者"的投资银行又有哪些改变？带着这样的问题，财新记者专访了摩根士丹利首席执行官高闻。

回望金融危机

财新记者　整个金融危机期间，你都在摩根士丹利。危机后（2010 年），你成为了公司首席执行官。你认为金融危机的根本原因是什么？

高闻　这是人们不时回望的一个很好的问题，因为我们都不希望再有一次那样的危机出现。避免它再度发生的最好的方法就是理解其根本原因。这其中，最关键的因素是流动性。银行从储户及其它人处吸收资金，用于借贷。但当储户对银行失去信心，他们希望取回自己的钱，此时银行必须有足够的流动性资金保证提现。

我们发现，金融危机期间，大多数的银行没有足够的流动性。随着客户开始担心银行的健康状况，看到银行资本金出现亏损，他们就会担心自己的钱，希望可以把资金从金融体系里转移到一个安全的机构。

这进而制造了市场恐慌，一些银行无法应对，问题蔓延，状况较好的银行从而也面临流动性问题。所以问题的核心是对金融机构运营安全性的担忧，以及随之而来的信心崩塌。

> 那么摩根史丹利怎样得以幸存？是因为旨在拯救大银行的 TARP 项目吗？

高闻　摩根士丹利能存活下来是因为，我们相比那些破产的机构有更多的流动性、相对较少的信用问题。我们还与 MUFG（三菱日联）达成协议，由它们购买摩根士丹利 22% 的股份并注资 90 亿美元。

但那之后，美国政府审视了最主要的八九家金融机构的总体情况后，认为我们总体上做得并不够，于是要求我们从政府处拿额外的资金，困难之处是我们需要以非常高的、近乎惩罚性的代价还本付息。因此其后所有大银行都被鼓励募集新的资本金来归还美国政府借给我们的钱，我们事实上也完成了这一任务。

> 你能讲讲金融危机期间你的个人经历吗？并且，你是如何带领摩根士丹利走出危机的？

高闻　我个人的感受是，那短时间太折磨人了。许多个夜晚，我都睡在办公室的沙发上。我的结婚纪念日时，我本应带着我的妻子出去吃饭看剧，但我唯一能做的就是去到餐厅跟她说声抱歉，然后回到办公室继续战斗。

我们都工作的很辛苦，压力巨大。但好在在摩根士丹利，我们有一个很好的团队。我把那段时期称为脆弱时期，因为当时整个公司都很脆弱。危机后，我们又度过了一段治愈期，落实了许多使得摩根士丹利重回健康的改变。如今，疗伤期已经结束，我们开始重拾稳健的业绩。

> 距离金融危机整整 5 年，摩根士丹利今年三季度的营业收入增长达到 50%，股价今年也已累计上涨超过 50%。这是因为华尔街的好日子重新到来，还是摩根士丹利有什么独门秘笈？

高闻　我对所需要的一系列改变无比明确。我觉得公司需要更好的平衡，因此从花旗银行处买下美邦。这一收购让我们成为规模在美国数一数二的财富管理公司，管理 1.8 万亿美元的客户资产。这一给了我们巨大的稳定性，等到我们成功地整合了美邦的业务，市场看到了这笔交易的价值、收购的价格、及我们的努力，认为这是一笔很好的交易。这一因素，加之公司传统业务向好的收入和利润，是增强市场对我们的信心，进而推动我们的股价的原因。

危机后的监管环境

记者述评

尽管金融危机已经爆发 5 年，但美国的监管机构似乎要对"始作俑者"们追责到底。近一年来，美国监管机构对包括摩根大通、摩根士丹利在内及多家银行提起诉讼。12 月 21 日，因此前不当销售住房抵押贷款支持证券而受指控的摩根大通，刚与美国司法部及其它机构达成和解并同意支付 130 亿美元"天价"和解金，这一金额成为美国历史上一家企业与政府达成的最大数额和解金。Stifel 金融集团旗下 KBW 的分析师发布最新报告指出，欧美大型银行可能需要花费近 1000 亿美元，就利率和汇率操控调查达成民事和解。

　　最近几个月来，美国监管机构持续调查金融危机前一些主要银行操纵行为，你认为这样做公平吗？

高闻　如果存在不正当行为，这当然是公平的。银行的职责就是以恰当的操作方式服务社会。如果它们行径恶劣，当然，监管机构应当对银行进行处罚。摩根士丹利已经会见监管机构多次，我相信他们对于我们的行为和运作是满意的。但是如果大摩存在问题，我们无疑应该承担相应责任。

　　在我看来，现在的监管力度是越来越严厉了，摩根士丹利打算怎样应对这一变化？

高闻　我认为，监管确实应该更加严格，因为金融体系几乎崩溃。我们经历了大萧条以来最严重的金融危机，所以我并不意外政治团体和监管团体期待发生改变。也不意外他们希望金融机构更加趋于保守，这意义重大。作为一个公司，我们唯有去适应它。我们实施了风险管理。我的经营理念是，不去幻想这个世界与现实下的情况不同，而是接受我们所处的这一环境，调整自己的业务。

　　你支持实施沃尔克法则吗？

高闻　如果是我，我可能会用以不同的方式制订沃尔克法则。我几周之前也与沃克尔本人吃了顿饭，我对他对公共服务做出的巨大贡献抱有很高的敬意。但这套法则总的来说过于复杂了，这也是为什么它的制订需要花那么长的时间，到目前为止还没有完成。我个人会选择一种更加简单的方法，但当然，在这方面，我的话并不算数。

> 沃尔克法则，号称银行业的"紧箍咒"，是由美联储前主席保罗·沃尔克提出，其核心是禁止银行从事自营性质的投资业务。英国《金融时报》近期报道称，沃尔克法则的生效时间很有可能被延迟，这是否是华尔街的又一次胜利？

高闻　我不认为是华尔街的胜利，我觉得反而是失望。作为银行，我们希望有确定性，我们宁愿在所有细则都被制订完成的情况之下运作，而不是面对持续的不确定性。因此这不是华尔街的胜利，大银行是在推动法则尽快完成，而不是拖延它。

> 大银行们相较经济体的规模事实上在危机后变得更大了。"大而不倒"问题是在变得越来越严重吗？

高闻　不，我不这样认为。金融危机中破产的大部分机构事实上都是规模较小的。问题甚至可以说是小而不稳，而不是大而不倒。所以那些小规模的金融机构才是我更为担心的。

> 一些金融机构雇佣高管子女的做法在中国和美国都引起了很大争议。作为往往站在道德制高点上的西方企业，摩根士丹利以及你本人对此持何看法？

高闻　我认为雇佣员工首先需要看的是那个候选人是否有能力。如果那个合适的候选人恰好来自这个或那个高官家庭，我认为后者的重要性当然没有前者重要。应聘者不应由于他们的背景受到不公正待遇，抑或占便宜。

那么你是否有信心，在摩根士丹利，我们不会看到这样的丑闻？

高闻 我不期待看到任何这样的丑闻。不，我不认为大摩会出现任何此类丑闻！

投行之变

在金融危机的顶峰时期，摩根士丹利转型成为银行控股公司，一间商业银行。这是好事还是坏事？

高闻 我认为这是一个好事情。大型投行独立存在的时代已经结束。我们自己和主要竞争对手都一夜之间成了银行控股公司。这是一个保证金融系统安全的必要过程。因此，我认为这种转型是好事。

现在，商业银行业务占多少份额？

高闻 我们不是传统商业银行，像一些传统的全球性银行一样。实际上，我们建立了自己的储蓄业务，并成为了美国第十大存款人。我们接管了1300亿美元存款。所以我们越来越像一个商业银行，但同时也是投资银行。

金融危机至今5年间，投行的图景有怎样的变化？又有什么趋势？

高闻 我认为，它已经完全改变了。所有的投行都只是大型银行的一部分，或者自己成为了大型银行，除了一些非常小的。受到的监管更多，资产负债表更小，他们拥有更多资金，杠杆率更低。投行现在比金融危机前更趋于保守，这就回到了再往前十年或者十五年时，他们本来的样子。摩根士丹利比以往更加保守、谨慎、耐心，这一点我很骄傲。

都说投行工作是门艺术，而商行业务是门科学。你怎么看？

高闻　作为上市公司，我们可能更倾向科学。在私人合伙制的年月里，或许更像艺术。当你是上市公司时，你是在用公众的钱、投资者的钱冒险，你需要更多自律，设置更好的预算控制，成本管理，更专注于风险管理以保证不出差错。所有这些事都是这些机构运作时的组成部分。

记者袁新、王力为对此文亦有贡献
发表于财新网 发表时间：2013 年 12 月 14 日

每家银行的 DNA 都不同

瑞银 CEO：安思杰（Sergio Ermotti）
记者：王玲

　　金融危机迄今，全球投行业迎来了重要变化。为解决大而不倒的问题，防止类似危机的再现，系列银行监管法则被推出，典型为美国的"沃尔克法则"。尽管没有多少投行人士会喜欢这样的监管，但亦不得不接受并应对全新的金融环境，即可预见未来监管或只紧不松。

　　面对新环境，全球各大投行各自摸索。有的依然坚持投行业务，有的尝试将重心转移至其他业务。曾经在金融危机中亏损重大的瑞银则属于后者，开始专注财富管理业务。而瑞银的转型离不开 2011 年上任的 CEO 安思杰。

　　瑞银如何进行改革？全球投行又在如何变化？未来它的策略是什么？

聚焦核心业务

财新记者　四年前你起任瑞银集团 CEO，也发起了一项大改革，现在 UBS 改革的进展如何？又是如何改变的？

安思杰　如果回顾瑞银 152 年的历史，可以看到我们经历了很多变化，如果光看过去四年，对我们而言，最重要的是重新聚焦瑞银的核心业务。我们是全球最大的财富管理机构，也是瑞士最大的银行。同时，确保在我们的投行业务和资产管理业务中顾客需求至上，这也是过去四年非常重要的。为何在全球竞争？我觉得瑞银的主要转变在资本配置。

瑞银投行业务又是如何转变的？现在它在整体业务中的比例是多少？

安思杰　过去投行业务在我们的资本配置中占三分之二，现在降到三分之一，我们也期待投行业务创造三分之一的利润。我们的目标不是比规模，或者什么都做，我们专注本身在股票和外汇方面的全球领导力，专注资本市场的活动以及咨询。有一点得强调，我们是亚洲市场主要的投行，在亚洲已经有 50 年历史，投行业务上，过去十年我们在亚洲很成功。

如何看待整个投行业的改变？金融危机如何改变了投行？

安思杰　我认为金融危机对整个投行业的改变是重大的，流动性、资本的规模加上大量复杂性创造了一种在目前监管条件不可持续的商业模式。现在我们看到投行业重新回到上世纪 90 年代末的环境，将来会看到投行专注自己擅长的领域，而不是什么都做。

从你个人经历而言，如何着手进行瑞银这次改革、专注财富管理的？这跟你之前的作为投行家经历是否相关？

安思杰　对，我之前有很多投行的经验。我们是全球领先的财富管理机构，当然想继续保持下去，同时也继续专注投行业务，选择顾客希望我们竞争的领域参与竞争。

我们主要受三个因素驱动：首先，瑞银希望打造可持续的盈利能力和股东回报；其次，我们意识到监管已发生重大变化，这将使投行领域很多业务无利可图，这是结构性的；第三是大的宏观环境，利率走低，顾客资产减少，这都无益于投行的盈利。这是我们调整战略的主要原因。

　　　　所以你是加入瑞银之后才打算这次改革的？还是在加入瑞银之前就有些想法的？

安思杰　　不是。我一直相信不管在任何行业，你都不需要什么都做才能成为成功的商人，尤其在银行业，加入瑞银之前我也这么认为。专注瑞银历史上就非常强的那些投行业务将是集中资源、满足顾客期待的最好方式。

每家银行的 DNA 都不同

　　　　目前财富管理业务的比例如何？

安思杰　　我们 2.1 万亿美元客户资产中，在亚洲有 2500 美元，当然中国是其中非常重要的一部分。我们的亚洲业务每年都呈两位数的增长，全球业务的增速只有 2% 到 4%，这也暗示财富创造会带来财富管理业务的增长。当然你可以通过市场份额扩大来增加业务，但最重要的增长动力是财富创造，如果不创造财富，很难有（业务）扩展。

　　　　这是你的投资理念？押宝新兴市场？

安思杰　　是的，我们的理念是有选择性地关注新兴市场国家，我不确定中国是否还属于兴起中的国家，我觉得它已经兴起了，我会称中国是快速增长市场，中国是一个例子。

我还认为，瑞银在日本也有很多机会，不过理由完全不同，因为日本有很多资产未多元化。我们也在向拉美拓展业务，不过现在还得在欧洲和美国有强劲的业务，因为这是财富管理最重要的两个市场。

未来五到十年，当然，亚洲和中国在全球市场中的重量会大变，现在我们是亚洲最大的财富管理机构，是第二名的两倍，大概占整个的 12.13%，未来五到十年这一数据可能会翻番至 25% 至 30%，我们的财富管理业务将反映全球储蓄的再平衡。

转型集中财富管理业务过程中，瑞银短期的挑战如何？

安思杰　很显然，我们目前面对的最大困难是面临一个事件多发的世界，从客户角度、风险偏好看是地缘政治风险，会加速或停止一些经济周期，带来主要的信心危机。也因为这是很难预测的风险，也很难控制。

瑞银作出调整，更加关注财富管理业务的同时，很多其他银行业做出类似调整，比如瑞信等，同时也有仍然专注投行业务的银行，比如高盛，你如何看待目前全球银行业，尤其是投行业的整个图景？

安思杰　我觉得当下的图景正是银行业现实的写照，大概过去十到二十年，所有的银行，尤其是全球性的银行试图什么都做，所以银行大体上相信要成功，就要进入银行业的每个领域，做财富管理，做商业银行业务，也做投行业务，还做资产管理，现在图景很清晰，你会看到银行做自己擅长的，这是积极的。每家银行的 DNA 都不同，不应该都做一样的业务。

瑞银转型过程中，对你而言，最大的挑战是什么？

安思杰　转型最重要的挑战是说服最重要的利益相关方，主要有三个方面，不是按顺序排列的。首先要说服客户，还要说服员工，当然还要有股东的支持。我们成功的最大因素是员工和客户对新战略的迅速支持，股东也很耐心，给予了支持。不过，没有员工和客户的支持，任何改革都很难。

　　当时，我们先跟一小群人详述改革，那个阶段必须有些保密。然后达成一些一致，再和董事们商议，获得了他们的支持，然后就进行了改革。

顾客满意度日益重要

　　　　净资产收益率（ROE）是一个重要的指标，一些中国银行家甚至视为最重要指标。不过，从 2015 年起，瑞银将不再用这个指标进行考量，而是代之以其他指标，这一改变背后的考虑是什么？

安思杰　我认为净资产收益率是一个重要的指标，用来判断银行动用股东提供资产的能力，尽管绝对的量很重要，但不够，资产收益率的波动性和可持续性更重要。

　　未来几年，可以肯定的是银行业的净资产收益率将大幅降低，巴塞尔三规定下所需要的资本是巴塞尔一的 7 倍，所以，你的净资产收益率会被结构性压缩。未来最重要的话题将是，净资产收益率要超越资金成本，同时也要是一直可持续的。

　　　　哪些指标是你常考虑的？

安思杰　在我的职业生涯里，有一个很好的原则，没有单独哪个指标更重要，始终有一个周期，今天是净资产收益率，明天是收入增长，后天是成本收入比，大后天可能是资产收益率，衡量很多指标，试图找到其中的平衡，这很重要，以打造我所说的可持续性。

越来越重要的是要衡量顾客满意度，不能仅仅衡量我们业务的成功，看数据结果，还要衡量我们是如何做的，要获得可持续性以及顾客满意度。

你觉得对银行的监管会继续增加吗？瑞银将如何应对新的监管环境？

安思杰　我觉得监管少的日子已经远去，所以答案是肯定的，很可能我们将继续看到很多监管，几乎每天都听到监管者和官员说想推出新的监管规则，或改变现有的还没得到充分执行的监管规则。我很难相信，可预见的未来，监管会减少。

我们准备充分，是同类银行中资本充足率最高的，我们已经重塑了我们的业务，重新将我们的业务聚焦于有核心竞争力的领域，我们有能力创造足够多的收益，这将支持我们承受更严格的监管，不管在资本充足率方面还是其他方面，同时还要给股东不断带来回报。

瑞银在全球包括欧洲和美国都有业务，如何比较看待两地的监管？

安思杰　欧洲和美国的监管处于不同的阶段，但都很复杂。不幸的是，很多监管者之间存在分歧，尤其在欧洲内部。每个国家都有自己的监管，有时候会比较具有挑战，欧洲尝试统一监管。美国的监管体系更加先进，但要求也很高，这个阶段，我还没有看到两边监管的趋同。

金融危机以来，我们看到很多针对银行的调查，未来会有更多这样的案件吗？

安思杰　希望不要。是的，如果我们回过头看过去几年，我们解决历史遗留问题的时间和资源有所增加，这些问题达成最终解决的成本很高，我们重视和当局的配合，以公正的方式加速处理这些重要的问题，这样我们才能向前看。我们优先事项之一是从瑞银以及其他银行过去的错误中吸取教训。不过，我们身处一个官司多发的世界，任何诉讼都可能是任何主要行业，不仅是银行业，的大事儿。

互联网金融是一个当下中国一个热门的话题，尤其在中国金融改革不断推出背景下，瑞银将如何看待和适应中国的金融环境？

安思杰　我们很欣慰在亚洲已有 50 多年历史，在中国已有十多年历史，经历中国的转型过程，中国的改革设计和组织地较好。当我思考瑞银下一个机遇时，很显然，中国的财富创造和我们的商业主张非常契合，我们是领先的财富管理机构，投行业务也很有竞争性，我们不仅帮助中国人以更广、更有经验的方式管理财富，也给那些计划去海外投资的顾客提供专才、最好的服务。我们就很积极参加了中国第一阶段金融市场的开放，涉及投行业务，下一阶段中国财富管理和金融服务市场的开放和自由化过程中，我们也将很积极。

瑞银扩大中国业务的同时，中国银行也在走出去，但面临趋严的监管环境，如何看它们走出去的前景？

安思杰　中国银行也得多元化，靠近那些希望赴海外的中国客户，这完全是对的策略。外国银行扩大中国市场业务和中国银行扩大海外业务都很实际，中国金融机构赴海外很合理，同时，中国政府打算向外国企业开放本国市场，这有利于金融体系更加平衡，这也会助益中国发展。

欧洲最终也迎来了欧版 QE，如何看待它在欧洲经济复苏中的作用？

安思杰　我觉得未来几年要取得比 1%、1.5% 增速更高的增长不易，短期欧元对美元大幅贬值以及 QE 的继续开展会刺激经济，但仅仅 QE 不足以解决欧洲的问题，欧洲需要深层的结构改革，生产力不达参与全球竞争的水平，社会体系得改革，挑战仍然比较大。

发表于财新网 发表时间：2015 年 4 月 13 日

中国应维持低增速

高盛集团董事长兼首席执行官：贝兰克梵（Lloyd Blankfein）

记者：李小晓

　　白驹过隙，转眼距离上次见到劳尔德·贝兰克梵已整整一年。和 2013 年夏天一样，贝兰克梵此行是拜访中国大客户和监管层的常规出差，顺便安排和几家媒体的小型见面会，准时而来，踩点而去，分秒不差。

　　严谨，这是这位华尔街投行家给人最深刻的感受，同时亦有亲和一面。他一进门就认出了去年采访他时有孕在身的财新记者，询问近况。

　　贝兰克梵 1954 年出生于美国黑人区，他的人生可谓是美国梦的代言：16 岁便获得哈佛全额奖学金，之后又获得哈佛法学博士学位，并于 1982 年加入高盛。在高盛的 30 载春秋里，贝兰克梵从一名普通交易员一路做到 FICC 部门主管，并带领 FICC 部门创下惊人业绩，1988 年成为公司合伙人，2003 年成为公司总裁。

　　短短 45 分钟内，贝兰克梵和记者分享了他对中美关系、世界经济与监管以及高盛最新动态的诸多观点。

财新记者　此行来中国主要目的是什么？

贝兰克梵　我来中国是一次常规出差，和客户、企业 CEO、监管领导见面。

中美 BIT 谈判也是我此行的重点话题之一，我要和大家讨论 BIT 谈判对高盛的意义。在秋天的谈判后，也许中美贸易增长会有一些新的里程碑出现，高盛也许能够从中受益，并从中扮演一些角色，推动双边贸易进一步增长。

> 从金融危机至今，世界从未停止复苏的脚步。中国银行编制的全球经济运行监测指标显示，2014 年第二季度全球 GDP 环比增长 2.5%，高于上一季度的 1.6%。在这样的增长环境下，你如何看待各国的监管政策？

贝兰克梵　现在全球都在经历增长，但增长的速度抑或不够快，抑或不够稳定，以至于各国央行还无法将刺激政策放松下来，利率都仍然处于低位，甚至有国家采取量化宽松。通常而言，如果经济强大的话，利率就会上升，但利率上升会随即带来增速放缓。反之，如果经济较弱，就会维持低利率。而现在全球局面很有趣：经济明明在增长，政策却仿佛经济毫无增长一般。有些政策更加适用于经济危机，但我们现在并不处于危机。全球越来越多人相信经济在稳定增长，但还是在采用危机期间的经济政策，因为他们担心经济增长太慢。

现在的通胀很低，很多央行希望看到更高的通胀，因为他们很担心通缩。这是很好的，因为通缩已经维持太久了。比如，日本已经很难摆脱通缩局面了。所以现在全球在合理增长，然后低利率带来更多增长，这也是为什么资产价格在增加的原因。极少有人担心通胀。现在对股市、资产价格、房地产、实物资产而言，可谓是春天。现在很少有人持有现金，所以现在各国股市普遍上涨。

> 你认为这种监管环境会维持多久？高盛如何应对这种环境？

贝兰克梵　风险和增长总是一对悖论。当经济出现危机时，监管会变得严苛，随之经济也会放缓；而当经济增长过慢时，会有人们抱怨希望承担更多风险来换取增长。当这样的声音越来越强烈，那么监管又会渐渐放松，可能随之而来的会有少许风险，但会带来更多增长。

这是社会做出的决定。危机后，各国监管普遍都很保守，我认为现在可以适当放松监管，让市场更加活跃，让人们承担稍多的风险，我认为我们需要更多的风险。

无论在任何监管环境下，高盛都能游刃有余。对我们的生意而言，我们要应对任何监管，我们的竞争对手也要面对同样的监管。其实严厉的监管并非给我们带来压力，而是给我们的客户带来压力。无论在何种监管条件下我们都是做同样的生意，但我们可能不能给我们的客户贷款，或者要提高贷款成本等。所以其实我们不会抱怨，而用户会抱怨。

当然，我们这些专家不能替监管机构做决定，只能献计献策。无论在任何监管条件下，高盛都会合法合规经营。

你如何看待中国的改革步伐？

贝兰克梵　全球很多人期望中国在未来很长时间内都表现异常突出，甚至这个世纪都应该是属于中国的，正如很多人认为上个世纪是属于美国的。因此很多人期待中国推出很激进的改革时间表，人们对于执行这样的时间表也很有信心。然而，这些改革很难推进，也许长期会奏效——我们也这么认为，所以我们在中国做了很多投资。但短期内却很难奏效。可以说，人们对 5-10 年的中国十分有信心，对半到一年的中国却不那么有信心。

这是很正常的，如果你看看很多国家的模式，美国拥有一个很棒的 20 世纪，但在 20 世纪美国也有很多很差的年份，比如 1929 年的大萧条。

我是一个喜欢参考历史记录的人。中国有很好的历史记录。想想 20 年前和中国 GDP 相同的国家，再看看现在。我相信中国会解决现在的问题。

关于中国的发展思路，我建议维持低增速。跑马拉松如果高速不减的话，就会伤害你的身体组织，中国如果增速太快亦是如此，会造成污染等健康问题。因此，要更加可持续的发展。

　　7月9日，第六轮中美战略与经济对话即将在北京举行，BIT谈判（中美投资协定谈判）无疑将成为对话中的重点话题，各界都期待看到BIT能够在对话中取得突破。您如何看待中美关系？

贝兰克梵　7月的对话后，也许中美投资会有一些新的里程碑式的增长，高盛希望从中扮演一些角色，推动双边投资进一步增长。

　　中美是世界最大的两个经济体，因此中美关系最重要也最复杂。对方的成功对彼此都有好处。如果中国更富有，美国也会受益，因为中国人会消费美国的商品。如果美国繁荣，对中国也有好处，因为中国可以更多出口。然而，竞争和一些领域的摩擦总会让事情变得更复杂。

　　经济领域合作和融合以及互相投资是最有效的解决方法。更加依附于彼此，这不会解决所有的问题，但会大大提高效率，而且会给摩擦领域带来动力去解决摩擦，因为一荣俱荣一损俱损。不可能一天解决所有问题，可以先从经济、市场和投资三方面入手。其他领域自然慢慢会跟上。

　　高盛在经济危机后有怎样的变化？

贝兰克梵　我们从危机中学到了很多，世界也通过我们更好的了解危机。政府对我们的监管和以前不同了，更严格，资本要求更高，我们被要求变得更透明。以前大众对我们不感兴趣，我们也不会出去给大家这么仔细的介绍我们，不会像今天这样和媒体见面。而今天大众希望盯住我们。我们很大程度上是一群这样的人：我们希望通过金融活动受益于世界的增长，也希望对世界增长做出贡献。

整个投行领域中，FICC 部门的表现都很差，金融危机后引入的监管条例要求银行为风险资产增加缓冲资本，这严重打击了利率相关的交易，使一季度固定收益收入下降了 19%。高盛的 FICC 部门亦表现不佳。你是 FICC 部门的老领导，你如何看未来这个部门的表现？

贝兰克梵　我老了，但我不是 FICC 的领导（笑），FICC 部门是做市部门，在希望买卖证券、大宗商品、外汇的人之间做市。它的地位和过去一样重要。我们承认，现在这个阶段由于监管的原因，金融活动比较低迷，所以交易放缓了。但市场一定会好起来的，FICC 会更加重要。这是一个周期性的表现，正如在危机期间没有很多公司买卖交易，所以 IPO 大幅下滑，这是一样的。这都是周期性的现象，现在这个周期的现象是：投行部门很忙，但交易部门比较安静，和四五年前是相反的。

听说高盛和 JP 摩根正在联手筹措一个企业债交易电子平台，该交易平台由包括高盛和 JP 摩根在内的 10 家以上的银行与汤森路透旗下交易平台 Tradeweb 联合打造，有望在下个月正式推出。是这样吗？

贝兰克梵　是的。我们总是在寻找新的平台，使用电子科技让金融流通更高效，这只是其中一个例子。正如过去华尔街经纪人都靠打电话买卖，现在都通过视频。不仅是我们在这么做，其他机构也如此。现在人们都在用彭博和其他系统买卖企业债，未来高盛是否能成为最大的平台之一，目前无法预知。

你如何看待世界经济未来的格局？

贝兰克梵　未来一段时间内，增速最快的将依然是中国，而美国将继续维持 2%–3% 的增速，欧洲则将继续增长缓慢。整体而言，我对世界的观点还是很乐观的。如果五年前我们看到今天的局面，应该会非常高兴。

当然，现在有人担心由于技术的发展，财富的分配会不均。有很多公司迫切地需要雇人，却有很多失业的人想找工作却无法胜任。技术革命造成很多张力。这是经济问题，也是社会问题。整体而言，这是一个复杂的世界，但也是一个不错的世界。

发表于财新网 发表时间：2014 年 7 月 4 日

抓住各国股市的轮动

高盛资产管理国际业务（GSAM）
首席执行官：希拉·帕特尔（Sheila Patel）
记者：李小晓

  希拉·帕特尔，高盛资产管理国际业务（GSAM）首席执行官，专注于欧洲、中东和非洲的客户业务，以及除日本以外亚洲地区的业务管理和战略。希拉同时也是高盛亚太区管理委员会，资产管理运营管理委员会和投资管理部客户与业务标准委员会的成员。在此前，她曾担任亚洲地区股票销售团队的联席主管，股票部门美国衍生品销售和美国合成工具销售团队主管。Sheila 于 2003 年加入高盛，担任董事总经理，2006 年为合伙人

  在全球经济风云变幻的今天，投资者总会觉得眼花缭乱，这个世界正同时上演着太多不同的故事。

  美国股市一路攀至新高，截至发稿时间，道琼斯、标准普尔和纳斯达克指数均连创新高。面对这样的繁荣，亦有投资者担心美国股市已到顶点。

  而欧洲自主权债务危机以来，欧洲央行持续采取了非常规的宽松货币政策，以缓解债务危机形成的市场流动性不足问题。最近，包括欧洲央行、国际货币基金组织等在内的机构纷纷呼吁推出"欧洲版量化宽松"，从而提高银行发放信贷的能力，促进经济增长。

  放眼新兴经济体，似乎并非所有国家都如几年前那样一路快跑。

汇丰银行 7 月 7 日发布的报告《新兴市场在 6 月获得发展动能》显示，金砖国家中中国和印度依旧高速发展，而俄罗斯和巴西则表现不佳。

帕特尔认为，如今的投资策略已经不能简单"看大盘"，而是要尽可能"往深处看"，例如不能简单将新兴市场看做一个整体，而应当仔细分析各国的具体形式；不能简单看一个国家股票的大盘指数，而应当仔细深挖具体行业；在一个行业中也不能一刀切，而是根据各个公司的表现找出值得投资的个股。

财新记者 未来什么类型的投资将最具潜力？

帕特尔 股权投资越来越有趣，在我看来未来的趋势主要是国际市场间的轮动。在上一次金融危机之后，股权投资目前依然是被许多投资人忽视的领域。我相信未来几年在股权投资中还会有可观的收益。

同时，这也不意味着固定收益产品就不值得投资。目前随着全球老龄化愈发明显，各国政府对和养老相关的公司监管越来越严格，这导致这些公司越来越偏好固定收益类的产品。另类投资近期趋势向好，在亚洲、中东以及欧洲一些地区，我们都看到这种趋势。

美国股市连创新高，很多人担心估值已经很高了，另一轮衰退即将到来，你怎么看？

帕特尔 我对美国经济很有信心。我认为美国的复苏是有基础的，尤其是在能源方面的潜力还没有被充分认识到。有趣的是，那些传统能源大国如中东的一些国家，亦对美国的新能源有浓厚的兴趣。这些新能源被用于美国的制造业以及商业。仅这一点，就足以证明这是一次全面的复苏，而不是一次短暂的反弹。

此外，我对"看大盘"这种投资观念也有一些建议。最近两个月我和来自大约 15 个国家的客户讨论，他们说的最多的内容就是"看看标准普尔指数，我错过了一轮涨幅"，或者"未来可能有股价回调，我正在等"。可以理解，很多人只是看重短期回报。然而，我认为在美国投资更重要的是选择对的个股，关注相关更深层次的问题，以及能够提供机会的投资领域。所以我们现在我们看到越来越多的客户开始对具体领域有研究，例如在能源行业中，哪些公司可以被惠及，对其股价有何推动等。也就是看小盘而非看大盘。很多投资者喜欢根据大盘来判断美国的经济走势，但其实应该看得更深层次。看看那些容易被大多数投资者疏忽掉的小盘，看看个股及其领域所带来的机会。

> 自欧洲主权债务危机以来，欧洲央行持续采取了非常规的宽松货币政策，以缓解债务危机形成的市场流动性不足问题。你认为所谓"欧洲版量化宽松"对全球经济有何影响？

帕特尔　过去两周我去了欧洲很多个国家，的确有一些客户表示很焦虑。乐观的人会认为欧洲央行和各国央行采取的策略会形成正面的势头，但如果你稍微带一些怀疑态度，就会认为欧洲央行在风险管理和维持增长方面做的工作还不够。我也认为这是欧洲复苏中最大的问题。

整体来看，欧洲还是在往前走的。欧洲人开始在欧洲以外的区域做生意，越来越多的跨国合作正在发生。英国、西班牙、法国、德国都在共同复苏。在我和投资人聊天的过程中，大家甚至对意大利也开始充满信心。在欧洲，我们看到了新的需求，以及商品流通的机会。我认为这种欧洲各国间的商业活动，是推动欧洲复苏的主要动力。

> 你如何看待新兴市场？

帕特尔　的确，现在关于新兴市场的顾虑很多。我认为，过去人们认为新兴市场是一个整体，而现在应该将新兴市场区分看待。中国乃至整个亚洲都是投资者关注的焦点，很多人对印度也很有兴趣。

　　如果你是买中国的大盘指数，现在估计不理想。但如果你仔细看小盘，其实还是有很多公司能够有高速增长并提供稳定回报。例如，与消费者直接相关的领域就有很多有潜力的公司。所以在中国投资股票需要非常积极主动的选择，而非跟随。

　　印度刚刚结束大选，民众非常激动，因此对未来预期还是很高。我认为投资新兴市场要看长线，应该设计一系列投资指标，包括市场资本量、GDP、增长预期、对全球经济的贡献等。

　　　　　你认为中国经济目前是否存在泡沫？

帕特尔　在一个像中国这样高速发展的国家，很难判断什么是泡沫，什么是增长。目前没有哪个领域让我明显感觉有泡沫的风险。但我的确认为，在这样的环境下需要更加慎重的选择投资机会。我消费相关的行业更加有信心。我认为，投资中国应该避开那些过热的领域。

　　所有的市场都有起有伏，不能说市场繁荣就是泡沫。从我的角度来说，中国的房地产的发展是符合预期的，它的增速和中国的经济增速是一致的，同样，在房地产领域也不断有价格纠正发生。我不认为这是泡沫，我认为这是价格纠正。泡沫是指一个市场长期承载巨大负压力，非常需要价格重建。如果市场依然能够有秩序发展，这种情况下属于价格纠正。所以我在中国看到的不是泡沫。

　　　　　你预期中国经济将会硬着陆还是软着陆？

帕特尔　一年前我的答案兴许和今天不同，但现在我有更多信心认为中国经济将软着陆。在中国很多政策和监管的变化都令人惊喜，在现实和预期的制衡中，监管者采取了令人满意的措施。投资者普遍表示很满意。我们在欧洲、中东和亚洲的投资者都计划增加在中国的投资配置。

我认为对中国来说，低速增长是件好事，在世界其他国家，不可能有这么大的经济体长期维持 7% 左右的增速。我认为一个更加稳定的投资环境、更加深思熟虑的监管环境是非常必要的。

现在中国本土也有很多资产管理公司，你对这些公司有什么建议？

帕特尔 对中国投资者来说，有多样化的机构可以选择，是非常令人兴奋的，我们也很高兴和高华合作。中国资产管理机构应该更看重长期价值投资，同时给中国投资者提供更全球化的投资机会。千万不要低估中国投资者，他们是非常聪明的。我们在中国做过很多路演，我们的员工曾经在 30 天跑了中国许多个城市，在对话中，中国投资者提出的问题是非常恰当和专业的，他们懂得投资策略，他们了解发达国家机构的运行方式。因此，中国的机构千万不要小看投资者，而是要尽可能给他们开拓眼界，提供更多的投资选择。

发表于财新网发表时间：2014 年 07 月 23 日

美股仍被低估

高盛高级投资策略师，高盛全球市场研究院（GMI）主席：
艾比·科恩（Abby Cohen）
记者：王力为

　　艾比·科恩目前是高盛高级投资策略师，高盛全球市场研究院（GMI）主席，之前她曾担任高盛首席投资策略师。她还是白宫创新政策顾问委员会成员、美国外交关系委员会（CFR）成员。曾被《机构投资者》(Institutional Investor)评为美国股市策略师第一名，并在长达 20 年的时间内，被认为是美国组合投资策略领域的佼佼者。

　　"我是一位正儿八经的经济学家（economist by training）"，艾比·科恩这位华尔街的顶级策略师向财新记者"澄清"道。她透露，现在除了在高盛的工作，她也在哥伦比亚大学商学院任教，教授宏观经济学课程。

　　在金融危机之前，"科恩是（华尔街上）最牛的"，一位曾在华尔街工作了近二十年的华人基金经理向财新记者表示。科恩的表现曾获得投资界权威刊物《机构投资者》的认可，她的职业生涯还被《哈佛商业评论》写为经典案例，她还曾成为《商业周刊》封面报道的对象。

　　金融危机之后，科恩开始领导全球市场研究院（GMI）这一高盛的公共政策咨询机构，就金融方面的公共政策与监管机构保持沟通，提供建议。她也被白宫任命为致力于提升美国经济竞争力的创新政策顾问委员会的成员。

何以走出危机

财新记者 在谈美国之前，我想先谈谈欧洲。你对于欧洲的现状怎么看？德拉吉（Mario Draghi）行长目前所做的事是否足够把欧元区拖出泥潭？

科恩 欧洲央行能作什么呢？欧洲不是一个国家，尽管有统一的货币政策，但是没有统一的银行业监管和财政政策。

他们面对许多不同的主权国政府，其控制力有限。德拉吉行长入职之时，欧洲央行的很多政策在我们看来是错误的，过于注重保持欧元的强势，而没有把重心放在增长上。

而直到目前为止，很多欧元区国家政府的政策都是错误的，过于聚焦于财政整固，没有采取促进增长的政策措施。

但欧洲一些主要国家的政府很大程度上是受迫于德国方面，最近法国和意大利已出现了对德国紧缩性政策立场的反弹？

科恩 现在确实如此。但在之前，尤其是危机刚过之后，很多欧元区国家都极为认真地奉行了这一政策。比如葡萄牙，在德国并未对其施加压力的情况下，采取了很紧缩的政策。

可以对比看看美国的情况。在（小）布什总统离任时，也就是 2008 年危机最深重时，美国的预算赤字高达 11%。但是美国没有采取财政紧缩的做法，而是采取助增长的政策，现在美国的预算赤字已经下降到 2.5%。因此助增长的政策事实上能够帮助降低赤字，因为逆周期的支出能让 GDP 增长，即让分母变大，从而让总体的赤字比例下降。

美国股市

来谈谈你的"本行"——美国股市，怎么看待这几年美股的快速
攀升？

科恩 我们认为，美国市场目前提供还算不错的价值（ok value），但并不
是很好的价值（great value）。尽管 2009 年以来股价攀升了很多，但是目前的
股价在我们看来并不是过高的。

我们认为，经济体的增长会持续，企业的盈利状况也会持续。相对增长的
速度，增长的可持续性事实上更为重要。换句话说，我们是否会在 2015 年或
2016 年看到衰退？我们认为不会。

而从技术角度来看，当我们通过股利折现估值模型（DDM）或现金流折
现估值模型（DCF）估值时——很多人都喜欢借助计算较为简单的市盈率（P/E）
来判断，但它并不是很有用——我们发现美国股市仍旧是被低估的。

那么对于美股未来一段时间的预期是？

科恩 在 GDP 年增长率 3%，标普 500 企业的利润增长 8%，股本回报率（ROE）
16% 的基本假设下，再考虑进通胀和利率的预期，我们会看到标普 500 指数
在未来的 6 到 12 个月内达到 2050 点。因此我们还有上行空间。

对于立足长期的投资者，你有什么建议？

科恩 货币方面，应该更多聚焦于美元资产。资产类别方面，美元股票和类
股票资产相对固定收益类资产会更好。

美国经济

美国的出口状况在最近一段时间似乎不算太好？

科恩 美国出口在过去十年间一直在快速增长，事实上是美国增长最快的领域。过去10年增长了80%，相当于平均每年增长7%，远高于美国GDP的增速。

然而它并不是一个占比很大的领域。美国出口大体只占GDP的15%到18%，与其他国家相比是较小的。

其中的部分原因是美国很大。德国产品出口150英里还是另一个国家，美国产品出口150英里仅是另一个州。

另一个原因是美国出口的组成：尽管有一些大宗商品，但更多出口的是附加值较高的产品。一个并不完美的例子是，如果美元走强，真的会让海外对iPhone6的需求显著减少吗？

美国的产品并不以价格取胜，因而美国出口受货币波动或是贸易伙伴经济景气程度的影响相对较小。

此外，很多人忘记了，美国最大的贸易伙伴是其北美的邻居（加拿大和墨西哥），所以即使欧洲和其他地区不景气，美国出口还有后院可以依靠。

对于美国股市，你向来是相对乐观派。如何看待美国经济的前景？

科恩 美国经济事实上面临很多问题，美国经济体正在经历较大的结构性改变，但是美国教育体系并没有跟上经济体变革的步伐。美国的上一次教育体系变革是在二战之后，随着高等制造业的涌现，出现了众多的科学－技术－工程－数学（STEM）类学科。现在则没有看到教育体系随着经济体的变化在转变。

全球化对于美国也带来了巨大的影响。美国有一个异常庞大的中等收入群体，但是当你看近几年的美国中值收入，并没有很大提高。

在创新方面，美国在着眼于长期的研发投入上，过去一直是全球领先者。而现在美国研发投入占 GDP 的比例只有 3%，以色列、韩国等国达到 4.5%，美国过去也曾在 4.5% 的水平上。

人力和资本决定生产率，美国对于长期增长的努力，总的来说是稍显匮乏的。

> 近几年你领导了高盛全球市场研究院，与监管部门打交道，为他们提供建议。你怎么看危机以来的监管改革？当前资本充足率、杠杆率、生前遗嘱等方面所采取的改革力度，是否足以防止下一次危机？

科恩 监管者已经做出了极大的努力。金融监管改革的问题应该当成一个从高风险到低风险的全光谱来看：如果把风险容忍度控制得太低，会让银行惜贷。当前的情况下最不愿意看到的情形，是银行的资产负债表上有大量的资本，但由于监管过严不进行放贷。

而且，银行惜贷恰恰会对中小企业形成更大的负面影响，因为大型企业还能够通过资本市场获得融资。

记者述评

> 从效果上来看，美国和中国在金融危机后扩张性的政策组合确实比欧洲紧缩性的政策效果更好。但是似乎也带来了更大程度的收入不平等。如此看来，较快的复苏或是较好的经济形势是否总会伴随着收入不平等的扩大？

发表于财新网 发表时间：2014 年 11 月 13 日

透过新兴市场看中国

高盛成长型市场首席策略分析师兼高盛亚太组合策略联席负
责人：欧阳汉（Chris Eoyang）
记者：王力为

　　欧汉阳 1992 年加入高盛，在高盛东京办公室任全球股票衍生
品联席主管至 1999 年。由于欧阳汉在电子商务、电子交易及股票
管理方面所承担的工作和责任，2003 年他转去香港，加入亚太组合
策略组并在此开拓了新的研究方向，如衍生品、One Delta 及实施策
略。欧阳汉 2000 年成为董事总经理，2010 年成为合伙人。欧阳汉于
1985 年毕业于哥伦比亚大学，获学士学位。1992 年毕业于 INSEAD，
获工商管理硕士学位。

　　2001 年，高盛前首席经济师吉姆·奥尼尔首次提出了"金砖国家"
这一概念，开启了人们热捧新兴市场的热潮。12 年后，多数新兴市
场国家发展差强人意。今年以来，尤其是在美联储发出退出量化宽松
（QE）的言论后，新兴市场剧震，越来越多的人认为新兴市场神话不
再，成熟市场的表现在短期内将好于新兴市场。

　　在这一时点，新兴市场何去何从，它们中哪些有可能跨过中等收
入陷阱，晋升成熟市场，哪些会在未来面对困境。中国处于什么样的
位置，近年来的改革举措相对其他国家是快是慢。改革重启，对于改
革的预期，局外人怎么看？诸如基础设施等发展要素对新兴市场发展
影响几何，中国的基础设施建设是否过度？

新兴市场演变

财新记者 高盛对于新兴市场的看法，这些年来是如何演变的？

欧阳汉 我们更关注各个市场增长的潜力，倾向用"成长市场"一词；但客户往往偏爱"新兴市场"一词，希望知道哪些市场能够"浮出水面"（emerge），然后把它们当做一个资产类别作相应投资。事实上，过去 50 年中，没有多少真正"浮出水面"的国家，只有韩国、中国台湾、中国香港、新加坡，最多再加上日本。

中等收入陷阱的标杆大概是在年人均收入 1 万到 1.5 万美元之间，在这以下，增长往往是靠工资差和价格差，需要做的事情无外乎：造桥、造路、建银行、政府退出一些行业、放松投资管制、打破垄断、鼓励竞争，虽然这些并不容易做好，但是比起下一阶段——培育知识产权和人力资本来说，相对还是容易完成的。很明显，那些完成了后一步的，往往是能跨过中等收入陷阱，晋升成熟市场的国家。

研发占国内生产总值（GDP）的百分比，新兴市场国家无疑远远低于成熟市场国家，中国 1.5% 的百分比，已是新兴市场中最高的了。有趣的是，在成熟市场国家内，日本、韩国是该比例最高的，某种程度上也因为它们没有多少资源可供依赖。相反的，加拿大、澳大利亚资源丰富，其研发投入占比则为成熟市场内最低的。

但是大多新兴市场国家似乎还在打破垄断、放松投资管制上停滞不前，培育知识产权和人力资本还远不是它们的政策中应该优先考虑的吧？

欧阳汉 确实如此，但是诸如巴西、马来西亚等国，虽然它们近期也遭受一些基本面上的挑战，但事实上已经很接近这一阶段。它们能否从新兴市场变身成熟市场，很大程度上取决于它们的下一步向哪个方向迈进。

> 近段时间，越来越多人开始质疑"金砖国家"的潜力，同时也有不少人认为，另外三个国家不应该被和中国放在一起。你怎么看？

欧阳汉 我们一开始使用这个词时，是认为这四个国家，根据其经济和人口的增长轨迹，有潜力成为全球经济体的主要力量，是有相对较大的可能性，当然不是绝对的。

现在中国确实在四国中走在前面，特别是在可以逐步解决它所面对的结构性问题的条件下；我们目前担心最多的是巴西和印度；最具不确定性的是俄罗斯，在一个很强的政府的领导下，它可能向截然不同的方向发展。我们也在逐渐调整我们的看法。

> 你曾提到对于进入新兴市场的投资，应该区分是直接投资流(FDI flow)还是投资组合流(Portfolio flow)？分析新兴市场的前景，哪个相对更为重要？

欧阳汉 两个都要看，但 FDI 应该说是投资组合流的风向标。对于新兴市场来说，如果你没有吸引较多的 FDI，往往也不会有太多的投资组合流进入。

在吸引 FDI 上，越南今年比多数其他东盟国家做得都好，前 9 个月共吸引了 150 亿美元，占该国 GDP 的 11%。这比经济体规模相对更大的菲律宾所吸引的 20 亿美元要多出不少。因此，很多投资者在考虑是否增加对越南的投资组合流，他们无疑是看到很多大的跨国企业都在大幅增加对该国的直接投资。

FDI 也是一个增长的把手，可以帮助积累资本，增加出口，具乘数效应。

菲律宾目前的问题是，它吸引很多的资本流入，但没有多少 FDI 流，因此我们也在思考，该国如果能吸引更多直接投资流，是否能发展得更好，因为即使在目前没有多少 FDI 的情况下，发展形势也还不错。

> 一些人认为，缺少 FDI 仅仅是资金或项目这两方面的问题，还有没有其他因素？

欧阳汉 当然不仅仅是这供需两面，还有一些软性的障碍。事实上菲律宾有不少好的项目，缺少 FDI 并不只是资金的问题，还有监管、关税，以及一些隐性的障碍。而在墨西哥，宪法规定不允许外国资金投资于该国的油气田。

此外，跨国企业投资的一个主要考量是，到一个国家进行 FDI 投资后，其知识产权是否存在被偷的风险，进而可能被潜在竞争者挤出市场。投资新兴市场，收益和风险往往并存。因此，吸引 FDI 的规模和能力对于一个国家的增长潜力是一个很好的测试。

基础设施

> 高盛似乎对于新兴市场的基础设施尤为关注，你怎样评价各国在这方面的进展和努力？

欧阳汉 有两个原因。首先基础设施有益增长，但同时不产生那么大的通胀压力。很多人认为中国的基础设施过剩，但他们更应该看到中国借此取得的多年来低通胀下的高增长率。

其次，全要素生产率（TFP）也在很大程度上得益于基础设施的完善。美国的高速公路是在 20 世纪 50 年代艾森豪威尔总统时期建立起来的。那时，美国人很难想象整个美国有一天会在高速公路网上运作，但是逐渐地，他们意识到其不可或缺性，基建有利于增长和规模化。另外，由纺织工厂到半导体加工厂，经济结构的重构无疑也得益于基础设施带来的可迁移性。

根据我们在各个新兴市场的考察，可以豪不夸张地说，中国的基础设施是最好的。而在其他国家，我们担心在现有的基础设施存量和增量趋势下，增长率是否已经达到了极限。在不少国家，从首都到其机场大约要花 3 个小时时间，这是极端低效的，不利于增长的。

> 但在中国，不少人质疑，高铁建设是否过度，在诸如杭州、宁波等城市，不少市民觉得这类城市建设地铁并非必要。你怎么看？

欧阳汉 我建议这些人去巴西圣保罗住一段时间，体验一下在这种规模的城市，有和没有地铁分别是怎样的生活。

中国这方面其实有优势：能在一个更长的时间框架下分析问题、制定政策。民主社会的政治家无疑有更多考虑：即使这是一个好的项目，但当它完成运营之时，政治家是不是还在位？

中国在某种程度上可以做一些相对更长期的规划。成都、重庆，在它们增长较快的时期，年均增长 20%。假设他们在一个 10 年中保持 15% 的增长率，头两年可能并没有很大变化，但到最后几年，几个 15% 下来，各方面需求呈指数型增长，很快基础设施就会满负荷运行。因此，目前看来或许有点过度，但是人们往往不善于作这样的计算，或者说很难感知这种趋势。

对于杭州、宁波这样的城市来说，中国的城镇化不应该是北京、上海的进一步扩大，而是杭州、宁波这类城市逐渐向北京、上海靠拢。而地铁网络在我看来，是区分一个大都市的重要指标之一。看一看首尔、大阪、东京、新加坡、北京、上海，再看一看曼谷、吉隆坡、马尼拉。后一类城市没有地铁，人们就缺少了一个主要的交通选择。

QE 退出与结构性改革

> 在 QE 退出的大环境下，一个很大的疑问是新兴市场国家是否愿意推行痛苦的短期内改革，来换取长期的好处。现在 QE 退出被延迟，前景也不明朗，这一发展是否会让这一问题更为严重？

欧阳汉　这一点上，每个国家应该单独分析。高盛目前分析的焦点是 5 个国家：巴西、土耳其、印度、印尼、南非。这 5 国中间，巴西目前来看做了最多，部分原因也是它最先遭遇一些困难，疲弱的时间也相对更长。应该说巴西慢慢地承认一些问题的存在，并进行应对。这与一些国家形成鲜明反差："我们没有问题，经济体各方面都运行良好。"我认为否认问题存在的国家（政府）与承认问题存在的国家，会有很不同的前景。

值得一提的是，这 5 个国家，明年都面临选举，因此政治家对于增长高度关注也就不足为奇。我们（高盛）最近把 QE 退出的预期延迟到明年 3 月，那么现在有 6 个月时间，形势不那么紧迫，有些国家很可能会回到刺激经济的道路上，这是投资界的担心。

> 中国这个最大的新兴市场，不面临选举，但面对一个重要的会议。你对三中全会，尤其是广泛的渐进式改革预期，怎么看？

欧阳汉　根据过去几十年的经验，中国（政府）在历次会议上承诺要做的改革，应该说或多或少都有所兑现。这与很多东盟国家有很大区别：一开始信誓旦旦，但最后什么都没有做。

中国的决策者天生是渐进主义者，倾向于渐进式的改革。尽管在中国国内，人们普遍认为近年改革停滞不前，但是一步一步的，中国还是有了一些进步。想一想 2005 年时，人民币仍为固定汇率，资本项完全封闭，而现在，汇率已经浮动、交易区间逐渐扩大，人民币已有了35%的升值，形成了离岸人民币市场（CNH）等等。应该说，中国在放松汇率管制、资本项放开上，已经走出了挺长的一段路。确实还没有完成，但这些本身就是很复杂的问题。

也应该看到，中国相比其他新兴市场国家，形势总体还不错，确实存在不少结构性问题，但没有理由进行过于颠覆性的改革。看一看苏联过于极端的私有化，当时有很多低效的事情发生。因此，现在俄罗斯人提到"私有化"这个词，往往隐含着低效，带有裙带性、偏袒性的意味。

对于任何一个国家来说，那样的私有化都是过于极端的、有悖于改革目标的。

国企改革

> 但在中国，国企的一个问题是它并没有把积聚的财富更多地分配给百姓？

欧阳汉 确实是。客观地说，"亚洲模式"一直以来都是国家和股东想要的东西不一样。需要做的是逐渐改变激励机制、并引入竞争。韩国财阀（注：家族企业发展而来，但受到韩国政府巨大支持）的发展历程是一个很好的例子。15 年前亚洲金融危机之后，韩国和泰国并没有多大不同，都受到冲击。虽然韩国所受的冲击相对小一些，但韩国采取一系列措施，打破一些财阀的垄断，剔除了那些利润率低的财阀，加强了财阀所在行业的竞争。因此，财阀的利润率逐渐上升，股本回报率（ROE）从 7% 上升到了 2013 年全球金融危机之后的 15%。与此同时，竞争帮助韩国在出口产业，建立了世界级的企业。相比之下，很难指出泰国所做的变革。

中国事实上在某些方面比韩国有更好的条件。高盛的观点是，在大宗商品业，以及在科技行业，全球范围内最有意思的发展是在美国和中国。看一看阿里巴巴、腾讯、百度，就能发现中国的企业家精神事实上好于日本和韩国。后者好的企业都存在很久了，没有很多新的企业真正冒出来。

　　而这几个中国企业，是真正的竞争者，他们想要成为最好的、最具创新性的。如果在一些市场（上市），没办法帮助它们实现更远大的目标，它们会选择、也有能力选择其他地方上市。这对于香港和上海也是一个警醒。那么多中国企业之所以希望到美国上市，不仅因为其开放、不偏袒大型国企，还因为其发达的尽职调投资者保护机制。交易所以及市场的名声是很多年、一点一点积累下来的，上海和深圳应该加紧适应变革。

发表于财新网 发表时间：2013 年 11 月 14 日

房地产泡沫迟早会破

花旗集团全球首席经济学家：威廉姆·布亦特（Willem Buiter）
记者：李增新、丁锋

　　威廉姆·布亦特拥有耶鲁大学经济学博士学位。在加入花旗之前，他曾担任伦敦政治经济学院欧洲学会欧洲政治经济学教授。1997-2000年间，为英国央行货币政策委员会委员。2000-2005年间，是欧洲复兴开发银行首席经济学家与总裁顾问。此外，他还在普林斯顿大学、耶鲁大学、剑桥大学等有学术职位，并在国际货币基金组织、世界银行等国际机构担任顾问。

　　现在的中国与80年代后期的日本的确有很多相似之处，比如，两者都靠出口与廉价劳动力取得前期的经济增长，在金融危机后都以信贷扩张的方式刺激经济并引发资产泡沫，此外，两国还有着较为脆弱的银行系统以及众多起死回生无望的"僵尸企业"。1990年资产价格泡沫破灭后，日本经济陷入了长期通缩和衰退。不过，是否能据此判断中国也将滑入"失落的十年"？

　　是泡沫终将都要破灭，然而破灭后的结果可能不尽相同。对于中国过度繁荣的房地产市场来说，突然冷却下来之后的损失将由谁承担？政府又可以做哪些事情来应对最坏的情况？

　　威廉姆·布亦特在谈及上述问题时称，"在我所见过的例子中，但凡达到中国房地产市场这种繁荣程度的，没有一个不是以泪水结束"，"但是（房价下跌）也不一定有灾难性后果"。此外，他还就世界经济形势、后危机时代的货币政策、宏观审慎工具的应用等一系列问题做出解读。

风险定价扭曲大问题

财新记者 当前世界经济走势如何？

布亦特 全球经济正温和复苏，今年的增速在 3% 左右，未来几年会略高。当前的经济格局是，发达经济体略有改善，新兴经济体稍微放缓，未来几年新兴经济体仍会占到世界经济份额的 60% 以上。一些西方国家终于将升息提上日程，预期英国会于今年年底前率先加息，美联储则会在明年下半年紧随其后。所以，货币政策正常化是全球经济的中心图景。

你提到新兴市场依然占到世界经济的 60%，他们会不会成为下一个脆弱点？

布亦特 不会。新兴经济体由多种多样的国家组成。有一些表现很糟，比如俄罗斯和巴西；有一些表现不错，比如中国，尽管中国近年来经济有所放缓，但增速依然为其它国家所垂涎；印度表现可能比预期要好，墨西哥也是向上。所以，尽管新兴市场经济体有其脆弱性但还是很强健。新兴经济体的故事绝对没有完，而且我觉得从某种程度上来说刚刚开始。

过去，我们看到有互联网泡沫、房地产泡沫、信贷泡沫，你觉得下一个增长点或者可能积聚泡沫的地方在哪里？

布亦特 下一个增长点总是我们预料不到的东西，但很有可能会发生在下个十年最有潜力的国家。我预期印度与拉美能发生一些好的事情，中国的经济结构将更加平衡，而且会以 5%-6% 的速度再增长二十年——也就是说，完成向可持续增长路径的成功转型。环境友好型商品、服务以及能源等将是未来一段时间的主角，另外，可能还会出现其它颠覆性技术。

　　你刚刚谈到货币政策正常化，我们知道，各大主要经济体的境况有很大差异，货币政策正常化会不会威胁到市场稳定？

布亦特　是的，主要经济体间差别很大。美国经济正在合理复苏，利息迟早要上升；英国经济复苏出人意料的强劲，它会率先提高利率；欧元区正勉强走出衰退，不仅未来几年不会提高利率，相反，他们可能不得不采取更加宽松的货币政策。日本的话，我觉得他们低估了增税对需求的抑制作用，也不得不采取更为宽松的政策，他们也意识到了这点。

　　全球经济的主要风险，除了周期性放缓与中国的信贷紧缩，是市场定价没能将风险因素包括在内，比如欧元区边缘国家的主权风险、欧元区银行系统风险、伊拉克冲突干扰石油供给等，市场已经忘记风险的存在了。风险溢价几乎不存在，这本身就是极大的危险。

　　这是个问题。为什么会发生这种情况？

布亦特　有两个原因。首先，发达国家的无风险利率非常低，政策利率为零或接近于零，长期利率也处于历史低水平。当然，这样的政策选择是使经济渡过难关的无奈之举，但是，私人部门与市场的不理性压低了息差。可以这么说，没有一个资管经理会相信，在 8 年前还是 4% 的无风险利率，现在却成了零，今天 4% 已经是非常危险的利率！这简直是在集体否认风险的存在，至少是大大低估了风险。这让人担心。

那么，如果央行升息过晚的话，风险有多大？

布亦特　我并不认为利率是解决信贷风险与金融脆弱性的最好工具。当其它方法都失败时，可能不得不动用利率，但在这之前，我会首选宏观审慎工具。如果房地产市场有问题，那么就提高贷款与价值的比率；如果股市增长过快，那么提高保证金水平；如果某种资产在银行系统过度积累或发行，那么就改变银行资本金要求。所以，要维持金融稳定，优先使用宏观审慎工具，只有不足以应对时才提高利率，利率是一个很钝的工具。

你说的这些宏观审慎措施，更多像是微观干预，如果政府需要干预贷存比的话。

布亦特　是的，必须是这样。宏观审慎工具的应用大概起始于英国，当时英国银行刚刚被赋予、或即将被赋予一批宏观审慎管理工具。我认为，不只是英国，其它任何存在信贷泡沫或房地产泡沫的地方也应该这样做，比方说中国。

危机之后，我们看到美国、英国都推出前瞻性货币政策指引。你觉得此举失败了吗？

布亦特　前瞻性货币政策指引非常不成功。口头指引基本上成为误导。当他们试图引进多个阈值使前瞻性指引更加精准的时候，比如失业率、通胀等，这些指标几乎一经推出就遭到抛弃。当然，央行需要尽可能地引导市场观点和预期，但不现实的精准度——比如 6.5% 的失业率或者 2% 的通胀阈值——并不是实现该目标的最好方式，而且也不应该由委员会与外面沟通。也就是说，货币政策委员会的委员们向公众传递出矛盾信息，把市场迷惑地一塌糊涂。所以，说得越少越好。让央行的行动说话。

我们一直听到，欧洲央行将推出量化宽松（QE），这与美国版 QE
有哪些不同或相同之处？

布亦特　他们还没有说一定要推出。欧洲央行 6 月宣布的小规模刺激政策
仅仅包括有限的 QE 准备工作，即央行全盘购买资产支持证券。这些都是私人
资产，规模太小，购买速度太慢，不足以带来太大的改变。到今年底或明年初，
他们会意识到需要购买 1 万亿美元资产——包括对 18 个成员国政府债券的购
买及私人证券的购买——才会让市场重新找回动力。但是，目前他们还没有宣
布这些计划，觉得有些敏感——我也不知道为什么，但欧洲央行在西方央行中
总是显得有些奇怪、格格不入。他们最终会这样做的，因为不做的话会继续达
不到通胀目标，经济复苏继续让人不满意。

这是一个好的出路？是个解决办法？

布亦特　不是，这是他们唯一能做的。要解决问题的话，还应该在一些有
巨大产出缺口的欧元区国家实施更为宽松的财政政策，此外，除了在欧元区边
缘国家推行大规模供给端改革，欧元区核心国家也需要进行类似的改革。以德
国来说，这个国家在 10 年前进行了很好的改革，但现在的改革方向不对，他
们需要将错误的改革再改回来。

欧洲央行相当于最终借款人，你觉得其中会有道德风险之类的担
忧吗？

布亦特　当然，道德风险总是会有的，所以要保证银行在获取得这些资源
的时候要付出一些代价。这很难，但我们只能希望能最小化道德风险。这可以
通过将欧洲央行即将获得的监管角色——成为欧洲所有重要银行的单一监管机

构——与最后借款人的角色结合起来的方式。这并不是最理想的方式，却是力所能及的最好方式。

泡沫破裂不一定有危机

> 我觉得你对中国经济偏乐观，在中国，很多人要悲观一些。有人会说，实际上中国正滑入日本式"失落的十年"，经济体中存在大量僵尸银行与僵尸公司。你觉得有这个可能性吗？

布亦特 任何事情都是可能的，但在我看来，这种可能性非常小。中国的确是有信贷泡沫，尤其是2008年后公司信贷过度扩张，地方政府债务间接扩张。这种状况从来没有被纠正过来，而且信贷还在过快增长。每个信贷泡沫最后都会破裂，问题是最后的损失由谁来承担。我的答案是，损失会有，但中央政府有足够的资源避免任何系统性重要的金融机构倒塌。我并不是说每个人都不会损失钱，但不会有金融系统崩溃的系统性风险。

另一个风险是中国的房地产市场。我的观点是，除非有奇迹发生，否则房价急剧下跌导致的商业住房建设大幅下降会导致很大的紧缩。经济中没有什么是不可能避免的，这不是物理学，但是在我所见过的例子中，但凡达到中国房地产市场这种繁荣程度的，最后没有一个不是以泪水结束。

> 你是说所有的泡沫都会破裂，有没有一种方式可以延长这种泡沫的持续时间？

布亦特 可以。可以继续吹气球，吹成更大的泡泡，然后是更大的爆破。但是泡泡不可能永久吹下去，所以官方需要做出决定：对信贷泡沫来说，政府可以让它持续；但对房地产泡沫来说，不可能，这是由市场决定的。如果市场参与者们对于房屋升值获利失掉信心，他们就会卖出房子，除非政府能够大规模接手这些卖出的房产（而这不太可能），否则不能抑制房价的下跌。但是（房价下跌）也不一定有灾难性后果，中国家庭还是可以承受 20%-30% 房价下滑的，但对房地产开发商、建筑公司及房产中介来说就不一定了，他们要承担损失，而且会有一些公司破产。对银行来说，如果有政府帮助，会从这场房地产的纠偏中存活下来。

政府还需要做些什么准备来应对这个可能的情景？

布亦特　很明显中国需要更多的房屋和建设。问题是，供应过量的房屋种类需要减少，与此同时，保障房的供给要增加，这部分满足农民工以及在争取在一、二线城市落户人群的住房需求。所以，政府要确保资源从高价房稳定流向保障房以及配套设施建设。政府不应该采取传统的刺激方式，将资金不加选择地投向基础设施建设或国企。刺激政策应该是有针对性的，可以通过财政工具而不只是投资的方式直接投入保障房建设。

关于中国的改革进程，国内外有很多不同的声音。有人说，中国的经济结构正在转变，经济正走向再平衡。但也有人比较失望，他们认为现在距十八届三中全会已经半年有余，然而改革方面还没有什么大动作。你怎么看？

布亦特　十八届三中全会的改革部署的确让人印象深刻，但执行层面上做得很少，甚至实施细则都很少。不过，六个月在中国的历史上是一段很短的时间，所以我们不该失去耐心。我是希望中国赶紧着手去做，因为旧有的靠出口、投资驱动、以破坏环境为代价的增长模式很难持续下去了，必须要转变为以消费、私人投资驱动的增长方式。这是中国所需，也需要相应的改革支持，比如说，服务领域进一步对外资开放、破除国有企业垄断、国企私有化等等。所有这些，我们希望能看到有所启动，但至今除了上海那边，其它还很少。

但是改革会启动的，魔鬼都在细节中。上层可以大谈改革，但具体措施总要靠下面一层一层的管理者来执行，从中央政府的部长到省级官员再到地方官员。

> 中国的金融改革有很多工作要做，利率市场化、汇率改革等等，但是我们很少谈到金融机构的改革。你对这个领域的改革有什么看法？

布亦特　这方面我没有看到太多进展。我们需要利率市场化，但也需要确保影子银行与正规银行业务得到同样的监管，不然的话，不受控制与监管的影子银行以一种危险和威胁稳定的方式参与竞争。新的金融机构的设立和发展对于该领域的完善非常重要。

最后，中国还要逐步放开资本项目管制，汇率的变动也应该更加灵活，更加市场化。但这是最难的，在某种程度上也是最不急迫的改革，资本项目的放开应该在国内管制全部放开并建立适当的监管体制之后。

记者述评　布亦特对宏观审慎管理的运用重视有加，他认为这是解决信贷风险及金融脆弱性的首选工具，对任何存在信贷泡沫或房地产泡沫的地方都适用。在他看来，中国房地产市场泡沫的破裂迟早都会发生，然而后果却并不一定是灾难性的。

发表于财新网 发表时间：2014 年 7 月 18 日

改革过于谨慎有时也有代价

野村控股董事会高级常任顾问：氏家纯一（Junichi Ujiie）
记者：王力为

    野村控股是日本历史最悠久的投行之一，也是国际化程度最高的亚洲投行。在亚洲金融危机中，野村亏损 10 亿美元，时年 51 岁的氏家纯一临危受命，被推上首席执行官的位置。

    这位在芝加哥大学师从货币主义学派代表人物米尔顿·弗里德曼（Milton Friedman）、深受西方现代金融理念影响的管理者上台后，立即对野村进行了全面改革。

    而让氏家纯一和野村在全球金融市场名声大噪的是野村在 2008 年金融危机期间对美国投行雷曼兄弟在亚洲、欧洲和中东业务及团队的收购。

    野村也是第一个在中国开设分支机构的外资证券公司。氏家纯一还长期担任上海市市长国际咨询委员会成员，对于上海的发展尤为关心。

    在博鳌亚洲论坛 2015 年年会期间，他受邀参与关于"自贸区试验"分论坛的讨论，并接受了财新记者的专访。

    氏家纯一目前仍担任野村控股董事会高级常任顾问。2003 年至 2011 年间，任野村控股董事长。2002 年至 2003 年间，同时担任野村证券和野村控股的社长及首席执行官。他曾任东京证券交易所所长，世界经济论坛国际商业委员会成员，上海市市长国际咨询委员会成员。

他在东京大学获得经济学学士，在芝加哥大学获得经济学博士。

谈起他与博鳌亚洲论坛的"渊源"，他透露，最开始是日本前首相、2010 年以来担任博鳌亚洲论坛理事长的福田康夫（Fukuda Yasuo）对他说，"这是个很重要的论坛，作为日本金融界的重要一员，你最好参与到这个论坛中来"。

在氏家纯一看来，博鳌论坛"也不只是一个中国的论坛，而是一个泛亚洲的论坛"。未来亚洲在国际治理中发挥的作用将变得越来越大。

对于上海自贸区、中国和日本的金融改革、TPP 和亚投行等问题，他有着怎样的看法？

上海自贸区和国际金融中心

财新记者 我和不少人聊过，人们普遍认为上海自贸区至今进展并不大，没有达到许多人一开始的期待。并且有这样一种质疑，金融改革是否能在一个自贸区内推行？

氏家纯一 我认为上海自贸区在贸易，尤其是服务贸易便利化方面，进展良好。但在金融改革领域，进展主要是在清算方面——贸易、经常项的清算。在资本项开放方面，我认为应该加速推进，尤其是在开放一些类别的资本市场方面。上海自贸区在资本市场相关领域还有显著的改革完善空间。

关于金融改革领域进展较慢，你说的很对。目前有哪怕一家外资证券公司在上海自贸区开设分支机构吗？没有。我们正在等待更大程度的资本市场开放，包括资产管理领域的开放。

上海在努力成为国际金融中心的过程中面临不少障碍。东京也曾经在日元国际化的过程中寻求成为国际金融中心。东京有哪些经验、教训，上海可以吸取、借鉴？

氏家纯一　一个国家的货币是否能最终国际化，与该国的增长速度有很大的关系。当日本推进日元国际化时，日本的增速很快，但是其后大幅放缓了。

中国当前的增速尽管在放缓，但是增速水平从国际比较来看仍然十分出众。从这一点来看，人民币有不小的机会能够成为一个国际化的货币。这进而会为上海成为国际金融中心创造条件。

回头看东京的情况，日本在放松跨境资本流动管制方面，动作稍显缓慢。看上海现在的进展，我觉得情况基本相似。如果这方面的管制放松加速，上海有很大的机会成为国际金融中心，人民币也有机会成为国际清算货币。如果上海在资本市场开放方面过于谨慎，可能会错失成为国际金融中心的良机。

这也包括资本账户放开吗？

氏家纯一　是的，当然。

资本项开放的日本经验

但是现在有一定的共识，各国应当在放开资本项方面保持一定的谨慎。

氏家纯一　一定的谨慎是应该的，但是谨慎有时会带来很大的代价。想一想日本的例子。日元在上世纪 80 年代后期开始自由浮动。但是日本对于跨境资本流动仍然有各种各样的限制。当日本国内的流动性由于日本央行行为显著变大时，过多的资金由于资本项管制没法顺利地流出日本，进而引致了资产市场泡沫。

所以日本确实是很谨慎的——日本人对于改革非常谨慎，但是人们需要看到，有时候谨慎的做法可能会带来很大的意想不到的负面效应——在日本的情况下催生了资产市场泡沫。而因此，日本的实体经济受损严重，令日本花了超过 20 年才走出停滞。

那么资本管制是否是日本出现资产市场泡沫的主要原因？

氏家纯一　我可以给你一个完整的解释。最初的起因是"广场协议"——一些国家给日本和德国施加压力，让两国货币升值。当货币大幅升值，对于出口有很大负面影响，所以日本央行只能大规模印钞，来提振国内需求，补充外需不足。

但是由于日本央行发了太多的货币，日本的资产价格大幅提升。而由于仍然有很多资本管制，资金滞留在国内，流向房地产市场以及股票市场。房地产价格大幅走高，因此银行体系给房地产企业提供了很多融资（拿房地产作抵押）。因此房地产泡沫破灭也造成了银行体系崩溃，这也对实体经济造成很大影响。

如果日本能有双向、顺畅的跨境资本流动，我们的过度流动性本可以流到海外。

这就像一个"自动稳定机制"？

氏家纯一　对，是这样。

股市建设

最近在中国，我们也看到与当时的日本相似的股市快速上涨。你曾担任东交所所长。在股市建设方面，中国可以向日本借鉴什么经验？

氏家纯一　　上世纪 80 年代末、日本股市泡沫破裂前，有太多的散户投资者进场。我们学到的很重要一点是，市场需要散户投资者，但是也需要机构投资者，尤其是"受过教育"的、成熟的、合格的机构投资者。

看现在的上海股市，也能看到相似的现象，很多"快钱"进入市场。中国需要教育机构投资者，成为成熟的投资者；同时应该引入外国的机构投资者。

但是这方面的管制仍然存在：外资资产管理公司仍然不能成为中国资管公司的多数股股东，包括在上海自贸区内。

我们希望看到，至少在上海自贸区，这一限制能被解除，从而让海外成熟的机构投资者进场。这会让中国股票市场的质量更高，市场会更具深度和广度。

中国正在试图推进 IPO 发审改革。日本股市的 IPO 是如何运作的？

氏家纯一　　对于希望上市的公司，东交所有一系列的规定。类似野村的证券公司会帮助寻求上市的企业满足这些要求。最后只要东交所同意，该公司就可以进行 IPO，监管部门在这中间并没有决定权。

TPP 与亚投行

对于 TPP，有传闻说 6 月可以完成谈判？

氏家纯一　　对这一时点我不确定。农业准入是剩下的需要取得一致的一个重要领域。一个非常正面的因素是，奥巴马政府如果能取得贸易促进权（TPA）的授权，就可能对剩下的谈判形成滚雪球效应。

在日本，人们对于 TPP 的看法是正面还是负面？

氏家纯一　十分正面。

对于中国发起设立的亚投行，日本的政界和商界怎么看？

氏家纯一　我和亚行行长中尾武彦（Takehiko Nakao）是老朋友，但是我没有跟他谈到过这一问题，所以我只能代表我自己和日本企业、金融界的想法。

我们都知道亚洲只有在有更为完善的基础设施的情况下，才能长期、可持续地增长。亚行也有一个广为人知的估算，亚洲在 2020 年前需要 8 万亿美元的基建投资。所以，有多个募集支持基础设施建设资金的渠道，是个好事。

如果没有资金支持基建，亚洲，乃至全球都可能不会达到期望的增长率。

发表于财新网 发表时间：2015 年 4 月 27 日

第三篇·环球经贸投资

▶▶▶

危机后各国并未真正去杠杆

麦肯锡全球资深董事：华强森（Jonathan Woetzel）
记者：王力为

　　近期，麦肯锡全球研究院（MGI）发布题为《债务与（微弱的）去杠杆化》的报告，核心发现包括：自 2007 年以来，全球债务总额继续增长，增加了 57 万亿美元，债务占 GDP 比例上升了 17 个百分点，其中，发展中国家占到近一半。

　　中国的债务总额则已经翻了两番，从 2007 年的 7 万亿美元上升至 2014 年年中的 28 万亿美元。债务占 GDP 比例达 282%，已超过美国和德国水平。其中，有一半债务同房地产市场存在直接或间接联系，近一半的新增贷款来自透明度较低的影子银行体系。

　　在博鳌亚洲论坛 2015 年年会期间，该报告的主要作者之一———华强森——参加了关于中国地方债的讨论，全场以流利的中文与财政部部长楼继伟和重庆市市长黄奇帆等嘉宾共同探讨中国地方债管理面临的挑战。随后，他接受了财新记者的专访，就全球债务、保障房建设、中国的城镇化、基础设施建设以及自贸区等五个他曾著有报告的领域阐述自己的看法。

　　华强森是商界的"中国通"，他出生在美国，他的父亲于 20 世纪初出生于上海，二战后返回美国；他的祖父是最早在中国工作的外国工程师之一。

　　华强森是麦肯锡在中国第一个分公司的创始人之一，在中国生活工作已超过 20 年，期间为跨国公司、中国企业、中央和地方政府提供咨询，曾参与上海南京路复兴等若干中国城市规划项目，并协助上海、武汉、深圳、西安和哈尔滨制定经济发展战略。

全球债务继续攀升

财新记者 麦肯锡最近发布一份报告，题为《债务和（微弱的）去杠杆化》，为什么起这样一个题目？

华强森 金融危机后，人人都知道全球各国有太多的债务，但是几年之后，情况并没有改善——事实反而有了更多的债务。更高的总体债务水平看起来是现代经济的特征之一。

第二个主要的发现是关于债务的来源。对于中国，我们提出三个主要来源，或称风险点。第一个是房地产市场，二是地方政府融资平台，三是影子银行。

不过，尽管债务水平更高，我们认为整体债务水平还是可控的。但是这些风险领域需要被监测，管理这些风险的能力需要提高。

这是否意味着我们进入了一个高债务水平的"新常态"？

华强森 这看起来是现代经济体的特征之一：随着经济体增长，它也会在金融上深化，金融资产占经济体规模的比例会变得更高。问题是，债务结构组成是怎样的，涉及什么类型的债务。

尤其重要的是，如何管理这些债务。一些经济体在摆脱（discharge）债务上做得不好：一旦借债，这一债务就一直存续下去，即使一个实体死了，其"子孙"仍然需要承担债务，几乎不可能让人们承认，"我犯了错，让我们核销或减记这笔债务，轻装上阵，从头来过。这对于增长的抑制作用极大。

所以，如何提升对于持续增长的债务及金融资产水平的管理能力，是中国经济生产率的关键。

所以总的来看，全球范围内去杠杆化的努力收效恐怕不会太大？

华强森 单纯降低债务水平，而没有找到替代性的融资渠道，只会减少能被用来投资的信贷（credit）。而我们知道，现代经济体需要投资来增长。所以什么来替代才是核心问题。

对于大多数高负债国家而言，若要真正去杠杆化，就需要实现高得令人难以置信的实际 GDP 增长率，或是极大地削减财政赤字。

你对于中国如何更好地管理债务有什么建议？

华强森 中国需要提高金融监管的能力。金融体系也需要多样化：单纯的贷款渠道在过去一直是很好用的，但是到今天，已经引致过短的债务期限，需要转换成期限更长的债务。

而且，很多债务与其对应资产的（营收）表现并没能挂钩。所以需要考虑如何提高所拥有资产的运营效率，以及对于投资人来说的收益——通过 PPP 或项目融资等方式。

过去中国的努力聚焦于不管怎样把道路建起来，未来会更关注建设的效率。这对于金融体系也是很大的创新机遇：如何成为一个不止奖励融资规模，也奖励融资质量的体系。

城镇化模式转向都市圈

对于中国的城镇化，存在城镇化和都市圈化之争。目前似乎有向后者倾斜之势。您认为是否存在这样的趋势？这一转变背后是怎样的想法演变？

华强森　我认为人们已经慢慢有了一种共识，即需要有一个整体性的城镇化发展模式，不能再孤立地进行土地开发、经济发展、社会发展。怎样发展经济是基于希望发展出一个什么样的社会，这也需要以土地作为基础。所以需要把很多因素综合起来考虑。

这自然引出怎样连点成面，怎样将小地方跟大城市连接起来的问题。独立存在的小城市事实上并不可持续，只有依附于大型城市，才能得到进一步发展。所以，中国城镇化的初级阶段——遍地开花的模式，正在逐渐转向城市群、城市圈的模式。就像我的一个朋友常说的：正在走向"多极化的城市发展模式"（MUD，英文另意：泥土）。

最近对于京津冀一体化的动作和新闻都很多。由于发展差距，京津冀与长三角和珠三角相比，推进难度更高。你对于京津冀发展的看法和建议是什么？

华强森　这是一个价值万亿元人民币的问题，很多房地产开发商会想知道答案。但是我们可以谈一下好的城市圈相通的一些方面。

首先，京津冀地区需要更好的互联互通：机场、铁路、城市轨道交通。其次，一体化过程中不可能只有北京和天津，城市圈内需要有更多的城市支点，因此这是一个发展新的城市，或是完善已有未完全实现潜力城市的契机。

最后，尽管新兴城市的发展是以经济发展主导，但是社会、教育及医疗等方面也应受到重视。比如怎样让北京的一些名牌大学在北京以外的地区设立分支机构或新校区。类似这些才是让人们愿意迁居至新兴城市的因素。因此需要创造合适的激励机制，吸引人们搬迁至新地方。

我认为，京津冀会逐步发展起来，未来成为一个拥有五千万到六千万人口的城市群并非难事，也会成为中国重要的经济中心。不过我个人更希望未来的京津冀会是一个更适宜居住、社会稳定的地区。

继续追赶式投资基建有成本

中国修建基础设施的能力和努力一直为全球称道，你认为中国继续修建、完善基建还有多大的空间？

华强森　根据粗略的估算，中国的基础设施存量占 GDP 比例为 70%，处于全球平均水平。不同的是，中国仍然在追赶：每年花 9%–10% 的 GDP 用于修基础设施，是全球平均水平——4%——的逾 2 倍。

所以中国面临的抉择是，是否仍然要追赶式地修建基础设施？现在已经处于全球平均水平，如果继续以较快速度投资，是否会超过平均水平？在基建上过度投资的机会成本是什么？如果继续以这样的比例投资基建，其他什么方面的投资会匮乏？在教育、医疗，以及其他软资产方面的投资是否会不够？

但是中国毫无疑问会继续投资，问题只在于以什么样的速度，和是否以高效率的方式投资。

中国的基础设施完善度与其他主要国家相比处于什么水平？

华强森　同是大陆经济体的美国也在 70% 这一水平。当然有一些国家更高，比如日本在 160%，但它毕竟是一个岛国。巴西则还处于约 50% 的水平。

保障房应在供需两端一起努力

> 你曾经做过保障房的研究，新加坡以其完善的公租房体系闻名。中国在保障房建设方面可以借鉴哪些国际经验？

华强森　这是我很喜欢研究的一个领域。新加坡是一个很好的例子，80%的新加坡人居住在公租房里。公租房由建屋发展局（HDB）统一提供融资、进行建设，并在房主入住后管理这些房产。建屋发展局的积极维护、统一管理事实上更为高效，且降低了总成本。

当然，新加坡的公租房模式对于一个城市国家来说可以很成功，但是对于面积远大于新加坡的中国来说，并不一定可以照搬。所以对中国来说，在各地方层面自主试验很重要。

不过仍有不少可以借鉴的经验，比如如何更有效地规划用地，如何建造高密度、高容积、多用途的房产。最近在南京，出现了很不错的50-80规则：（一个开发商）所建房屋总面积的至少50%必须属于80平方米或以下面积的房子。

融资也是很重要的一环。保障房开发商的融资很多时候与地方政府财政相连。怎样让工程的每一个资金使用环节都更加透明，建设进程更加独立，相关方人员更加负责，这是保障房建设中需要注意的问题。

> 对中国来说，有两种方式来应对住房问题。一是建设保障房，二是挤出目前大规模的空置房屋，并加以利用。你的看法是什么？

华强森　首先，房屋地点的选择至关重要。保障房建设若是选错了地址，那就是在浪费资金。可行的选址的标准是，周边要有工作场所，交通要便捷，要有可以一定的社区。随便选址建造保障房没有任何意义。举例来说，墨西哥和巴西都对公共住房投入了大量资金，然而收效甚微，原因正是房屋建设的地点不当，以至于人们不愿意去居住。

你怎么看中国目前的保障房建设努力？

华强森　中国的保障房项目是全世界最大的公共住房项目之一，在过去 3-4 年中占中国总建屋面积的 15%-20%。对于一个如此规模的项目来说，肯定会有一些做得不错，另一些做得不那么好。

还存在入住率的问题：这些保障房中有多大比例是低收入群体有资格使用的？不少保障房事实上只对拥有该城市户口的人开放。所以这意味着大多数农民工仍然住在临时性或宿舍式的房屋里。

所以问题存在于两方面，项目设计、建造是否被充分论证评估，以及怎样分配使建成的保障房真正落到试图服务的人群手中。

自贸区试验看政府管理效率的提升

怎么看上海自贸区试验的进度？不少外国人认为目前为止太安静了。

华强森　上海自贸区代表新的发展模式。其核心其实更多是"自由"，而非"贸易"。

评价其进展不能光看吸引了多少公司进驻，更核心的在更为自由的监管环境下，政府管理的效率。

我认为目前为止确实太安静了。我觉得上海市政府也认识到了这个问题，事实上已经对自贸区的领导班子进行了调整，目标应该是想让自贸区更高效地进行试验。

发表于财新网 发表时间：2015 年 4 月 30 日

重回主动投资

Thomas Balk 富达总裁

全球运营委员会主席：柏克堂（Thomas Balk）

记者：王力为

　　中国"大资管时代"起步，但中国的投资环境，无论对个人还是机构投资者，投资国内还是境外，均难言理想。随着个人财富和机构投资需求的持续增长，构建多层次资本市场成为政策目标，资管业如何培养主动管理能力？

　　西方资管业持续稳步前进。金融危机后，贝莱德（BlackRock）和富达投资（Fidelity Investments）近期成为美国金融稳定委员会（FSOC）的研究对象，将可能被指定为系统重要性金融机构。与富达投资拥有共同大股东、但管理各自独立的富达国际投资（Fidelity Worldwide Investments）（下称富达）成立于1969年，覆盖除北美外的全球市场，以主动投资闻名，一直是全球最成功的资管公司之一。但2008年危机前后近十年，其表现略显平淡。 但它们在危机前后扮演的角色，要比各大系统重要性银行正面许多。

　　柏克堂坦陈富达近年起伏的行业、公司及宏观因素，以及对中国资管业"应在两头做文章"的寄望。他坚信，主动管理将在后危机时代重回巅峰。

中国资管市场进退

财新记者 跨国资管公司大多以合资形式进入中国，富达没有在中国建立合资公司是出于什么考虑？

柏克堂 我们在全球任何国家都未设立合资公司。与很多西方资管公司不同，富达是一个私人持有的公司，往往不倾向于建立合资公司。但这并未阻碍我们开展与中国相关的业务。我们对中国公司的资产配置总额约为 200 亿美元，这包括通过合格境外投资者机制（QFII）及投资在海外上市的中国公司。在中国，我们也有风险投资业务。

中国的 QFII 总额度目前只用了约三分之一，富达的 QFII 额度使用了多少，是否有大幅增加额度的需要？

柏克堂 我们目前 3 亿美元的配额大部分都使用了。作为资管公司，与投资银行不同，我们不借助 QFII 额度来为其他市场参与者创造产品，而是直接为客户的投资需求服务。我们目前配置于中国的 200 亿美元，假设只是 10% 配置于在岸中国企业，也已是 20 亿美元。因此我们有理由获得，也正在申请更多的额度。

合格境内有限合伙人（QFLP）机制最近已在深圳前海开展试点，海外股权投资者可借此直接投资于大陆的在岸股权投资（PE）市场。但如何解决僧多粥少的问题？

柏克堂 QFLP 为海外股权投资者带来了机会。大陆的 PE 市场巨大，过去货币不可自由兑换，QFLP 是一个解决办法。我认为僧多粥少的局面会在一段时间后正常化。PE 业具有高度周期性，可能会有 10 年时间，市场相对沉寂。富达作为一个长期投资者，相对更耐心。我们也试图成为一个逆周期的投资者。对中国的 PE 市场来说，我认为来自海外股权投资机构的竞争是有益的。竞争可以促使本土公司完善自己。

> 富达的股权投资分支——富达风险投资是阿里巴巴的股东之一，后者正计划上市。你们投资它的策略是什么？

柏克堂　这是富达长期价值投资的一个很好例子。我们是阿里巴巴的创始投资者之一。我不能就富达对特定公司的策略做评论，但一般来说我们倾向于作长线投资。

IPO 的风险是，人们往往期待借此短期性地套现。我们认为中国的互联网产业会持续发展，中国的互联网普及率事实上比许多西方国家都高很多，许多公司都会从中受益。

> 中国的企业和个人都希望能全球配置资产，但仅有的渠道——合格境内投资者（QDII）设立以来效果一直难如人意。富达也有 QDII 业务，你认为原因何在？

柏克堂　QDII 机制并不太成功，它制约了中国投资者投资海外的能力。我认为通过额度分配体系，试图绕过货币可兑换的问题来管理对外投资，并不是最有效的办法。

中国的储蓄水平很高，资本市场容量太小。如果只能在那么有限的市场投资，会制造泡沫、高投资风险和资产通胀。百姓要为退休作投资，不会希望把所有资金都投在国内。与中国类似，澳洲股市与其储蓄总量相比也相形见绌。但澳洲人投资海外并不受限，因此形成一个很大的退休金体系。

养老金挑战

在资管之外，富达在许多国家的养老金运营、管理方面也扮演重要角色，也是中国社保基金的管理人之一，你怎么看待中国的养老金管理市场？

柏克堂　在中国目前的人口老龄化趋势下，逐步建立起一个长期可持续的养老金体系异常重要。这样一个体系不应仅由政府来提供资金。在许多国家，我们看到一系列私营养老金管理者提供有益补充的例子。富达是全球范围内最大的养老金提供商之一，在中国香港特区、英国、德国、日本的养老金体系中均起到较为重要的作用。我相信我们与不同国家和地区的养老金管理部门交流的经验，会对中国有益。

全球有两种基本的养老金提供模式，政府一手操办和私营提供商为主。哪种模式更好？

柏克堂　我认为应是两种模式的有机结合。中国与很多欧洲国家，如德国类似，是一个基本由政府支持的养老金体系。在英美，政府提供的退休金则是较小的一部分，更多由私营部门驱动。 这里存在承受能力的问题。如果由政府来为所有人提供养老金，到较高水平时，成本将异常高昂。你会希望每个人把命运掌握在自己手中，鼓励他们为自己的退休未雨绸缪，而不是由政府向他们征更多的税用于养老金。这种现收现付的方式很大程度上有赖于一个健康的年龄分布。如果年龄分布呈倒三角形，就像目前的日本和不久后的中国那样，这种体系将不具可持续性，政府最终会挣扎于提供所有的退休金。

中国近期宣布将从 2014 年起实行企业年金递延纳税，被称为"中国版 401K"。你怎么看中国企业年金未来的发展?

柏克堂　中国的企业年金业发展还处在早期。我建议管理机构引入更多的竞争。年金服务是很长期性的事业,在开设初期往往不赚钱,因此银行机构完善服务的动力不大,不少西方资管公司也不愿进入这一行业。这是包括我们在内的一些西方养老金管理公司可以提供帮助的。我们是惟一参与人社部主管的中国社会保险学会企业年金分会的海外企业。

全球资管业演进

主动管理型的资管公司在中国发展滞后。富达以主动管理闻名,你对西方的主动与被动管理之争怎么看?

柏克堂　很多人看到过去几年指数基金和交易所交易基金如此受欢迎,怀疑主动管理不会有发展空间。但金融危机之后,不同股票间的相关度降低了,全球各股间的相关度也降低了,成熟市场与新兴市场间的脱钩也已发生,全球市场不再整齐划一地波动。这为主动管理型公司赚取 alpha 提供了更大的机会。目前,我们三分之二的基金跑赢基准指数。未来 5 到 10 年,我相信主动型管理会大展拳脚。

此外,被动管理型基金的持续增长可能会让市场变得越来越不有效。被动投资的副作用是,它会在某几个产业制造泡沫。人们往往不会意识到被动型投资所带来的风险。被动型基金在互联网泡沫破裂前,有 40% 的资产配置于科技企业;泡沫破裂后,基金丢失 80% 的估值。全球投资者都应该意识到这一点。

你曾长期主持富达的日本业务。日本的资管业经历了怎样的演变?

柏克堂　有三个主要的趋势。一是国际化，直到 2005 年，大多数日本资管公司还主要投资于日本股市。众所周知，日本股市直到最近才稍有起色，因此过去 10 年许多日本投资者和资管企业走向海外。

第二，由于日本人口老龄化，对于收入的需求很大，出现了越来越多收入型产品，包括固定收益、美国 REITS 等，而不再只是增长型产品。此外，分销商过去往往很短视，像交易股票一样交易基金。现在越来越多的分销商正向咨询型转变，试图为客户创造长期性的解决方案。

我相信，这些趋势最终都会在中国出现。

发表于财新网 发表时间：2014 年 1 月 14 日

达沃斯看什么

波士顿咨询公司（BCG）总裁
兼首席执行官：李瑞麒（Richard Lesser）
记者：王力为

2009 年，李瑞麒被《咨询》杂志评选为咨询行业 25 位最具影响力的咨询顾问之一。他以哈佛商学院贝克学者（Baker Scholars）的身份获得该院的工商管理硕士学位，1988 年加入 BCG，2006 年加入 BCG 全球执行委员会，2009 年升任 BCG 北美和南美地区的主席。

世界经济论坛（WEF，下称"达沃斯"）代表一种西方视角，不同的声音都能在这一平台上自由、平等地传播。近年的达沃斯平添了不少中国元素。达沃斯逐渐从中国了解世界的窗口变为世界理解中国的平台。

李瑞麒与达沃斯和中国都有不解之缘。2013 年 1 月执掌波士顿咨询公司（BCG）以来，他是西方跨国公司高管中少有的以北京作为其常驻地（之一）的商界领袖。25 年为商界领袖提供咨询的经历，以及对于中国市场的看重，让他成为在达沃斯探讨中国问题的主力。在 2013 年 9 月的夏季达沃斯中，他是三个向中国总理李克强提问的西方高管之一。他无疑有资格成为西方高管在中国的代言人。

在启程赴 2014 冬季达沃斯、再次参与中国议题讨论的前夕，李瑞麒在北京接受了财新记者的专访，畅谈他和其他西方高管眼中的中国，以及对于中国改革的期望。

西方高管看中国

财新记者 在北京和纽约，你有没有感受两座城市商业氛围上的不同？

李瑞麒 确实有比较大的不同。纽约虽然极具商业活力，但总体是在较慢的增长环境下。企业更注重培养竞争优势及提高生产率，保证在已有的高度竞争性的市场中有自己明确的定位和核心竞争力。

而在北京，由于市场一直在快速增长，企业家们更关注的是如何抓住市场机会，比较少关注差异化竞争，更多追求快速扩张和更大的市场份额。

但在 2013 年，我们开始看到一些改变。中国 2013 增长放慢的同时，政府开始强调市场的决定性作用。相应的，企业也对竞争优势更为关注，加大了研发和产品差异化投入。尽管增长仍然重要，但更加注重建立高效的企业运作。虽然这仍是一个早期的趋势，但随着宏观环境的演变，我相信会继续下去。

在你编译的一本集合 BCG 管理层思考的书里，有一篇题为《西方不理解中国的什么？》。你对这一问题作何解答？

李瑞麒 西方和中国的从商环境一个很大的不同之处是，在成熟市场国家，企业需要考虑的往往只是其竞争对手，竞争环境——包括市场和政府基本上是预设好的。

但在中国，竞争环境，即市场及政府的行为，并不是既定的、可预测的。许多西方高管没有充分认识到监管者及各级政府对跨国公司开展业务的影响。时常等到出了问题，才反思"事情为什么会是这样"。

当然，也因如此，政府会主动寻求一些关于怎样定义市场的建议。如果一个企业有建设性的意见，它就有机会推动运营环境的改变。

这要求企业真正为本地化的人力资源进行投资。跨国企业的高管大多只是派驻到中国工作三五年，这样的实践对企业来说，意味着要一次又一次重新学习体制性的知识（institutional knowledge），这间接导致跨国企业本地化进程缓慢。

另一个跨国企业进入中国的挑战是与中国本地企业合资、合作的监管要求。对一些企业，管理在中国的伙伴企业网络，尤其是下游分销网络，具有高度复杂性，但异常重要。

当然，政府既然明确了市场起"决定性"作用，就不应该再设定人为的要求，规定西方企业进入某些产业必须建立在与中国企业合作的基础上。

你对于西方高管的中国策略有何建议？

李瑞麒　一是为中国市场设定合理的优先级，进行合理的投入。例如考虑到中国的多样性，不应该只把努力聚焦在四个最大的城市上。

第二，需要在培养本地化人才和能力上花大功夫。BCG 最近的一次调查结果让我吃惊，20 家大型跨国企业中，只有 9% 的高管常驻新兴市场，常驻中国的无疑更少。我相信这些企业未来的增长中来自于新兴市场的份额要远远高于 9%。与此同时，也要努力留住最好的本土人才，并给他们机会到海外锻炼。

第三，在商业模式和产品线还要与本地挂钩。不要把中国消费者想得太简单，或是对中国市场抱有太过天真的想法。

跨国企业对于中国 2014 年的增长率怎么看？

李瑞麒　我们对客户的调查显示，对于 83% 的跨国企业来说，中国已经是，或是被设为它们的首要增长市场。当然，跨国企业考虑中国策略，并不只聚焦于 2014 年，而是持一种更长期的视角。

相对较高的增长率确实会给跨国企业更大的信心，但增长率也需要是可持续的。单纯推升或维持一年的增长率是不可持续的。事实上，保留长期的增长潜力，会让正在思考向哪里投资的商业领袖更愿意为自己在中国的未来做投资。

中国治理挑战

> BCG 提供很多消费市场方面的咨询，在你看来应该怎样解决中国消费过低、投资过高的问题？

李瑞麒　首先应该意识到，中国的消费增长速度事实上并不慢，只是没有投资增长得那么快。我们的客户所在的多个行业类别，都经历着很健康的两位数年均增长。

推动消费最好的办法是，让老百姓的收入以一个健康的速度增长，这要求更高效的资本分配来创造就业、提高劳动力的生产率，进而提高工资水平。这些都要求有一定的投资。

中国投资存在的问题并不是投资总量，而是投资的分配和效率。有数据显示，民营企业只占到投资的 30%，但创造 54% 的就业。民营企业在投资中所占的比例无疑应该扩大，这可以更好地帮助创造就业，建立一个服务型经济体。

国企仍将是经济体中一股主要的力量，但它们需要在利用资本上变得更为高效。三中全会决定提出的更平等的竞争环境，意味着不管是外国、私营还是国有企业都享有一样的市场准入，这有助于促进投资的合理分配。

> BCG 近期的一份报告《可持续经济发展评估》（SEDA）提出 10 个经济社会指标，试图替代 GDP 这一财富（国民收入）指标，向衡量人们的福祉转变。你觉得要把它们付诸实施，是否真如一些人说的那么难？

李瑞麒　我不认为如此。指标或多或少都在那，当然并不完美，各国也应该有不同侧重。但付诸实施，最关键的还是采用它们的意愿。官员是否愿意在这些指标上更为公开透明？体制是否可以让官员在这些指标上被问责？

　　世界银行 2013 年发布的《营商环境报告》（Doing Business）把中国的营商环境排在 185 个经济体中的第 91 位。你认为这样一个排位是否准确反映现实？

李瑞麒　我认为大体准确。但就是在这样并不完善的环境下，由于中国的经济规模，跨国企业还是愿意押注中国，这应该促使中国改善其营商环境。三中全会决定提出的更平等的竞争环境，对于这一点无疑有指向性意义。

　　BCG 曾试图找出在国际化上做得最好的中国企业和品牌。你怎样评价中国企业整体的国际化努力及挑战？

李瑞麒　需要客观意识到，过去几十年，全球最快的增长还是出现在中国。因此大多数中国企业试图抓住国内的市场机会，较少聚焦国际市场，这很正常，这也是美国企业 50 年前所经历的。

　　但往前看，国际化确实是中国企业和品牌的一个主要挑战，这牵扯很多方面。中国企业过去更依赖成本竞争力，现在依靠质量，往前看可能需要更好的营销，让消费者了解中国品牌，优化客户体验。

　　但我认为真正的国际化需要时间和耐心。回顾日本丰田汽车和韩国三星的经历，两者都经历了几十年的发展。当我还处于孩童时期时，日本汽车被看成很廉价的汽车；而在 20 年前，韩国品牌并不被认为是顶级的、高质量的。但它们最终通过对于质量和品牌的不懈追求得以真正国际化。

　　华为，迈瑞医疗和三一重工是这方面的典范。

记者述评

　　评价中国的营商环境，跨国公司的看法最为务实。"以开放促改革"，跨国公司的进退将是最好的标杆。近年来中国影响力见涨，但仍应正视跨越式发展中的短板。而对跨国公司来说，适应不断变化、但仍不完善的中国市场环境，亟需加大人力资本的投入。"远程遥控指挥"怕是不再管用。

　　近年来，达沃斯论坛被不少人认为有日趋鸡肋之势。然而在国家元首、政府高官传经布道之后，它仍是最好的交流平台。正如一位西方银行高管所言："在达沃斯的三天会见的人，在达沃斯之外可能要花我一整年时间，不知多少张机票。"这样集中、多方的交流，仍将是经济管理及商业决策的重要支点。

发表于财新网 发表时间：2014 年 1 月 23 日

国际资金仍会回流新兴市场

邓普顿新兴市场团队执行主席：马克·麦朴思（Mark Mobius）
特派香港记者：王端、戴甜

　　新兴市场已经失去过往的光环了吗？

　　从年初至今，MSCI 新兴市场指数下跌了 11.7%，跑输 MSCI 世界指数 21 个百分点。以中国为代表的新兴市场经济体本身快速增长，加上美国量化宽松带来的充沛资金，曾经是令欧美资金对新兴市场热烈追捧的原因。这两大因素都已好景不复。

　　大型外资机构对中国市场继续投不信任票。贝莱德（BlackRock）环球多元资产入息基金经理 Andy Warwick，早于 2 月就沽清了中国市场的持仓。他认为，中国正经历阵痛，类似 2008 年起金融危机爆发后欧美银行相继经历的那样，历时可能三至五年，市况并没有充分反映中资银行的潜在问题。

　　不过，有着"新兴市场教父"之称的邓普顿新兴市场团队执行主席马克·麦朴思，仍然是"好友先生"（Mr. Boom）。8 月 16 日，他在接受财新记者专访时，认为资金将回流新兴市场，并认为以非洲为代表的前沿市场（Frontier Market），会是下一个新兴市场。

　　"马克的视野是跨周期的、跨区域的。"麦朴思的前同事曾如此评价他。今年 77 岁的麦朴思在新兴市场浸淫超过 40 年，接触中国资本市场要从 B 股市场成立之初算起。在采访中，他还谈到，稍早前他向深圳市政府表达邓普顿对前海的兴趣，只是还没最后敲定。

主要的外资撤出发生在债市

财新记者 几乎所有的新兴市场都在下跌。你认为资金持续流出新兴市场的原因是什么？还会持续流出吗？

麦朴思 要区分是什么样的资金流出。主要的外资撤出发生在债券市场，而新兴股票市场的外流不是很大。如果你关注新兴市场的共同基金，会发现股票方面是没有什么变化的。

至于债券市场的资金从新兴市场外流，主因是市场预期美国利率会上升。如此一来，资金就没有持续待在新兴市场的理由，而此前新兴市场债券的高收益是吸引这些资金的主要原因。

这些投资者利用杠杆投资新兴市场的债券的情况也很多，如果新兴市场债券价格下行，迫于杠杆，他们会想迅速将资金撤出。新兴市场的走向与杠杆化、高频交易和衍生产品的使用都有关系。新兴市场的动荡，并非都是基于基本面，很多是投机造成的。

我认为，这些撤出的外资是会回来的。市场会意识到，新兴市场的成长步伐还是很迅猛的，新兴市场今年的经济增长预计会达5%，中国的经济增长更高，这种增长率仍然是很快的。

现在，一些投资者认为，新兴市场会出现一轮迷你版的 1997 年金融危机，因为他们看到了与当时相类似的一些现象，譬如双赤字、货币疲软，以及房地产泡沫。你如何看待这种悲观的论调？

麦朴思 现在的情况和 1997 年亚洲金融危机有很大区别。

1997 年亚洲金融危机时，国家和公司都身负大量的美元债务，而目前大部分债务都是以本地货币计价的，其占 GDP 的比例也不及 1997 年高，这些国家现在也拥有较多的外汇储备，可以用来保护本国经济。因此，我不认为会出现迷你版的亚洲金融危机。

> 现在，有些经济学家认为，中国所失乃印度所得，其主要观点是认为，印度的经济较少地依赖对中国疲弱的出口。你对此观点有什么看法？你如何看待中国与其他主要新兴市场国家的关系？

麦朴思　如果你环视整个亚洲，会发现对于亚洲国家而言，出口的对象主要是中国。当然，作为出口目的地而言，美国和欧洲同样占据相当高的比重。市场的感觉是如果中国打个喷嚏，其他国家也会受影响。

我认为，中国经济不会对俄罗斯、巴西、印度等"金砖国家"有很大影响。拿铁矿石举个例子。很多人担心，中国经济对铁矿石的需求减小，将会殃及全球的铁矿石市场，但我认为，需求不只来自中国。当然，如果中国的需求急速降低，铁矿石的价格和出口量还是会受影响。

影子银行复制了美国次贷模式

> 你如何预测今年和明年中国的 GDP 增长？你如何评价中国新的领导班子？你认为中国的新领导人改革的决心有多大，他们应该如何平衡增长与改革的问题？

麦朴思　我认为，中国政府今年 GDP 增长 7.5% 的目标是可以实现的，明年应该也有 7% 到 7.5%。

中国新的领导班子很理性，既进取也稳健。他们采取很可控的方法、一步步进行改革。当然，改革面临的挑战也很多。他们要处理腐败问题，处理农村向城镇化转型，为这些人提供基础设施，需要加大社会保障方面的资金，建学校、医院等。但是，这些挑战也不是新的，欧美国家都有类似的挑战。

我认为，他们会平衡好改革与发展，所以我说他们采取可控的方式。我相信中国政府会坚持改革，当然这里的政府要包括中央，也有省市地方政府，各级政府在改革步伐上可能会不统一。

你对于今年下半年的 A 股和香港股市的走势如何评估？你如何看待A 股"限闸"以及中国上市公司的质量问题？

麦朴思 我觉得 A 股的复苏与否，主要取决于市场上有多少新股 IPO。2010年有大量新股上市，其中一个原因就是银行集资想要巩固它们的资产负债表。

二级市场的股价受新股上市数量的影响。我们应该小心关注，这个标准对于 A、B、红筹股所有中国股票都适用，也包括香港股市。

我们看到，内地监管机构越来越多地强调上市公司的质量问题。A 股市场的一个主要问题，就在于过去有很多不合标准的公司被准予上市。目前，监管机构会更谨慎，避免质量问题发生，因为这很容易影响投资者信心。如果上市公司被发现表现不佳、管理层有问题，甚至欺瞒投资者，市场很容易失去信心。

现在监管部门的重点，就是对质量不好的公司给予"零容忍"。不幸的是，有很多质量不好的公司已经上市了，能做的就不多，除非你有充分理由让这些公司退市。未来中国市场的上市公司质量会更好，这也体现了向国际投资者开放市场的必要性，国际投资者也能充当其中的把关人，他们愿意抱怨公司管治和表现质量的问题。

邓普顿 2012 年 11 月 30 日在香港发行了一只"中国机遇基金"，目前基金的表现以及资产规模有多大？对于 A 股，你们比较看好哪些板块？对于外国投资者很关注的影子银行问题，你是如何看待的？

麦朴思　　表现和资产规模都不错。截至今年 6 月底,资产规模为 6700 万美元。与我们的比较基准相比,今年上半年跑赢了大约 4.7 个百分点。

当然,整个环境不好,A 股表现不佳,预期也不能太高,但是我们的投资组合都是不错的。A 股市场我们最感兴趣的板块是消费,现金流增长很快。

对于影子银行(Shadow Banking)问题,中国某种程度上复制了美国的次贷模式。美国银行制造了名为 CDO(Collateralized Debt Obligations)的债务抵押债券,把项目、房屋贷款等打包后卖给投资者,在负债表之外;在中国是成立了信托,概念类似:一是提供更高的利息,二是提升银行的盈利,加大贷款量而又不拖累资产负债表,还能通过卖这些产品获得报酬。

我不知道这在中国为什么叫影子银行,它其实不在阴影之下,是很清楚的,当然除了有些不受规管的地下钱庄借贷,但规模不大。信托规模很大,但是它们在哪里、有多大是比较清楚的。

可能对于影子银行来说,钱的流向和去处是大家更为担心的。问题在于,获得这些资金投入的项目具有多大的回报。很多地方政府兴建项目的目的就是政绩,为了提升 GDP,这些基建项目和房屋项目近期是不能赚钱的,也许长期来讲还可以,但是短期不行。

信托项目很多还是短期的投资,投资者预期能在两三年内获得回报,而上面的项目可能是 10 年至 15 年才能收到成效的,这也是长短期的配置错位。我认为这是他们要面临的挑战。

> 中国政府最近正在展开新一轮的反腐运动。你可以看到不少高级官员以及国企高层受牵连,这也导致一些股票波动性较大。对于中国股票的政治风险,应该如何甄别?

麦朴思　　如果你看那些外国投资者涉及的大股票,如中石化、中移动,这些都是大公司,它们对小股东也比较公平,管理层比较有能力。即使这类公司存在腐败问题，对公司基本面影响也不大。我们不会投资那些腐败问题影响会比较大的小型公司。

如果是反腐事件转变性质的话，确实会影响公司的基本面。举个例子，在委内瑞拉已故总统查韦斯上台的时候，他宣布"充公"了外国和国内的能源公司，投资者的损失是巨大的，如果情况有向这方面转移的倾向，投资者必须格外注意。但在中国这样的稳定国家，这种事不太可能发生。

腐败在每个行业都有可能，银行可能比较容易受损，但是大的国有银行即使受伤也有限。我们看到，反腐运动已经在中国发生了，这对中国长期是好事，就像香港当年成立廉政公署的情况一样。反腐是个持续的过程。

前沿市场是未来的新兴市场

现在越来越多中国的富裕阶层对投资海外的证券以及房地产颇有兴趣。你对他们的投资有什么建议？你认为哪类资产可以推荐给他们作为投资的标的？

麦朴思　他们要很清楚自己投资的地方，然后关注该地税率等方面的问题，对于在美国置业来讲，除买卖外还有躲不掉的税收，中国投资者可能没有意识到这一点。我认为，中国投资者最好的选择是购买地产类的基金或是REITS（房地产信托），它们的投资足够分散，且程序和缴税环节也不用操心。

你认为新兴市场已经失去过往的光环了吗？未来的故事在何方？

麦朴思　我不认为新兴市场失去了它们的光环，我们还有前沿市场，整个非洲市场有巨大增长前景，东欧也是，有很多投资机遇。

我看好的前沿市场包括尼日利亚、肯尼亚、博茨瓦纳、加纳、孟加拉、越南，我都很有兴趣投资。这些前沿国家和我们上世纪 80 年代时进驻的新兴国家很相似，才开始有股票市场，有的还没有完善的银行系统，或是才刚有银行，还没有完善的股票交易体系。

你如何看待未来五年中国的邻居们——东南亚主要国家的经济前景？

麦朴思　东南亚未来五年将会表现很好，原因有几点。首先，中国有 3 万亿美元的外汇储备，需要投资对象，这要取决于中国多想投资美国国债，可能会想把钱投资在东南亚；其次，日本在增加货币供应，也会加大对东南亚的投资。

发表于财新网 发表时间：2013 年 9 月 3 日

金砖银行事件看出西方对新兴国家偏见

马里兰大学史密斯商学院

迈克尔·丁曼战略和全球化主席：古普塔 (Anil K. Gupta)

记者：王玲

1997 年以来，古普塔每年多次访华，并自 2003 年在史密斯商学院与对外经济贸易大学合办的 EMBA 项目任教。目前著有六本作品，最近推出新书《重新发现丝绸之路》；是世界经济论坛全球新兴跨国公司议程理事会成员，曾被管理思想者排行榜"Thinkers 50"评为"当代全球最具影响力思想家"之一。

"我们对 2010 年国际货币基金组织（IMF）改革方案无法落实表示失望和严重关切，"2014 年 7 月中旬，金砖国家领导人第六次会晤在巴西举行，随后发布的《金砖国家领导人第六次会晤福塔莱萨宣言》（下称《宣言》）中，金砖国家毫不掩饰对当下全球金融秩序的不满。

于是，金砖版世行和国际货币基金组织 (IMF) 应运而生。《宣言》宣布，签署成立金砖国家开发银行（NDB）协议和应急储备安排（CRA）协议。金砖银行被认为是迷你版世行，应急储备安排被认为是迷你版 IMF。前者将于 2016 年开始运行。

金砖五国称，成立金砖银行是为五国及其他新兴市场和发展中国家的基建、可持续发展项目筹措资金；建立应急储备安排是为帮助五国应对短期流动性压力，促进内部进一步合作，加强全球金融安全网，并对现有国际机制形成补充。此外，普遍的一种观点是，这些金

砖机制是对现有发达国家主导的国际金融秩序以世行和 IMF 为代表的
挑战。

　　有意思的是，欧美似乎并未像金砖国家那么关注金砖银行和金砖
应急储备安排。发达国家为何显示出漠视？金砖银行又是缘何成立？
对现有国际秩序意味着什么？第一任行长又将是何许人？

罗马不是一天建成的

财新记者 金砖五国为何在此时共同发起金砖银行？

古普塔　既有政治动机亦有经济动机，金砖五国的 GDP 占全球 21% 以上。
重要的是，他们的增速比一些富裕国家（如 G7）要快，未来 20 年，几乎肯定
的是，五国的经济规模将超过 G7。尽管如此，金砖国家在现有多边机制中的
投票权仍然低于其经济体量。例如，和它们占全球 21% 的 GDP 相比，五国在
世行和 IMF 中的投票权分别为 13% 和 11%。从金砖国家角度，现有多边机制
的治理改革太慢。金砖银行和金砖应急储备正是补偿这一缺陷的机制。

　　经济方面，明确的是金砖五国对基建投资的需求巨大。靠世行不够。金砖
银行将有益于填补这一空缺。不过，我得补充的是，这世界从来不缺资本。看
看石油富国们鼓鼓的腰包就知道。为什么很多新兴市场国家不能吸引到所需的
外资？因为它们并未采取必须的改革政策，以将外商投资的政治风险降到可接
受程度。就关乎基建的投资需求而言，世行和金砖银行最多只能扮演一个小角
色。大部分资本还得来自私人部门。不过，这些多边机构确实可以发挥作用：
它们参与投资可以大幅减少私人投资者面临的政治风险。

　　金砖银行对现有全球金融体系的意味？世行和 IMF 等多边机构的治
理改革会因此提速吗？

古普塔　鉴于金砖国家已经同意成立金砖银行和应急储备安排，它们将给五国提供自己的多边平台。这一点上讲，金砖银行和金砖应急储备安排可能不必然加速世行和 IMF 的改革。更可能的是，由于压力不再，可能相关改革的步伐会变慢。不过，我认为，这都没什么。像亚洲开发银行、美洲开发银行和清迈协议（区域货币互换协议），金砖银行和金砖应急储备安排将扮演补充世行和 IMF 的角色。这些机构中任何一个并不能替代另一个。就全球影响力而言，重要的是金砖银行对所有其他多边机构的影响，而不只是世行和 IMF。

金砖银行和金砖应急储备安排分别被视为迷你世行和 IMF，考虑到其内部协调和管理等因素，是否言之过早？

古普塔　我觉得将二者视为迷你版本的世行和 IMF 挺合理的。金砖开发银行的认购资本为 500 亿美元，而世行的认购资本是 2230 美元。应急储备安排的资本规模为 1000 亿美元，IMF 则大概有 8000 亿。当然，世行和 IMF 已建成多年，实力很强。相比之下，金砖银行和金砖应急储备安排还有待建立，它们要成长为有影响力的机构需要时间。就算是世行和 IMF，也花了一定时间才成为今天这样的机构。罗马不是一天建成的。

首任行长的任务

根据金砖银行协议，"银行首任理事会主席将来自俄罗斯，首任董事会主席将来自巴西，首任行长将来自印度。银行总部设于上海，同时在南非设立非洲区域中心"，如何看待这一安排背后的具体考量？中国在接下来近二十年都不能担任行长，其影响力似乎很受限？

古普塔 就经济规模而言，中国显然是金砖五国中的巨人。事实上，中国的 GDP 比其他四国 GDP 之和还大。对金砖五国的挑战是，如果资本规模和对金砖银行的控制要反映各国当下的经济力量，这本质上又变成了一个中国主导的银行。中国已经有很多比金砖银行大的银行，不明白世界为什么还需要另一个中国主导的银行，且只有 500 亿美元甚至 1000 亿美元的资本。金砖银行的意义在于非一国主导。所以，成员国就共享控制权达成一致。

　　我同意这种安排大大限制了中国在金砖银行的影响力。不过，要么这样，要么其他成员国不会达成一致。所以，如果中国想参与创建金砖银行（最后也成功创立了），那么，它除了同意这种共享治理和控制的安排，别无选择。

　　谁将是第一任行长？他的首要任务是什么？

古普塔 我认为，和银行的选址相比，第一任行长是谁，这将对金砖银行的形成有更大的影响。在组织框架形成，关键人员雇佣，系统、流程、政策确定上，第一任行长将发挥关键作用。当然，他或她需要通过理事会和董事会。不过，政策的提出以及执行很大程度上都看行长。这一点上，印度同意把总部放在中国上海，但要求第一任行长是印度人，这一妥协方案很明智。

　　我预测成为第一任总裁的人得有很强的金融和银行背景，同时还得有全球化背景下所需的其他技能。有几个印度高管都可能是潜在的竞争者。譬如：印度央行行长、IMF 前首席经济学家拉詹（Raghu Rajan）、德意志银行联席 CEO 贾恩（Anshu Jain）、花旗银行前全球 CEO 潘迪特（Vikram Pandit）、新加坡星展银行 CEO 古普塔（Peeyush Gupta）、印度最大私人银行 ICICI 的 CEO 科赫哈（Chanda Kochar）。当然，也有其他可能。以上提到的人士中，拉詹已经有过比金砖银行行长更高的职位，所以他可能不想出任，尽管他是最有资格的。

如何看待金砖银行体系下的竞争，尤其中国和印度之间的竞争？你
对金砖银行的担忧是什么？

古普塔 我并不太担忧中国和印度的竞争。即使最友好的国家或地区集团之间（美国和欧盟，德国和法国）合作的同时也会竞争，是一种混合的情况。诀窍在于以更导向合作而非竞争的方式管理利益相关方之间的关系。这一点上，金砖银行首任行长至关重要。他（或她）得是一个聪明人，政治上要精明，以保证任何成员国家间的竞争（包括中印之间）不会演变为破坏性力量。

中印关系很大程度上取决于两国边界问题如何发展。新当选的莫迪政府显然会比前任政府更加重视基建发展。同时，莫迪也很了解中国，任吉拉特邦首席部长期间（直到当选总理），他在吸引中资方面很有成果。所以，有超过 50% 的可能是：接下来五年，我们将看到中印经济关系的蓬勃发展，中国对印度的投资将大幅增加，反之亦然。如果我的预言成真，那么这些反之也会减少两国在金砖银行机制下的竞争。

西方媒体对金砖银行的报道似乎不多，给人一种印象：西方国家似乎较漠视金砖银行？

古普塔 我同意，某种程度上，西方媒体对金砖银行的成立较冷漠。在我看来，这很大程度上反映出西方分析师的偏见，继续轻视新兴国家的崛起。毕竟，随着新兴经济体的强大，相对而言，富裕的西方国家将失势。很多西方分析师，包括一些在媒体中的评论，对这种全球力量的变化感到不舒服。结果，很多人继续持这一观点：可能新兴经济体的崛起最终不过是一个神话。

并非所有西方顶级的分析师都这么看，但我观察到，他们中很多人的确这么想。看看西方媒体关于金砖峰会的报道就知道，大部分都倾向于批评的

视角，认为这样的峰会不过是自我感觉良好的会议，没有实质意义的成果。如果看看 G7 峰会，也很难说这些富裕的国家在一致行动上做得很好。所以，西方分析师需要更客观、更耐心的看待金砖会议和金砖银行。目前为止，很多人并没有这样。

金砖银行下中印竞争和经贸

金砖开发银行和应急储备安排会如何影响中印之间的贸易和投资？

古普塔　和应急储备安排相比，金砖银行的影响可能更大，也会更早见效，因为金砖银行会更快成为现实。很大程度上，金砖银行将以一种间接，而非直接的方式影响中印贸易和投资。

首先，既然中印已经是金砖银行下的合作伙伴，两国边界冲突的风险将大幅下降。很难想象，如果中印边界发生战争，金砖国家和金砖银行这些合作机制还能继续存在。所以，可以预期两国极端民族主义的声音将冷静些。这也将增进两国人民间的感情，进而对两国贸易和投资带来积极影响。

其次，中国在印度基建领域有巨大的投资机会。不过，这一潜能要成为现实的话，两国都得对来自彼此的投资感到舒服才行。如果金砖银行作为小的投资伙伴加入，将有力减少投资对方国家的风险。这也是世行目前在很多新兴市场国家扮演的角色。

尽管中印之间合作的潜力很大，但双边贸易额近年来持续下降。

古普塔　的确过去两年中印双边贸易下滑。有意思的是，这一下降的背景是两国都非常期待同彼此扩大经济关系。这一现象的解释是中印出口彼此市场的货物不同，近期两国的发展也不同。中国出口印度的主要产品包括生产资料（用于基建），不过，由于过去两年印度政治瘫痪，基建投资大幅下降，抑制了对所有生产资料（包括中国）的需求。反过来，铁矿石是印度主要出口中国的商品，由于中国经济放缓及其国内钢铁行业产能过剩，中国铁矿石进口有所下降，不仅印度受影响，澳大利亚和巴西（铁矿石出口大国）均受影响。

随着印度开始大幅投资基建，很可能中国向印度的出口会攀升。反过来，印度向中国的出口可能不会很快增加，因为很长一段时间内，中国将持续受钢铁行业产能过剩影响。同时，印度的制造业仍比中国差一大截。

无论如何，如我新书《重新发现丝绸之路》中所言，中印的经济关系正处于根本变化的边缘——从很大程度上由贸易定义的关系转为由投资定义。这将是未来十年的主要故事。这种情况下，贸易方面的双边关系将不那么重要。

关于中国和印度的自由贸易协定（FTA），其可行性研究开展已有时日，截至目前为止，似乎并无具体成果？

古普塔　这主要是因为双边贸易中的较大不平衡（中国盈余，印度赤字）。印度政府一直担忧自贸协定可能加剧这种不平衡。中印间立刻达成 FTA 的前景不大。

不过，随着印度开始认真应对其基建不足，它将很快在制造领域同中国竞争。印度的劳动力成本已经比中国低，且印度公司的工程和组织能力也很强。印度的主要缺陷在于基建和官僚作风。莫迪政府很可能以较快的速度处理这些问题。随着这些缺陷的解决，印度可能会开始取代中国成为世界工厂。到那时，印度可能也会对中印 FTA 更加开放。我觉得大概五年后我们就可以看到这一图景。

发表于财新网 发表时间：2014 年 8 月 1 日

为什么仍要看好中国

普华永道中国大陆及香港市场主管合伙人：林怡仲（Frank Lyn）
记者：李增新

林怡仲，普华永道中国大陆及香港市场主管合伙人、中国并购公会常务理事及国际并购委员会主任、中国政协会议广西壮族自治区委员会委员。1983年毕业于英国特伦特大学，随后在伦敦取得英国特许会计师资格。1988年返回香港加入普华永道香港会计师事务所，1993年晋升为该所合伙人，2012年任中国大陆及香港主管合伙人。

亚太地区的投资者仍然十分看好中国，普华永道在亚太经合组织（APEC）CEO论坛期间发布的调查报告显示。中国、印尼、美国位列亚太商界人士投资目的地前三位。

《2013年普华永道亚太经合组织CEO调查报告——迈向恢复与增长：转型中的亚太地区企业》对近500名商界领袖在亚太地区从事商务活动的态度进行了调查。有42%的亚太地区首席执行官（CEO）对未来12个月的收入增长"非常有信心"，并打算增加其亚太地区的投资。而信心增加的主要原因是亚太经济体的城市化趋势，中产阶级的不断壮大，以及基础建设发展的需要。

该报告由普华永道国际调查部在2013年6月至8月间进行，涵盖了所有亚太经合组织21个经济体的478位CEO和行业领袖。

调查中，CEO们还分享他们所认为的"黑马"，印尼成为首选，其次是缅甸、中国、菲律宾和越南。其中被提及最多的吸引力因素是：

不断扩大的中产阶级、充足的自然资源、不断增加的透明度、改善基础设施的计划以及政治稳定性。

　　普华永道中国大陆及香港市场主管合伙人林怡仲说，由于具有竞争力的生产成本和日益提高的技术技能水平，全球 CEO 们把中国当作未来商业投资的主要目的地。中国深知城市化的需求和加大基础设施投资的必要性。这对"十二五"计划当中提到的对于环保和低碳项目的需求，是一个有益的补充。

财新记者　普华报告总体上对亚太的前景比较乐观，为什么？

林怡仲　大家可能感觉这是一个调查，但实际上是非常接近如何看待总体的经济发展状态。普遍来说，这些国家的领导，特别是管经济的领导人，非常想知道企业的感觉如何，这样他们才能知道如何用企业推动当地的经济。在这次调查中，68 位 CEO 认为未来在亚太区的投资不会减少，对亚太区还是非常有信心的。回顾以往，今年亚太区的 CEO 人数在上升，从 36% 上升至 42%，未来 12 个月中国人的收入很有可能会增长。

　　大家认为今年比去年好的原因在哪里？

林怡仲　比去年好有很多方面。首先大家会看今年的经济状态、企业本身的收入、投资地的经济，会综合考虑种种因素。因为 APEC 峰会是在印尼举行的，所以今年还是主要考虑印尼，认为印尼是未来投资的一匹黑马。印尼第一，第二是缅甸，当然，中国也包括在内，但是很多企业都已经在中国有大量投资了。

　　人力资源研发方面，有 20% 以上的人都感觉如果以后要做的更好，需要重点投资人力资源方面。49% 的 CEO 认为，在亚太地区需要更多基础性的设施。但值得注意的是，基础设施谁来投资，这些投资除了政府方面，PPP

（Public-Private-Partnership）投资模式是比较好的办法，因为除了中国以外，其他国家政府没有什么办法能进行直接投资，中国政府在基础设施建设上确实做得相当成功。在过去的 10 年、15 年投资了大量基础设施，在高铁、公路、路桥，不仅如此，未来五年里城市现代化的基础设施，将会是新领导班子的亮点，包括北京、上海这些城市里的环保问题，其实是跟基础设施有关，所以这是相当重要的。

> 你认为中国下一步的改革该怎么走？尤其十八届三中全会很快要到了，我们该有哪些期待？

林怡仲　从历史的角度看，三中全会不会出现让大家非常意外的内容？就现在的情况看，新一届领导班子在三中全会召开之前已经讲了很多事情，包括之前提到的基础设施建设，帮助中小企业。现在大家较为关注的仍然是经济转型，改革方面仍然有许多工作要做。

这一届三中全会，我希望能够看到政治、经济改革的计划，尤其是政治改革的亮点。因为经济和政治都是相辅相成的，我希望这次看到未来改革的路线图。

其次，现在我们有些产业处于产能过剩的状态，一下子解决是不可能的，但是起码要让我们知道现在哪些产业处于产能过剩的阶段，如何处理该问题，投资方面投资在哪些产业上，才是对中国的经济有帮助的。

老实讲，我们会看见领导班子将如何处理金融改革，我倒不觉得金融体系需要改变哪些东西。但是金融体系有些方面需要强化，就算再一次出现金融风暴，中国的金融体系也不会害怕，这是非常关键的。虽然现在经济的发展速度是 7.5%，但国内经济越来越膨胀，金融体系愈加复杂，所以整个金融体系的稳定性是极其重要的。今后海外若出现危机，这个体系需要能够保护自己。

那通过什么途径能够提高金融系统的稳定性？

林怡仲　首先，在银行体系方面，必须要强化监管和市场化。在市场化方面，我认为要考虑如何处理衍生产品。与国外银行衍生产品不同的是，国内银行衍生产品若是亏损，银行仍然需要赔偿给老百姓，因为老百姓认为银行的背后是政府支持的。事实上，现在国有银行的大股东是政府。所以影子银行的问题如何处理，影子银行要由正常的银行来操作。如果上述问题能够有解决办法，那对整个金融业的发展都是有利的。现在有一些非金融机构、半金融机构从银行借钱，再借给其他人。

现在很多人认为，利率市场化等仍然属于市场基础环境，但银行机构仍是国有就无法实现真正的市场化。

林怡仲　这个属于中国特色。你要考虑到中国现有的状态，其实改革开放中，政治改革和经济改革是相辅相成的，这个是属于政治改革范畴的，国家政体怎么样，经济就怎么样，未来还需要慢慢摸索。

那你怎么看上海自贸区，是否有可能变成全国开放的一个先行者？

林怡仲　就我个人观察，第一，上海自贸区是中央主导，地方去执行，而且很明显是由国务院在操作。我觉得这一个重要的信号，充分表达了中央在上海的态度，希望金融市场能够更加开放，提高政府在整个城市发展中的地位，中央希望地方政府在提高城市发展上能够发挥更大的作用，很多东西是需要循序渐进的。我个人认为，健全的法规是关键，像人民币全部开放，低利率之类，只不过在整个体系上，大家必须要遵循当地的法规，但是必须要加快审批过程。这不仅在上海，在全国也是非常重要的。

    我认为，这次自贸区之所以设在上海，而不是像之前改革开放那样选择一个较小的地方，政府思路可能是认为上海都可以做，那其他城市为什么不能做？如果在上海做不好，在其他地方也很难成功。不仅如此，这次上海自贸区的建立，也是中央希望能够促进中国自由贸易，合情合理地走出去。

发表于财新网 发表时间：2013 年 10 月 22 日

企业跨境并购要注意什么

瑞生国际律师事务所全球石油天然气业务联席
主席兼合伙人：张清彦（David Blumental）
记者：王申璐

　　随着一系列对境外投资放松监管的政策陆续出台，安邦拟收购纽约地标建筑华尔道夫酒店有望刷新美国单一酒店的交易纪录，民营企业山东岚桥集团有限公司成功并购澳大利亚西部能源项目等案例引发关注，对中国企业"走出去"的讨论热度未减。

　　从企业的角度，由于成熟市场有很多法规，涉及到国家安全、反垄断等各类问题，中国企业需要注意与东道国政府和相关部门的沟通，并进行充分的了解，而且要通过法律方面的合同进行规范，同时要注意和政府部门打交道，并在公关方面多做一些工作，让当地的民众、舆论主体了解中国企业的背景，解释并购交易将产生哪些影响。

财新记者 你认为中国企业进行跨境并购持续增长至今，呈现哪些特征？

张清彦 中国企业跨境对外投资，过去这几年一直不断增长，预计未来还会持续增长。在跨境并购的两种形式中，采取收购的形式可能多于采取新投资的形式。

　　进行跨境并购的中国企业类型逐渐多元化，早期有规模的跨境收购主体以央企为主，以"三桶油"为代表，现在一些地方国企、民营企业也参与进来，并且遍布中国各地，而不局限于北京等核心地区。随之，跨境并购涉及的行业也扩散至各行各业，比如商务房产、电影院、写字楼等。

投资标的所在国也有所变化。以前很多客户都不主张去美国投资，因为中国不了解美国的情况，存在一些认知困难，认为美国的战略风险比较高。现在没有人说这些了。

> 有研究机构提出，未来十年中国对英国的投资将翻几番。你认为英美等成熟市场相比其他地区国家，对中国跨境并购的投资者来说有哪些优势？

张清彦 英美等国家市场环境比较成熟，对投资人来说，投资环境比较好，相对来说投资机会也较多。

成熟市场对中国企业具有一定的吸引力，中国企业对外并购都有其核心目的和利益诉求，成熟市场很多投资标拥有的高端技术、科技等各方面的专业知识等是中国企业较为缺乏并希望获得的。

比如汽车行业，中国企业在技术方面相对缺乏的，吉利通过收购沃尔沃，可以获得沃尔沃的品牌、先进技术、制造基地、先进管理的经验、已有的市场占有率等，恰好这些都是中国企业缺乏的。而相对非洲等地区，虽然资源丰富，当地企业的管理水平等相对落后。

> 国家发改委发布了《境外投资项目核准和备案管理办法》，商务部发布《境外投资管理办法》，均大幅下放了审批权限，这些政策对跨境并购会产生哪些影响？

张清彦 因为政策出台时间不长，其产生的效果尚不得知，我们还在持续观察中，但方向肯定是对的。过去十几年中国政府对跨境并购的审批对跨境并购带来一定的挑战，许多外方认为能否获得批准是交易成功的前提条件，另外，外方对于审批流程的不了解也造成了一定的交易风险。通常围绕这个审批的问题，交易双方需要谈判很长一段时间，增加了成本。

外方因为不了解中国的具体情况而担心，中国的国有企业，既然是政府拥有的，需要国家的审批，那未来也可能因政府的决策改变而发生变化。

政策放宽之后，需要审批的项目门槛提高了，给企业的空间大一些了，因为中国企业跨境并购的需求也越来越多，越来越丰富，对中小型的并购项目不需要面面俱到的监管。

这次政策放开带来的另外一个好处在于，审批流程相比以前更加透明，现在对具体的程序做了一些比较明确的规定，交易双方可以依据这个规定计算大概需要多长时间。

> 近期安邦保险集团意图收购纽约华尔道夫酒店及韩国友利银行，都均遭遇波折，被收购方所在国家出于政策或民族情绪影响，对并购交易产生了一些影响，您认为对国内企业来说，进行海外投资并购时有哪些需要注意的问题？

张清彦 从企业的角度，由于成熟市场有很多法规，涉及到国家安全、反垄断等各类问题，中国企业需要注意并进行充分的了解，而且要通过法律方面的合同进行规范，同时要注意和政府部门打交道，并在公关方面多做一些工作，让当地的民众、舆论主体了解中国企业的背景，解释并购交易将产生哪些影响。

美国是欢迎外方投资的，30、40 年前美国顶级房产都是由荷兰人拥有的，80 年代是大量日本企业来投资，当时也有很多人对日本荷兰不了解，后来慢慢就习惯了。

很多问题通常是由于双方不了解，沟通的方式也不一样，美国人认为中国人怎么那么不透明，中国企业可能不擅长用外国人的方式来打交道，比如让对方知道中国企业是个什么企业，这个交易想做什么，将如何对待雇员，对环境将产生什么影响。

　　中海油收购尼克斯时，最终获得美国、加拿大政府的审批，期间也花了很多时间。中海油通过当地的媒体让民众了解中海油的情况和意图，同时花了一些时间来和政府沟通，最终成功交易。

发表于财新网 发表时间：2014 年 11 月 20 日

撬动外资实现结构转型

俄罗斯直接投资基金 CEO：德米特里夫（Kirill Dmitriev）

记者：李增新、实习记者 骆雅洁

　　德米特里夫自 2011 年开始担任俄罗斯直接投资基金（RDIF）CEO，2007 年至 2011 年担任私募基金 Icon Private Equity 总裁，此前为 Delta Private Equity Partners 执行合伙人。他还曾任职于 Delta Credit Bank 和法国兴业银行等。2009 年 3 月开始，德米特里夫为乌克兰银行 Prominvestbank 监事会成员。2005 年至 2006 年，他任俄罗斯风险投资与私募基金协会会长。

　　俄罗斯对外招商引资的力度正在加大，希望借助外力实现结构转型，为经济长期发展奠定基础。2011 年成立的俄罗斯直接投资基金，正是这一浪潮中的突出代表。它由俄罗斯政府出资 100 亿美元建成，目前已与中国投资有限责任公司、科威特投资局、阿布扎比主权财富基金、欧洲开发银行、日本国际协力银行、高盛公司、贝莱德、富兰克林邓普顿基金等展开合作。

　　在投资者眼中，今天的俄罗斯除了在石油和天然气，也在基础设施、消费品、运输和服务业等各领域充满了机遇。按购买力平价计算，俄罗斯 GDP 名列全球第五，人均 GDP 为 1.8 万美元，在金砖国家中位居榜首。过去五年来，俄罗斯中产阶级可支配收入上升了 53% 至 7400 美元。

　　RDIF 希望吸引海外投资者与其一道，分享俄罗斯增长的红利，同时为改变扔较为依赖能源出口的经济结构做出贡献,德米特里夫说。

财新记者 能给我们说一下你成立这个基金的目的吗? 你们与其他投资伙伴是怎样合作的?

德米特里夫 当然可以。这个基金主要投资于俄罗斯国内,俄罗斯政府注资 100 亿美元,是俄罗斯主权财富基金,所以全部注资来自俄罗斯政府,并和其他国家的主权基金有很多的合作,如中国和韩国的主权基金,同时我们也和阿布扎比(Abe Dhabi)等的主权基金有合作。目前我们已经投资 30 亿美元,还有合作方的超过 90 亿美元,与我们一道投资。

这个基金主要的合作方是亚太经济合作组织(APEC)成员,我们已和日本、中国建立了预先融资关系。我们还与中国建立了合资公司(中俄投资基金),其中 10 亿美元由我们注入,10 亿美元由中国投资有限责任公司注入。

这给我们和 APEC 成员方的合作提供一个很重要的例子,因为 APEC 成员的经济发展越来越快,投资在不断加大。所以,如果亚太成员之间相互投资,将有助于亚太地区的经济发展,从而有助于改善基础设施环境和促进就业,为当地民众提供有吸引力的就业岗位。

主权基金运转得如何?

德米特里夫 进展非常顺利,我们额外投资了俄罗斯的生产和加工部门。俄罗斯与中国之间投资的 10% 是我们来做的,我们希望这个比重继续加大,因为物流非常便利。与其他和中国做生意的加拿大企业相比,我们与中国企业的业务往来更便捷。除了我们以外,其他企业也在向中国市场输送初级物料和待加工物料;由于占据较好的市场位置和向中国消费者提供高质量的服务,预期这些企业的发展前景不俗。

作为主权财富基金，你们如何在长期目标和短期收益间寻找平衡？

德米特里夫　我认为最重要的是如何为长期投资基金找到收益可观的投资项目。就目前而言，由于货币和整体市场的关系，长期投资越来越有难度。我们认为，基础设施项目是长期投资较好的选择。我们估计，在 2030 年之前，全球基建领域有约 6 万亿美元的资金需求缺口，预期投资回报率也会是合理的。

　　你要寻找回报率佳的投资项目，我们相信基建项目是其中之一。此外，要注意分散投资，认真考虑那些有长期投资价值的资产种类。这是我们主权财富基金专注的地方，也是我们和其他主权基金重点合作的地方。所以，我们和其他主权财富基金齐力打造最好的平台，以获得可观的投资收益。

你能更具体说一下你是怎样把外部投资者吸引过来加入你们的吗？你们怎样能让这个基金运作得更好？

德米特里夫　基本而言，俄罗斯基金以投资收益回报率为导向，接下来即将投资的项目也会有不错的收益。现在的问题是，为什么地区有非常成功的投资项目，而基建领域没有呢？举例而言，俄罗斯政府投资了很多基建项目，资金主要来自源于财政预算拨款，数额庞大，私人投资部门财富基金还会得到内部融资。因此，我想未来将有更多的公共部门与私人企业合作模式 PPP（Public-Private Partnerships），或者政府需要更多的私人资金或主权资金参与进来，这对于投资者而言是额外的支持。这就是我们为什么接受阿联酋阿布扎比主权财富基金 50 亿美元注资的原因。该笔投资是在基建领域属最大的之一，而这正是对俄罗斯直接投资基金模式的信赖。俄罗斯政府希望借此让投资者获得有吸引力的投资回报。

你觉得俄罗斯在其它方面做得好的地方有哪些？

德米特里夫 我们和中国合建的中俄投资基金是个很好的机会，因为本世纪农业有很好的投资机会，我们正留意相关领域。同时我们也在关注中国的汽车制造业，中国汽车企业产量高于俄罗斯。顺带一提，俄罗斯有着全欧洲最大的汽车市场，它刚在两个月前超越德国。中国汽车企业产量大，这很有意思且非常重要，意味着在交通相关领域会有环环相扣的各种机会。我们认为中国汽车市场的蓬勃发展得益于中国经济的强劲发展。蓬勃的汽车市场的带动之下，中俄双方签署的合作协议大幅增加，诞生了很多新工厂。

这同时也是俄罗斯经济结构转型的机会吗？

德米特里夫 是的。目前为止，我们没有在石油和天然气等能源资源领域进行任何投资，而只投资其他领域。我们认为，未来还有很好的投资机会。很明显地，俄罗斯目前正在发展这些领域。坦白说，目前是投资俄罗斯的好时机，因为在过去的五年，俄罗斯的中产阶级队伍出现 3 倍的增长，医疗健康领域有很多的投资机会，同时服务业的投资前景也被看好。因为俄罗斯的公司比较老旧，我们投资了 IT 和采购业，在关注采购业相关方面，这将有助于俄罗斯企业增强竞争力和发展得更快。

过去一些俄罗斯人认为，如果大量中国人投资俄罗斯，特别是西伯利亚地区，中国人和中国产品将"占领"俄罗斯。这样的顾虑还有吗？

德米特里夫 我们鼓励中国的投资方投资俄罗斯。俄罗斯在旅游业和相关商业领域有巨大的潜力。当前俄罗斯对中国投资者是相当开放的，我们在寻找并着手进行了很多项目，用于激活这个中俄投资基金。

目前中国和俄罗斯两国之间的关系很紧密，是两国关系最好的时期之一。我相信两国之间今后还将继续加强联系。奥巴马没有出席 APEC 会议，俄罗斯和中国的行程安排为两国之间加强对话提供了很好的机会。我认为中国是 APEC 内最强大的国家，当然俄罗斯也在组织中充当了重要的角色。中俄两国联手能取得很大的成就，加强合作有助于营造广阔的发展前景。

你认为中俄两国真的相互信任了吗？

德米特里夫　我认为中俄之间互信关系很好，习近平主席到访俄罗斯是个很重要事件，这个项目（中俄投资基金）的成立需要双方之间有很大的互信，我相信中俄之间的友好关系将一直持续。你能看到一些具体的举措，如我们在石油领域的合作，签订长期有能源合约。我想在天然气项目上中俄双方也会有进一步的合作。中俄之间还有很多具体的合作机会。这个良好的关系是建立在互相信任基础上的，中俄虽然有各自的利益，但双方在全球大部分关键领域上是有着更大的共同利益。

你对你的合作伙伴中投有什么看法？你认为这个公司怎样？

德米特里夫　我们相信这个团队非常专业，中投新任董事长兼首席执行官丁学东将很好地带领中投在全球上取得投资佳绩。这个公司专业能力非常强，很注重细节。毫无疑问，中投在全球投资领域发挥着关键的作用，成长非常迅速，在资产管理领域很成功。我想没有人能像中投一样，有能力集中在某些市场领域，获得很好的投资回报。我现在看来，中投的投资很保守，很稳健，很专业。有时候将投资集中押注在特定领域是正确的。

你对中国新一届政府的经济政策有怎样的期望？

德米特里夫　我认为中国新一届的领导班子一直延续之前的领导传统很关

键，这对于像基建等领域是非常重要的。他们表示中国经济将持续运行良好，经济走势将有预见性，从这点看来，我们相信中国将更重视经济稳健增长和就业市场的改善。此前习主席首次到访俄罗斯的时候，我和李克强总理进行了会面，他们都是非常有远见的领导人，知道如何延续中国经济走势的可预见性，如何发展资本商业，促进就业，把所有的领域有机组合起来。我们认为这是非常关键的，领导人有长远的目光是一种智慧，这对于中国的经济、就业和技术发展都是非常有意义的。

俄罗斯刚刚正式加入世界贸易组织（WTO），这对于俄罗斯意味着什么呢？你怎样看待"跨太平洋战略经济伙伴关系协定"(TPP)？

德米特里夫　首先，加入 WTO 对俄罗斯而言无疑是有利的一步，俄罗斯因此成为了全球金融社区的一份子。很明显俄罗斯希望增强竞争力而国际贸易组织、自由公约有利于这一目标的实现。就"跨太平洋战略经济伙伴关系协定"而言，国际贸易组织已经为成员方的合作提供了很好的框架，美国和一些国家经常有争议，而 WTO 的约定能解决大部分的问题。坦白说，如果你有不同的观点，或某些国家在某些方面有特例，WTO 条约能够提供更有效的解决办法。因此，我们相信 WTO 是一个大重点，俄罗斯加入该组织是有利的。

记者述评　与大多数主权财富基金不同，RDIF 通过自有资金带动海外资本投资于本国国内。从这个角度看，100 亿美元更像是俄罗斯政府的一种承诺或担保，对外显示出诚意。中俄之间的经济合作各取所需，但如果能够有助于俄罗斯经济结构转型，实现一个更健康、透明和规则导向的俄罗斯大市场，对于中国企业"走出去"与全球投资者都是有益的。

发表于财新网 发表时间：2013 年 11 月 4 日

我们一定会申请清算牌照

万事达卡中国区总裁：常青（Chang Qing）

记者：李小晓

4 月 22 日，国务院公布了《国务院关于实施银行卡清算机构准入管理的决定》（国发〔2015〕22 号），并将于 6 月 1 日起实行。《决定》的下发意味着，中国的银行卡清算市场终于放开。

《决定》规定，符合条件的企业法人可依程序申请成为专门从事银行卡清算业务的机构，境外机构也可通过申请设立银行卡清算机构参与我国人民币的银行卡清算市场。

万事达卡和 VISA 两家国际卡组织机构一直为进入中国市场积极沟通。万事达卡中国区总裁常青在《决定》下发当日接受了财新记者记者的独家专访，常青表示，万事达卡一定会申请牌照，从事中国境内的人民币清算业务。

财新记者 您认为《决定》出台有什么意义？

常青 我们非常高兴看到《决定》出台。尽管去年 10 月国务院已经有了原则意见，但《决定》的颁布依然非常有意义，也印证了政府推动经济结构转型的决心。

支付清算准入开放，会和市场决定资源配置、推动经济转型和创新等政策形成很好的合力。银行卡清算是重要的基础设施，这块设施如果更开放，对新常态的经济形势下产业结构调整、促进消费、拉动内需都有重要意义。

从另一个大角度看，我们国家战略无论是"一带一路"还是"互联网＋"，都需要更开放活跃的清算市场。从"一带一路"来说，万事达卡全球总裁最近在中国发展高层论坛上也围绕这个话题发表了意见。我们认为"一带一路"对跨境贸易、跨境电商带来极大的拉动，中国在其中扮演龙头的作用，可以在跨境贸易结算中重新构筑市场秩序，重新通过创新带动新的业务推动。

银行卡清算组织在这里面是有机会扮演重要角色的。万事达卡的全球标准网络对降低成本、推动财务供应链效率都会产生积极作用。这也是通过创新服务"一带一路"战略的方式。

　　　　申请清算牌照需要做哪些准备？《决定》设置了 1 年的筹备期，这个时间会不会太久？

常青　从《决定》要点看，大致流程包括筹备申请，初步批准工作，筹备工作，提出开业申请，获得批准后开始清算业务，这是大的流程框架。

其实时间久不久是相对的概念。万事达卡参与中国银行卡产业发展已经30年了。1985 年是中国的清算业起步元年，万事达卡也是这一年作为第一家国际卡组织进入中国。整个过程，我们和中国市场都是风雨同舟。和30年相比，根据国务院的决定满足相关准入条件，为未来国内的业务打好基础，这样的等待并不算长。这样的时间的投入下，我们一定会倾尽全力去准备的。

　　　　假如万事达卡拿到清算牌照，和银联之间的关系将是怎样的？

常青　我们和银联有战略合作协议，多年来一直保持密切的战略合作。未来整个支付产业面临的大的课题，比如国内现金的使用仍然在全社会各类交易中占比较高、各地电子支付发展不平衡等，将是各家支付清算组织共同要解决的问题。如何在中国搭建一个市场化的支付生态圈，更好的优化各方利益，形成好的市场定价机制，如何在竞争中形成合作，维护市场安全，这都需要大家共同努力。未来我相信，我们和银联之间一定会有竞争，但也希望能够维持好的合作，相信我们和银联仍然有很大的合作空间。

中国的芯片卡标准和国际不同，国际一直遵循 EMV 标准，中国则有自己的 PBOC 标准。你们进入中国是否要遵从中国的 PBOC 标准？

常青　我们相信一个行业要规模化发展，一定需要在标准上形成开放、兼容、安全的规范。如今国内国际形成了不同的标准化体系，这些体系之间如何开放兼容，是整个行业都应该共同努力的方向。关于国内未来的芯片卡标准，我们也在等进一步的相关细则的出台，并且围绕这些要求，做相应的准备。

在申请过程中有哪些障碍需要克服？

常青　我非常高兴看到《决定》出台，在中国政府推动市场开放和经济转型的决心面前，没有障碍是障碍。更多要放眼未来：随着更多的清算组织加入市场，给产业链各方提供的服务一定会越变越好，最终对各方都是有利的。当然，国内竞争会非常激烈，但随着新的清算机构参与，会有更多的空间形成差异化产品，境内外受理范围也会相应扩大。更重要的是，对持卡人而言，能和全球市场一样，享受更加创新的支付体验是无价的。

在国外，有以万事达卡和 VISA 为首的开放式（Open Loop）卡组织和以美国运通为首的封闭式（Close Loop）卡组织两种形式。可否简单介绍其中区别？这两种模式哪种更适合中国市场？

常青　开放式卡组织有四个参与方，即发卡机构、持卡人、商家、商家背后的收单行，整个过程通过卡组织转接；而美国运通采取三方交易模式，只有三个参与方：持卡人、美国运通（同时为持卡人和商户服务）、商户。持卡人和商户背后都是美国运通转接清算发卡，是一个闭环。

这两种卡组织模式很难说谁更好，我们比较重视的是，一个好的支付体系必须要有开放兼容的产业标准。清算组织在业务实践当中，不论是通过发卡和收单机构间接提供服务，还是走在前台直接面对持卡人和商家，这里面都存在一个问题，就是在这个网络体系的商家是否同时也是对其他网络开放。从全球来讲，大部分的商户都有自由选择的权利，会按照对自己有利的原则接受多家网络支付服务。在一个商户里，各家卡组织的卡都应该能刷出来。刷不出来只是由于这个卡组织的点还没有铺到，对产业有害的情况是，只能让商户和我合作，不能和别人合作。这样会产生封闭，对产业来说是不好的。

老牌国际卡组织如果参与到中国市场当中，会有怎样的竞争优势？

常青　我们说说我们自己吧。我们作为全球最领先的开放式的综合支付服务平台，如果参与到中国市场当中，优势主要有三：

首先，我们的清算网络在全球范围内是最安全、开放、兼容的。通过市场准入开放，这样的底层网络平台和服务将被带进中国，相当于把国际领先水平引入国内。

第二，万事达卡进入了"3.0时代"，更注重产业发展中创新和标准化的运用，希望为整个产业奠定新的发展基础，围绕互联网化和移动化提供标准化服务。在创新应用方面，我们在世界各地积累了很多实战经验，也通过和国际标准化组织联动形成了新的标准化规范。这些规范在未来的银行卡产业走向互联网化和移动化的过程中会奠定新的增长基础。我们也希望这次准入开放，能引入我们的创新和标准。

　　第三，过去 30 年，万事达卡一直在试图把国际上最好的产品和服务陆续引入中国市场，中国市场从业者对银行卡支付从陌生到熟悉，我们一直在提供各种帮助，伴随行业一路走到今天的规模。看过去 30 年，行业发展特别快，整体规模、服务能力、业务能力、产品能力、创新能力，其实已经在全球走在领先地位。我们有全球发卡量领先的银行，也有创新领先的机构。在这个时点上，市场又进入了下一轮的开放和准入周期。对我们要考虑的是，接下来 30 年我们能做什么。万事达卡作为一个国际的卡组织，如果能被准入中国，我们想进一步发挥的优势是，利用我们在全球的影响力和服务力，帮助国内金融机构、支付企业、银行卡产业生态圈上下游参与者更好的走向世界，实现业务国际化，实现中国产业向国外输出知识、能力、经验、服务和标准。

发表于财新网 发表时间：2015 年 4 月 23 日

Visa 中国支付市场应变

Visa 北亚太区创新支付业务副总裁：郑道永（Paul Jung）
记者：张宇哲

　　近年，互联网和智能手机的蓬勃发展改变了消费者的行为模式，以电子支付为主的新兴支付产业兴起，对以银行卡为传统支付工具的支付行业产生了翻天覆地的影响，亦给国际卡组织带来了巨大挑战。

　　支付行业正在经历快速的变化，而手机移动供应商加入支付服务加速推动了这个趋势。央行的数据显示，中国的移动支付的规模在2013 年已经达到了 1.6 万亿美元，具有巨大的潜力。

　　第三方参与者越来越多，同时颠覆式的技术创新也在不断涌现，支付行业进入"新常态"，对于支付行业"老兵"Visa 来说，如何才能在巨变中保持其领导地位？如何保持其业务的关联性和持续增长？

　　Visa 北亚太区创新支付业务副总裁郑道永（Paul Jung）日前接受了财新记者的专访。

应对中国市场

财新记者 中国已明确放对外开放人民币清算市场，Visa 对此有何考虑？

郑道永 　Visa 当然希望能够尽快进入中国市场，中国对于我们来说是非常重要的市场，我们期待看到监管部门出台下一步更加细化的实施细则。

在中国转接清算的线下市场，中国银联可能是你们最大的竞争对手；而线上市场支付宝可能是 Visa 最大的竞争对手。在定价方面，目前中国有两个价格体系，一个是银联是按照发改委的行政限价，另一个是支付宝、财付通等互联网支付企业是市场化定价，没有价格限制，总体而言，这两者的费率都远低于国际卡组织的费率水平。Visa 进入中国之后，是否会降低费率？

郑道永　总的来说，Visa 会根据中国国情采取必要的措施；比如说向中国推出一些创新型的服务，更好的满足银行和商户需求；如果确有必要，我们也可能考虑费率的问题，会根据中国的情况来定价。关键在于确保所有与 Visa 合作的银行和商户的成功，这样才能谈的上 Visa 的成功。

近年，在中国有数以百计的公司不断地进入支付行业，即第三方支付公司；但是有一个现象，除了支付宝等少数几家规模大的第三方支付公司，这些公司大多并不盈利，为何还要进入这个行业？您如何看待这个现象？

郑道永　在国外也同样。2013 年，美国支付市场就有 900 多家初创公司进入支付行业，这些公司并不是做支付业务出身的，背景都是做零售的，其转型的目的是尽可能多的搜集消费者的数据，来了解消费者的消费需求和交易习惯，他们的目标并不是通过支付产品直接产生收益，而是通过数据分析提供其他的服务来产生收益。很多公司想做一些业务又不希望自己是一个银行资质，因为后者意味着很高的监管门槛，就通过第三方的身份来实现。

未来使用人脸识别、指纹识别等生物识别技术用于开户或支付时的身份验证可能是趋势之一，这种技术在美国也很发达，但在金融领域的应用并不普遍；近来中国的网络银行开始试点，业界在探讨是否可以不需"面签"以生物识别标识进行身份验证，在其他发达国家，通过生物识别技术进行身份验证是否得以推广？是否允许开设独立的网络账户？

郑道永　身份验证非常重要，但如果涉及生物识别的一些项目，出于对隐私信息的保护，各个国家都有相关法律，一般是由政府来推动生物识别技术，而不是由企业来推动，比如这是我的指纹，怎么样能验证这是我的身份呢，需要有一个信任机制。

以 Apple pay 为例，其指纹识别的应用中，用户的指纹是只保存在手机端，而苹果公司并不持有。如果是公司持有个人生物识别的数据信息，监管方面会有很多障碍。如果把生物识别技术应用于金融服务，首先要有相关生物数据等基础；第二是必须用户授权，同意银行或互联网企业储存其指纹信息或人脸信息；第三是监管政策。

四方模式核心

国际卡组织的生态模式里面，它的核心是"四方模式"，即通过卡组织的转接清算完成支付，支付机构是以商户身份，通过卡组织的收单机构或银行，连接进入卡组织支付系统中；但是在中国，第三方支付机构都在直连银行绕开卡组织进行网络支付，即采取"三方模式"。为了规范这种打破现有规则的"三方模式"，中国的央行正在制定网上支付相关制度，您觉得"三方模式"是否可行？

郑道永　从各个国家监管环境看，很多国家非常关注金融交易，有严格的规定和准入门槛；信息技术的发展，使得非金融机构也有机会参与其中，关键看该国监管当局的举措，一般来说监管当局出于对消费者权益的保护，对于金融交易所采取的监管措施和规则都会很严格。

"四方模式"迄今为止都被证明是运行得非常成功的，产品开发和服务本身都是基于"四方模式"为基础，而且这个模式不仅限于 Visa 一家，还包括其他的卡组织，如万事达、日本 JCB 均是遵循四方模式运行。从消费者的角度来看，他们或许对银行目前提供的服务比如移动支付或网络支付不太满意，但是 Visa 毕竟对银行持有更高的信任度，特别是在安全性方面，远远超过了其他的互联网公司。从 Visa 的角度，我们也可以给银行提供安全性的支付解决方案，建设相关的行业标准。

Visa 经过了五十多年的发展历程，深深的体会到支付行业发展起来有非常大的挑战，包括安全性和服务质量问题、卡的交易和受理能力等，都需要很长时间的积淀。对于 Visa 来说，安全是我们的重中之重，Visa 强调"负责任的创新"，所谓负责任的创新，前提是守规则，就是在创新的过程中，依然要确保整个支付产业的系统声誉。

> 在国外的支付市场，在 Visa 的四方模式中，Paypal 是以商户的身份，通过 Visa 的收单机构接入 Visa 的支付系统，来转接银行卡完成支付。支付宝是中国版的 Paypal，不过支付宝在中国的支付市场，扮演的是网上银联或网上 Visa 的角色，并不需要卡组织转接。那么未来 Visa 正式进入中国人民币清算市场之后，与支付宝是否有合作空间？

郑道永　首先 Visa 还是会坚持"四方模式"，如果支付宝坚持"三方模式"，Visa 可能就很难找到与其合作的契机；如果将来可以合作，可以在两个方面为为支付宝创造新的价值：第一个是安全领域，Visa 成立五十多年来，在安全方面积累了非常多的经验；第二，因为 Visa 的业务网络遍布全球，如果支付宝希望向国外拓展业务，即跨境转账方面，对全球各地监管环境的理解以及 Visa 遍布全球的合作银行都是我们的价值。比如，在跨境支付中， PayPal 就是通过与 Visa 在全球各地会员机构的合作，较快适应当地有关的金融监管，比如反洗钱、外汇管制等的规定，使得 PayPal 能够更迅速地进入并扩大其在当地市场的业务。另外，按照国外的监管政策，像 Paypal 这样的公司必须接受卡组织通过收单银行对其进行管理，以确保信用卡持卡人的用卡安全。

目前的支付解决方案都是把银行卡作为应用基础，现在有越来越多的跨境交易，比如个人对个人的转账。如果从中国向美国转账，按照美国反洗钱监管的要求，跨境交易的资金转账往来，必须依托传统银行账户转账，不能通过个人账户类似支付宝的互联网账户直接转账。

业界认为 Visa 领先的原因是始终作为支付行业规则的制定者？对此如何理解？

郑道永　不管是"四方模式"、"三方模式"，最终都是让消费者有一个支付介质，这个介质不管是卡片还是手机终端，或者是虚拟账户，都需要能够非常安全、便捷、全球覆盖的完成支付体验。

Visa 是整个行业的领导企业，必须要尽快对这些创新需求做出响应，来设定相关的一些标准，并且能让各方参与其中，应该有一个统领整个业界的统一的标准，而不是一种碎片化的发展；在业界的生态系统里面，一定要有一个维护生态系统的重点。而一个统一标准，对于支付行业的生态系统、保护消费者权益、安全性，对于各方包括银行、卡组织、消费者来说都是最有利的。

在全球范围，支付行业正在经历巨变，而手机移动供应商加入支付服务加速推动了这个趋势。在美国，苹果支付 Apply Pay2014 年问世第一个月就已经抢占了移动支付市场 1.7% 的份额。来自 Visa 的数据显示，在已经发生的交易里面，有 70% 的非接触式的支付都是通过 Visa 的平台发生的。

面对不断涌现的第三方参与者和颠覆式的技术创新，国际支付巨头 Visa 如何才能在巨变中保持其领导地位？如何保持其业务的关联性和持续增长？

数字解决方案

面对新兴支付产业的挑战，Visa 在传统银行卡的基础之上，推出了哪些数字化服务和解决方案？

郑道永　Visa 重点关注三个领域，第一是现场支付，即非接触式的支付。2004 年 Visa 在亚太地区就已推出了 Visa payWave，是用信用卡或者是借记卡的主账号设置额度，不需要持卡人再单独的圈存。这个技术帮助了手机支付的蓬勃发展。第二是远程支付，通过移动平台或者互联网平台支付，Visa 推出了 Visa 身份认证解决方案 Verified by Visa，和针对电子商务环境下的快速支付工具 Visa Checkout；第三是个人对个人支付，Visa 推出了 Visa Direct，只要付款人知道收款人的 Visa 卡号就可以实时把资金转到对方账户，可以通过移动设备或其他终端实现。针对这些数字领域，我们推出了一系列的解决方案，包括 Visa 令牌服务（tokenization）、软件工具开发包 SDK 的软件包和 API 的接口。

虽然本世纪初国际卡组织就推出了移动支付技术，但在全球范围看，发展并不快，Visa 的移动支付即非接触支付（Visa payWave）的进展如何？

郑道永　目前在东南亚地区，在新加坡，每五笔基于 Visa 卡的交易支付里就有一笔是通过 Visa pay Wave 来进行的；在中国香港和中国台湾，有超过一千万张具有 Visa pay Wave 功能的卡片，已经接收的商户超过两万家，他们安装的终端也超过了五万台。同时，中国香港和中国台湾正在进入一个手机支付的非接触式支付的时代，不再使用卡片，而是通过手机进行非接触支付。

预计到 2017 年，加拿大大概 10% 的人口都会经常的使用手机来进行 payWave 的非接触式支付。巴西也是一个新兴的市场。迄今为止已经安装了超过一百万台跟 payWave 兼容的 POS 终端。

中国目前还没有完全能够开放 payWave 的使用。但是中国的移动支付市场具有巨大的潜力，我们可以进一步来推动 Visa payWave 的使用。

> 有分析说，去年苹果和 Visa、MasteCard 等国际卡组织合作推出了 Apple Pay，才使得移动支付可以快速发展，您如何看待这一观点？

郑道永　这个说法有一定道理，苹果支付肯定会促进移动支付的发展，因为以苹果手机为介质完成 payWave 的支付；但是也有例外，比如以澳大利亚为例，澳大利亚是 Visa payWave 使用最活跃的市场，但苹果支付在澳大利亚尚未正式推出时，澳大利亚已有 51% 的 Visa 卡的交易都是通过 payWave 发生的，所以应该说，苹果支付首先看到了 Visa 能够有这样的非接触支付解决方案，而且有这么庞大的商户网络，这样苹果就不用在支付技术方面做重复投资，它只需把 Visa 的解决方案嵌入到苹果终端来资源整合就可。Visa 开发令牌技术服务的考虑之一，就是去适应数字化发展需求，用数字化的方式来发卡，这一技术可以使苹果等移动厂商司能够加入到支付服务生态圈里来。

令牌技术降低发卡成本

在中国也正在讨论二维码支付的应用，央行正在制定有关二维码支付的应用标准。Visa 的二维码的技术标准是怎样的?

郑道永　Visa 的非接触支付中，也可以使用二维码的扫码方式，但是我们在其中嵌入了令牌技术，这样商户用二维码扫的是电子令牌的虚拟代码，而不是银行卡主账户信息，Visa 采用的二维码是符合国际支付行业组织的规范，即 EMV 技术生成的二维码，而不是第三方支付机构自己开发的二维码。

过去几年，随着互联网的快速发展，业界也时有数据泄露的现象，包括账户信息泄露，黑客会破解金融服务供应商的服务器，从而盗取相关的卡号的信息。一旦发生这样的情况，银行为补发新卡要承担上亿美元的损失。这也是传统银行卡行业的老问题，Visa 的数字解决方案是否可以解决这个问题?

郑道永　Visa 采取的令牌技术，可以避免这一重新发卡的巨大成本。令牌技术的开发和普及是 Visa 与万事达、美国运通一起合作推动的，令牌技术是一个虚拟账号，对应消费者的信用卡或者是借记卡主账号，同时这个虚拟账号又绑定了一款具体设备，比如 iPhone6。令牌技术避免把主卡账号直接交给终端设备，而是把银行卡号转化为电子令牌的虚拟账号，一旦手机丢失，黑客拿到了这个电子令牌也没有用，金融机构只需要重新分配一个电子令牌就可，不需要重新发卡。

比如说苹果支付用于移动支付时，仍要基于 Visa 卡的账户进行，但是在手机里储存的是电子令牌的信息，而不是银行主账号。当手机丢失了，可以向银行挂失，银行发给你一个新的电子令牌，而手机里的电子令牌失效。这样银行避免重新发卡、大大降低成本，也使得移动支付更安全和便捷。

Apple pay 的应用是基于苹果的 IOS 操作系统的，对于其他操作系统的运营商比如安卓（Andriod），Visa 提供何种解决方案？

郑道永　为了支持不同业态和不同技术标准，对于其他操作系统的运营商，Visa 推出了云端支付，它可支持非接触式的支付和二维码接触、低功率的蓝牙支付。云端支付的应用涉及主卡仿真技术（HCE），这是最新版本安卓所具有的新应用功能，跟现在主流的移动支付技术有很大的区别。在 HCE 的模式下，电子令牌信息或者是主卡账号是存放在一个云环境下，这个服务器可能是发卡行负责管理。而在传统方式下，信息要下载储存在 SIM 卡里。

也就是说，如果银行愿意使用 Apple pay，可以用令牌技术支付方案；如果银行不愿意使用苹果支付，就可以使用 Visa 的云端支付，来开发自有支付解决方案和应用程序。所有的这一切都是在银行自我控制下可以完成的，不需要去找第三方的供应商。

合作与开放

Apple pay 为何选择与包括 Visa、Master card、美国运通等卡组织合作？

郑道永　Apple pay 不同于很多市场的手机支付，Apple pay 是一个基于"四方模式"的一种创新的手机支付。"四方模式"是国际卡组织遵循的支付规则，通过卡组织的转接清算连接支付机构、收单方、商户完成支付。

至少从目前来看，苹果也是考虑到利益最大化，也有其内部利益权衡，才与卡组织合作，即依然遵循"四方模式"，使它和卡组织（包括 Visa、万事达等）、发卡行、收单行、商户和消费者紧密合作在一起，利用银行卡账户以及现有的 POS 机终端，能够非常便利、安全地支付。单靠一家卡组织、少数几家银行是无法实现这么一个庞大的任务，所以 Apple pay 需要和所有的卡组织都有合作，充分利用现有的基础设施和系统，包括支付网络、客户资源、技术网络的充分利用。

从这些创新公司的角度来讲，当然这些第三方的参与者他们可能想走自己的道路，首先这是一个非常复杂的业务模式，发展自己的支付平台，必须进行大量的资金投入，建立自己的标准和监管环境，并不简单，要考虑到很多环节，包括交易处理、安全、业务合规性等等。如果这些第三方的参与者自己去开发这些综合能力和资源就要做大量的投入，因此他们更应该和卡组织合作，而不是自己去重复卡组织过去几十年所做的投入积累。

面对新兴的支付机构，Visa 如何应对挑战？

郑道永　在这个市场里，确实有很多第三方机构想要做自己的支付业务，Visa 必须要跟这些业界的新的参与者相互合作，来促进整个行业的全面的发展，需要向他们开放我们的基础设施和各种能力，来取得双赢的结果。一个非常有代表性的例子就是 Visa 跟 Apple pay 之间的合作，我们并没有竞争，而是相互合作，苹果可以借助 Visa 及我们客户所拥有的丰富资源，利用苹果手机来进行 payWave 非接触式的支付；而 Visa 向苹果开放工具包和 API 界面，让他们可以使用 Visa 现有的各种解决方案和系统。以 Visa 的令牌技术为例，Visa 是这一技术的主推方，但是我们把这个技术与整个行业分享，这样 Apple pay 才能很成功，因为苹果希望能够为其全球的用户提供安全的支付服务，而他的用户可能持有其他品牌的支付卡。所以 Visa 一直致力于把自己的核心系统能够作为一个开放平台，让业界一起来合作，达到真正以消费者为中心的支付体验。

发表于财新网 发表时间：2015 年 1 月 30 日

第四篇·能源大博弈

▶▶▶

石油说话

沙特阿美 CEO：哈立德·法利赫（Khalid Al-Falih）
记者：胡舒立、王烁、王宇倩、黄凯茜

　　"对中国的供应将来可能会翻倍"

　　"（原油）供给增加得太快，但需求增长得很慢，而市场总是反应过度"

　　"非常规能源的问题是它来得太快了，比需求还快"

　　"电动车很受欢迎，但我觉得它不怎么实用"

　　"我们还是来谈谈油价和市场吧。"记者的话音甫落，在场的人都会心一笑。

　　舆论普遍认为，正是沙特阿拉伯的坚持，使欧佩克（OPEC）做出了不减产的决定，这是此轮油价深陷低迷的一个重要原因。

　　作为沙特阿拉伯国家石油公司（Saudi Aramco，下称）的总裁和首席执行官，从 2008 年上任以来，哈立德·法利赫（下称法利赫）接受媒体专访的次数屈指可数。沙特阿美是世界最大的石油生产公司，拥有世界最大的陆上油田和海上油田；因其拥有最低的原油生产成本和最多的剩余产能，沙特阿美在全球石油生产和油价决定上具有举足轻重的地位，其影响力远远超过跨国能源巨头。

　　2015 年 3 月 23 日，在风尘仆仆地飞赴北京出席周末的中国发展高层论坛后，这位国际石油界举足轻重的人物在北京金融街丽思卡尔顿酒店接受了财新的独家专访。

寥寥数语寒暄，问答迅速切入沙特阿美在中国的商业规划和政府在石油工业领域对外资的限制。法利赫侃侃而谈，言辞满是赞誉，多次提及公司的目标是与中国共谋发展，满足人民对更高生活品质的追求。

"当然了，"他话锋一转，不动声色地补充说，"中国目前的炼油系统多是由国企主导的，在满足'新常态'对质量的要求方面还显不足，需要替换或大量更新，这些都需要很多的投资。"只要规则合适，他说，沙特阿美愿意和中国企业合作。

法利赫急于推动这样的合作。两天前的晚上，刚到北京，他就从机场直接奔去与中石化董事长傅成玉洽谈。

中国是否已经准备好了？从财新记者了解的情况看，沙特在求变，在油价低迷的前景下更希望巩固与能源消费大国中国的关系，但中国和中国企业仍在等待更有吸引力的条件。毕竟，中国希望有一个更平衡的供应格局，而过往中石化与沙特阿美的合作也不尽令人满意。

可以预计的是，新的合作窗口正在打开，中国需要为"一带一路"计划和在亚洲的新地位谋求支持。法利赫期望的乐观场景不一定会出现，但中国在沙特基础设施领域将会获得更多机会，沙特阿美则有望在中国石油产业的下游——销售领域获得进入的窗口（详见辅文"沙特阿美的中国天花板"）。中石化仍将是其在中国最重要的合作伙伴。

说到油价和市场，法利赫笑了起来，"每个人最感兴趣的都是这个话题"。但为什么不减产，过去法利赫的标准答案是"尊重市场"，这次他的答案更实诚一些，"这得问沙特政府。"他说，"我只是个商人。"

话音未落，这位商人就站在客户的立场考虑起了问题，"要我说，从中国的角度看，低油价是非常有利的，时机也正好。"从油价聊开去，他接着谈到了页岩气和新能源汽车，谈到沙特阿美未来的科研投入和如何逆境求存。

法利赫今年 55 岁，从 19 岁开始就在阿美石油公司工作，经历了沙特阿美从一家外资参股的股份公司到国家石油公司的转变。他至今已在沙特阿美工作 30 多年，期间由公司派到美国求学，在得州农工大学机械工程专业获得学士学位。

"油价总归要反弹的。"法利赫说。法利赫 1979 年入行伊始，就经历了一次油价大跌，此后的从业生涯里至少目睹过六轮油价的涨跌。

就在采访完法利赫三天之后的 3 月 26 日，沙特军方空袭了也门的什叶派胡塞武装。本来已经跌至 40 多美元的国际原油价格自 3 月 18 日开始回升，中间一度涨至 60 美元，至本文截稿前的 4 月 13 日，NYMEX 原油期货价格上涨 1.53%，报每桶 52.43 美元；布伦特原油期货价格上涨 1.31%，报每桶 59.67 美元。

动荡之年，法利赫的话别有分量。

"对中国的供应将来可能会翻倍"

财新记者 沙特阿美在中国接下来有什么发展规划?

法利赫 沙特阿美并非初到中国，我们早在中国改革开放之初就来到这里，见证了这个国家上世纪 80 年代以来的迅猛发展。今天，我们既是中国的投资者也是最大的能源提供者，在中国原油市场的份额排名第一。沙特阿美也是中国企业和人民的合作伙伴，合作的领域不仅限于能源，还包括科研、教育、文化和社会的方方面面。我到中国的次数说起来应该比到别的任何国家都多，一年三四次。我们在中国有很多业务。我喜欢来中国，不仅是为了推广业务，更重要的还是为了与这个国家飞速的发展保持同步。

沙特阿美在中国的发展规划，简而言之，就是与中国的需求同步发展。这个细说起来要很长时间。我们说的发展，不仅是更大的规模，还有更好的质量。我们致力于满足中方的需求，尤其是中国人民的需求，这不仅意味着提供更多更优质的能源，在环境方面多加改善，提高产品性能，还意味着加大投资与研发，与中国企业加强合作，让产品价格更亲民。

沙特阿美有责任向中国的每一个省份提供价格实惠、不影响环境的能源。目前我们在福建有投资，我希望将来沙特阿美的名字出现在中国的每一个省份。为此，我们将加大在炼油、零售、加油站和化工方面的投资。

中国经济进入"新常态"，增长放缓，由此发生的需求变化对你们有什么影响？

法利赫 我不认为"新常态"就等同于慢增长。西方人光看数字，觉得增长放慢了，但他们忘了，五年前中国的 GDP 增长 11%，增长量也许比今天增长 7% 还少，因为经济的基数变大了。中国现在是世界第二大经济体，即便是 7% 的增长，从绝对值来看也很庞大。我认为"新常态"的意思除了低一点的增长率，更重要的是提高增长的质量，让消费者享受更好的服务和产品，有更高的生活质量——是让 13 亿人口的生活水平超越发展中国家，达到发达国家的标准。这对沙特阿美来说不是坏消息，我们视此为巨大的机遇，因为我们希望为中国人民提供他们所追求的生活所需的优质能源和燃料。

作为一家石油公司，你们在研发领域投入很大，为什么？

法利赫 沙特阿美现在是能源领域最科技密集型的企业。我们大规模地开发高科技，将其应用于生产。到这个十年末，我们在科研方面的投入会是三年前的 5 倍。这些钱将用于在沙特阿拉伯修建新的研究中心，未来这些研究中心的数量将是从前的 2 倍以上。

更重要的是，我们的科研正迈向全球。我们在美国有三个研究中心，在欧洲有四个，在亚洲，北京已经有了一个，更多的还在筹建，韩国也会有。我们利用不同地方的人才和先进的研究机构，与他们合作，追求新的解决方案，让能源的利用更高效，同时减少排放，减轻空气污染，让北京、上海这些超大城市的人们能呼吸到新鲜空气。这些需要我们追本溯源，了解能源是怎么使用的，在汽车发动机里如何分配，在发电厂又如何使用。

我们跟大量研究机构都有合作。今天我刚去了中科院签约，继续在能源相关领域合作。两天前的晚上，我刚到北京，就从机场直接奔去找中石化的傅成玉，我们是合作伙伴和老朋友，在科研领域继续之前的合作。我们要在中国合作，他也同意在沙特阿拉伯建立研究中心，让油服公司在当地与我们开展合作。

沙特阿美五年前建立了一所世界第一的研究型大学，叫阿卜杜拉国王科技大学（King Abdullah University of Science and Technology）。这所学校花了数十亿美金，很有名。它和中国有合作，开办前两年，中国来的学生比沙特阿拉伯的都多。学校在沙特阿拉伯西海岸，红海边上，简称 KAUST。这也是沙特阿美、沙特阿拉伯与中国和中国人民间的一座合作桥梁。

你们认为中国政府会进一步对外资开放石油工业下游的领域吗？

法利赫　我当然是这么希望的。沙特阿美已经是中国最大的能源供应商了，几天前我和沙特的能源部长见面，他说官方的数据显示，（中国）2014 年的原油需求 13% 由沙特阿美提供，这是个大数字。不过，我们能做的更多。我们是世界上最大的能源供应商，希望能为中国提供更多的能源。对中国的供应将来可能会翻倍。对沙特阿美来说，增加原油供给很轻松，也很赚钱，但我希望能同时满足中国的需求。

中国需要的是从上游到下游的承诺。我们自己有油轮，可以把原油送到炼油厂；我们可以铺设零售渠道，让人们在住的地方就能买到能源和化工产品；我们提供对环境负责的产品，这需要大量的投资，大量的系统需要更新换代。中国目前的炼油系统多是由国企主导的，在满足"新常态"对质量的要求方面还显不足，需要替换或大量更新，这都需要很多投资。只要规则合适，沙特阿美愿意和中国企业合作。

我们希望中国"十二五"规划宣布的开放政策会继续下去，希望明年的"十三五"规划在开放方面更进一步，出台更有利于中外企业合作的规则，这样我们可以和中国的能源公司一起，缔结"三赢"的关系——受益方不止是我们和中国企业，更是中国人民、中国消费者。

最可能触发油价反弹的因素在供给端

油价已经跌了一半。为什么你们没有像从前一样减产以支持油价呢？

法利赫　这个问题得问沙特政府。这个决定事关生产政策，是政府通过石油部长阁下宣布的。我只是个商人，和我的同事一起管理这家石油公司，我们是政策的执行者。

不过要我说，从中国的角度看，低油价非常有利，时机也正好。中国正在调整经济增长方式，增速在放缓，出口下降，同时因为消费增长的缘故，进口在攀升。这时油价下跌可以帮助你们平衡贸易。我希望低油价能够帮助中国和其他发展中国家以更健康的方式提高 GDP，提高增长的质量。

另外，过去两年，大家都知道，供应在增长，很多地方尤其是北美，页岩油的开采造成了严重的供需失衡。当需求远远大于供给时，市场肯定会有反应。所以说油价的问题，归根结底在于供需失衡，而非沙特或者 OPEC 的问题。

油价跌这么快有哪些原因？

法利赫　供给增加得太快，但需求增长得很慢，而市场总是反应过度。2007 年左右，油价一路攀升，到了每桶 147 美元，我们那时就说这不合理，因为当时生产力还有富余，是市场反应过度了。现在是同样的情况，市场因为供过于求，在下行方向上反应过度了。但是，低油价迟早会带来调整。当人们发现买车养车的费用降低，需求就会增长；同时，上游的投资速度已大幅度减缓。这些变化会让供需更加贴近。

　　什么情况可能触发油价反弹？

法利赫　最可能的情况应该不是需求出人意料地增长。需求会增长，但不会那么大，所以更可能的触发情况在供给端，也可能因为地缘政治的影响，供给遭到巨大冲击，当然我们都不希望这种情况出现。大家都希望产油地区能够稳定。所以，如果没有地缘政治的因素对供给造成巨大影响，最可能导致油价恢复的，是供给方因为油价降低削减投资，而后供给逐步减少。这里影响最大的应该是页岩油，生产页岩油很昂贵，很多投资者已将他们的投资削减过半。

　　页岩气的开采经历了繁荣与萧条的轮回。你怎么看页岩气与传统能源的竞争？这种竞争是长期存在的，还是短期可控的？

法利赫　从长期来讲是健康的。我们预测对中国的供应将持续增长，即便增速在下滑。随着越来越多的中国人迈入中产阶级，他们会需要更多能源，买了车之后需要更多的汽油和柴油，城市化意味着对石油更大的需求。传统的石油资源是有限的，非常规能源的存在是有益的。

　　到 2040 年、2050 年，地球人口将增加差不多 20 亿，同时更多的人将步入中产阶级，他们需要更多的能源。而现有的石油生产在走下坡路，这是石油开采的定律，油田的产量随着时间流逝会越来越少，这时就需要额外的供给，而非常规能源会是个很好的补充。

我说的不仅是美国，也希望是中国、沙特和其他国家。非常规能源的存在不是问题，问题是它来得太快了，比需求还快。

沙特阿美的页岩气投资情况如何？

法利赫　我们对页岩气的投资正在进行中。沙特应该是继美国之后世界上第二大非常规能源开采方。我们已在三块地域探明了大量的页岩气储备，一块在北部，靠近约旦边界，大概 2016 年、2017 年就可投产，我们在那儿打了差不多 100 口井。这个项目从技术上来说早就成熟了，我们会继续投资，让它从商业角度看也尽快成熟。

你们考虑过投资中国的页岩气吗？

法利赫　目前我们的策略还是偏重于沙特境内的上游开发，因为我们国内就有丰富的资源，我们在沙特已经有的忙了。但将来的事儿谁知道呢？我觉得中国的机会非常不错，以后也许会成为我们在沙特境外开拓的第一片疆土。

你会不会担心将来电动车取代油气车？

法利赫　电动车并非赶时髦的问题，从技术来讲它是可行的，人们已经在开电动车。电动车很受欢迎，但我觉得它不怎么实用，从电池、里程、充电时间等方面来说，不够快也不够有效率。另外，人们买车时还应该考虑电从哪儿来。你看中国的空气，最多的污染物并非来自汽车，而是工厂、煤电厂的烟囱。电动车充电就意味着要消耗更多的煤，它虽然没有直接朝空气中排放二氧化碳，却间接通过烧煤污染了环境，所以污染的问题并没有解决。电动车还需要很多的政府补助，很昂贵。电池也是个缺点。

但长期来说，下个世纪我觉得还是会逐步过渡到用新能源驱动的交通方式。这个转变需要时间，我们要让新科技慢慢发展，逐步成熟，变得经济、划算，不污染环境。

与此同时，我们可以把汽油和柴油的使用变得很干净，这个我们现在已经在做了，未来要做得更好，目前价格已经比以前便宜多了。

什么样的可再生能源你们最感兴趣？

法利赫 沙特太阳能的潜力很大。像中国很多地方一样，我们的光照很充足，因为沙特就是个沙漠。再有就是我们的需求。很多地方运用太阳能的问题在于存储，尤其是冷的地方，需要能量时大多是晚上，所以他们需要把太阳能储存在昂贵的电池里，到时候再用。在沙特，白天太阳最毒时，正是需要开空调的时候，转化的太阳能当时就可以用掉。另外，因为中国企业的创新和竞争，太阳能的成本也在下降。沙特还有很多硅，可以用于制造太阳能电池板所需的多晶硅。太阳能在沙特的前景非常好，沙特阿美已在很多地方布置了太阳能的实验项目。

不会因为出价高随意更换合作伙伴

贵公司如何应对低油价带来的冲击？

法利赫 这对沙特阿美还有行业内其他公司来讲，都是一次提高我们生产效率的机遇。过去几年，像很多人一样，我们在石油、天然气、冶炼和化工领域都大力拓展了产能，增长非常快。现在油价低了，我们又回头来审视我们的成本结构，提高效率。我们已经降低运营成本，推迟了一些不是很要紧的资本项目，并且通过削减成本让一些项目变得更高效。

我们还和供应商谈判，让他们降低价格，这让我们更多地向中国购买产品，因为中国厂商的效率和生产率比较高，所以价格相对低。

长期来看，这些举措会提高我们的效率，降低我们的成本，这就是好的结果，尽管在这之前的一段时间会很痛苦，但两三年后，我们会给消费者提供更好更便宜的产品。这样的周期是痛苦的，但长远来讲，沙特阿美和整个工业都将受益。

考虑到美国页岩气出口前景和俄罗斯对中国的能源出口，你怎么看将来的能源市场竞争？

法利赫　我们的市场从来都是不断变化、充满竞争的。很多年前我们的产品一般都出口到欧洲和美国，现在 70% 出口到亚洲，尤其是中国。我们对竞争早就习以为常了。这个市场很大，亚洲有世界上三分之二的人口，中国最多，但除了中国，还有印度、印度尼西亚和其他东盟国家，还有中亚。这个巨大市场可以容纳沙特、美国和俄罗斯加起来的供应。

我们欢迎竞争，竞争造就最好的企业。我们是成本最低、技术最好的生产者，和顾客有最长远的合作关系，不会因为谁出价高就整天换合作伙伴。

沙特阿美采取了何种策略应对现在的行业不利形势？

法利赫　20 年来，沙特阿美是世界石油产业上游最大的企业，我们的天然气也有很大增长，主要供国内消费，很多液化天然气产品也销往国外。下游我们的影响相对弱一点，所以在你提到的转变里，我们希望公司发展更综合化，在石油、天然气、炼油和化工方面都有进步。我们希望成为世界第一的炼油和化工公司。

我们之前专注于 B2B（公司对公司）业务，主要是将油批发卖给炼油厂和化工厂，今后我们将更多面向零售客户，这样普通消费者也能在城市里看到沙特阿美名下的能源产品。我们还将成为一个创新的公司。我们会将科技应用于上游开采、化工制造、炼油、制造润滑油，用科技确保我们的产品对环境无危害。这些加起来就意味着一个崭新的、不一样的公司。

要做到这些，我们倚赖于多样化、全球化的人才资源。沙特阿美的员工来自 99 个国家，包括中国。我们的团队差不多一半的人还不到 35 岁。虽然沙特阿美 83 岁了，但从管理公司的人员来看，我们还很年轻。再过几年，等这个十年结束，我们将有 70% 的员工不满 35 岁。这样的一个公司会充满活力，年轻、有效率、富有创造性。

你们靠什么拓展全球战略？

法利赫　我们的发展一向都是有机化的，即自己或通过合作开展项目。我们在福建与中石化和埃克森美孚的项目即是如此，是有机化增长。但如果有合适的并购机会，我们也会考虑，炼油和化工方面都会考虑。

你怎么看阿美和中国公司未来的合作？

法利赫　中国在习近平主席的领导下越来越开放了，从对内看变为对外看，开始引领世界，我们对此表示欢迎。中国已是世界第二大经济体，在我们东半球是第一大的。习主席的"一带一路"战略非常有远见，它将亚洲的两端联系起来，一头系着以中国为主的东亚，一头连着以沙特为主的西亚和中东。沙特和中国可以成为伙伴，共同将这个愿景变为现实。沙特是第一批对中国引领的亚洲基础设施投资银行承诺出资的国家，我们希望成为中国进入中东和非洲国家市场的平台。我们会开放沙特国内的基础设施，让中国的企业来投资，服务我们的市场，服务整个区域甚至非洲大陆的市场。我希望中国领导人看到沙特能提供的各种机会。

发表于《财新周刊》2015 年第 15 期 出版日期 2015 年 4 月 20 日

征收全球统一的碳税

爱尔兰新能源企业 Mainstream Renewable Power
首席执行官：埃迪·奥康纳（Eddie O'Connor）
记者：王力为

全球气候变化已经成为我们这个时代的挑战。

6 月 21 日，美国前财长汉克·保尔森（Hank Paulson）在《纽约时报》撰文称，"我们正在气候问题上犯着与 2008 年金融危机前一样的错误。"他写道，"我们已经看到并承受了低估金融泡沫的成本，让我们不要再对气候泡沫视而不见。"

6 月 24 日，由前纽约市长迈克尔·布隆伯格（Michael Bloomberg）、保尔森以及刚退休的对冲基金经理汤姆·施泰尔（Tom Steyer）联合发起的风险商业项目（Risky Business project）发布其第一份报告，意在提高美国国内对于气候变化将引发的经济风险的意识。该项目的顾问委员会委员还包括两位美国前财长、一位美国前国务卿。

6 月 2 日，美国政府公布一项新提案，首次要求到 2030 年美国所有发电厂的碳排放总量相对于基准年 2005 年降低 30%。奥巴马政府此举是近几十年来历任美国总统在应对气候变化上做出的最大努力。电厂是美国最大的温室气体来源，占到美国碳排放总量的三分之一。

不过，在爱尔兰新能源企业 Mainstream Renewable Power 首席执

行官埃迪·奥康纳看来，这一做法仍然逊于征收一个全球统一的碳排放税的办法。而后一种方案，需要中国与美国、欧洲一起携手，展现全球气候治理的领导力。

奥康纳是全球新能源业界的领袖，早在2003年，他就被《科学美国人》杂志评为"全球能源政策领袖"。他于6月底来到中国，与中国的新能源业界和投资者交流。他还在清华大学发表演讲，倡导中欧携手，建立共同的碳交易平台，为对抗气候变化出力。

可再生能源的"经济账"

财新记者 作为可再生能源领域的领袖企业家，你如何看待可再生能源相对传统化石燃料的竞争力？

奥康纳 我们首先来看全球的情况。化石能源其实是高度补贴的，全球年均补贴总额达到6000亿美元。其次，化石燃料企业并不为其造成的污染付出应有的成本。当诸如美国2012年底的超级风暴"桑迪"这类巨灾出现时，政府往往需要支出几十亿美元的资金，来让人们重新拥有住所。化石燃料企业对于这些自然灾害是有责任的，但它们却不为此付出任何代价。因此。这事实上存在一个不公平的竞争环境。

现在，我们所面临的情况是，每秒都有相当于4枚长崎原子弹的能量被积聚在大气层中，这些能量最终都必需以某种形式发散出来，通常是飓风、超级风暴、海啸，甚至是干旱。海平面也在上升：即使人类从现在开始不再燃烧化石燃料，海平面也已经肯定将会上升1.5米。当然，如果我们继续，海平面还会上升更多。以纽约为例，为了让这一个城市免受海平面上升和风暴的摧残，初步的成本估计已逾200亿美元。

但是，中国的情况是，煤炭价格过于便宜，可再生能源相对煤炭是否具有竞争力？

奥康纳　我不想说中国的情况，因为中国政府并不透露煤炭的成本价格，很可能也为之提供了不少补贴。我过去从爱尔兰的一家企业买过煤炭，所以知道世界的其他角落，煤炭到底有多贵。

在全球范围内，有一些国家，可以直接比较煤炭发电和风力发电的价格，南非就是其中之一。该国正在建设两个煤炭火力发电站，每个 4000 兆瓦；我们在那里建的风力发电站与之直接竞争。

南非政府研究了（未征收任何碳排放税或是污染税的）煤炭发电的价格，为 0.99 兰特每单位，我们的风力发电的电价是 0.74–0.78 兰特，便宜了约25%。所以，新建的风力发电站与新建的煤炭火力发电站——而且是使用新的煤矿的——相比，明显更便宜。

与已有的煤炭发电站相比呢？

奥康纳　是的，那些在另一个时代建的煤炭发电站确实更为便宜，但这样的比较是不合理的。中国经济在以 7.5% 的速度增长，对吗？那么应该以何种发电形式填补（用电的）增量？

所以增量应该来自可再生能源？

奥康纳　对，这才是问题的核心，也是真正有意义的比较。从商业决策的角度来说，商人必须始终做一个有意义的比较，决定怎样为未来投资。

而如果开征污染税，风力发电的价格将比煤炭发电价格便宜更多。太阳能发电也是，它目前与煤炭发电价格相当，但其价格下降很快，到 2018 年，太阳能发电将会比风电更便宜。到了 2020 年，风电和太阳能发电从成本的角度来看，将会"摧毁"（hammering）煤炭发电。

人们或许还应该意识到，煤炭发电大国无法只依靠现有的煤矿、现有的煤炭火力发电站。如要继续依赖煤炭，他们需要开发新的煤矿，建设新的发电厂。这需要许多额外的投入，会带来更多污染。

> 对于核电的前景怎么看？福岛核事故之后，核电在全球范围内被暂停。但中国在今年宣布重启核电后，一下子提出建设 40 到 50 个核电站。

奥康纳　我并不反对核电，因为核电本身不制造碳排放——我反对的是煤炭和碳排放。然而，核电明显要比风电和太阳能发电更贵。

全球范围内核电占比最高的国家是法国，其 80% 的电力来自核电，但那里核电的成本是 520 万美元每兆瓦。相比之下，在岸风电的成本是 150 万美元每兆瓦，离岸风电的成本是 400 万美元每兆瓦。而内蒙古建造的风电站，成本是核电站的四分之一。

所以可以说，核电异常昂贵。此外，核电并不是非常安全：核废料需要被处理，停止运行的核电站需要被退役。因此，为了让核电产业持续发展，整个社会事实上提供了巨量的隐性补贴。

所以，建造核电的决定应该基于成本收益分析：相对其他可再生能源，核电的成本是更高还是更低。

大国气候政治的前景

> 2009 年在丹麦以及 2013 年在波兰举行的联合国气候大会，谈判成果都寥寥。 对于大国之间的气候角力，你怎么看？有没有好的办

法可以克服这中间面临的诸多政治、经济障碍?

奥康纳　我不认同美国目前的立场,即对(碳排放的)新来者——中国说,"你需要做最多的工作,来降低温室的气体排放"。这是目前的联合国气候变化大会(COP)谈判的主要问题——试图差异化减排责任。

克服这些问题的最好办法是,给碳排放设立一个全球性的价格——无论在哪个国家,所有人都为碳排放支付一个统一的价格。这样一个碳排放税体系,必须是全球性的。这也是目前中美两国之间探讨的重要内容,实际上获得了较多的进展。

很多进展都在闭门谈判里发生,因为现在的美国是一个高度极化的社会,共和党内有很大一批否认气候变化论者。但是,美国国务卿约翰·克里(John Kerry)对于要向哪个方向前进心知肚明,奥巴马总统也是——部分是因为,他必须找到资金,来为"桑迪"埋单。

保尔森作为共和党人,近日也在电视上呼吁征收碳排放税。所以,并不仅仅是激进的人群,每个人只要望向窗外,就会意识到全球变暖所带来的后果,他们都会希望看到一些行动以及一些结果。

美国奥巴马政府最近采取的减少温室气体排放的措施,被《经济学人》杂志称为次优(Second best)的政策。你怎么看?

奥康纳　奥巴马政府做的,是在联邦政府要求关闭 45000 兆瓦的煤炭火力发电厂的基础上,要求各州政府再关闭总量为 25000 兆瓦的煤炭火力发电厂,所以《经济学人》说,这比什么都不做要好。

不过,这一做法仍然逊于征收一个全球统一的碳排放税的办法。开征碳排放税或是建立一个碳交易市场也是《经济学人》认为最优的选择。这也是奥巴马在明年底将于巴黎召开的第 21 届联合国气候变化大会(COP21)上希望做的事。但是，他希望欧洲、中国携起手来，一起起带头作用，让全球能有一个统一的碳价格。

欧洲一直走在对抗气候变化的前沿，对于欧洲起带头作用，人们并无怀疑。但问题是中国是否愿意加入进来？

奥康纳　是的，中国往往不愿意（在国际舞台上）发挥带头作用，在政治上不愿把自己表现为一个领导者。但他们无疑是真正的领导者，这毫无疑问。这次，我在清华大学的讲座中想表达的，就是鉴于中国和欧洲都在试验碳交易机制，他们应该在 COP21 携起手来，推动全球积极应对气候变化。如果两国能够建立一个共同的碳交易机制，那将覆盖全球 50% 的碳排放量。

欧洲作为发达国家的代表，在气候问题上起带头作用不会有问题，欧洲一直也是那么做的。而中国在到 2015 年底的一年半时间内，将会有很好的学习曲线，拥有更多的经验，让国内产业保持繁荣发展的同时，减少排放和污染。我不希望再看到任何的推脱责任和指手画脚，以及"共同承担"等京都协定以来只为全球气候谈判带来失败和停滞的政治语言。

所以，你相信，明年底在巴黎，各国能就此达成一致？

奥康纳　嗯，我已经听到奥朗德总统两次就此发表演说，我们现在看到的动能是以前从未有过的。我虽然不认为在明年的谈判后，全球就能有这样一个统一的碳价格体系，但我相信我们会在 2020 年看到它。中国自己的研究显示，碳价格需要是 23 欧元每吨，才能改变人们的行为。我们测算的结果也类似。如果这样一个价格能被采用，你会逐渐看到，人们慢慢远离化石燃料，开始考虑转向可再生能源。

你对于人类能源体系未来的设想是什么？终极目标是？

奥康纳　我本人以及很多致力于对抗气候变化的人所倡导的目标，并不是想让全球各国"去工业化"，而是想让所有人最终都以可再生能源作为他们所需电能的来源。

我们正在步入一个"高级电力时代"（enhanced electricity age）：随着化石燃料逐步被替代，越来越多的东西，甚至包括交通运输工具，都会由依赖化石燃料，变成依赖电力运行。

人们对于电力的需求仍然会上升：尽管能源使用效率在上升，对电的需求会继续上升。电将会变成全球最主要的能源来源。未来很可能所有的汽车都会像深圳的一些出租车一样，由电池提供的电力驱动。

就像特斯拉？

奥康纳　是的。但事实上，比亚迪生产的电池提供了深圳很多车辆的动力来源。这一趋势无疑会继续。

所以这是个远大的前程？

奥康纳　巨大的前程！电动汽车会变得越来越好，电池技术也是。在高级电力时代，你会看到所有的电力都来自可再生能源——这甚至不需要一场革命，或许只需要消灭几个传统化石燃料企业。

发表于财新《中国改革》2014 年第 8 期 出版日期：2014 年 8 月 1 日

未来将继续扩产

必和必拓 CEO：安德鲁·麦安哲（Andrew Mackenzie）
记者：王少杰

14 年 6 月 5 日，必和必拓 CEO 安德鲁·麦安哲在接受财新记者采访时表示，必和必拓将继续扩展铁矿石业务，增加产量。

在同一天，中国钢铁工业协会（下称钢协）称铁矿石价格指数仍有下降空间。钢协认为受需求疲软影响，后期粗钢产量会有所回落，铁矿石需求将随之减少，然而国产铁矿石产量继续增长，再加上港口库存持续处于高位，这些都将使铁矿石供大于求态势更加明显。

今年五月份，铁矿石价格已经跌破 100 美元，高盛预测 2015 年铁矿石价格将下探到 80 美元。

另一方面，由于中国钢厂利润越来越薄，甚至出现亏损，因此今年中国厂商有意减少长协订货量。中国计划到 2020 年自主供应铁矿石达到 50%。

情况似乎对必和必拓这样的资源商不利，然而这位上任一年的 CEO 麦安哲坚持认为中国市场仍是必和必拓最看重的市场，必和必拓 30% 的收入来自中国，铁矿石仍是必和必拓最赚钱的业务之一，未来将继续扩产。

财新记者 怎么看铁矿石目前和未来一两年的供求形势，上个月，铁矿石价格跌破 100 美元，是否意味着供应过剩，必和必拓在供应量上会不会做出调整？

麦安哲　价格下跌是由于低成本铁矿石供应量不断扩大，增长速度比需求的增长显然要快。目前市场价格仍有很好的利润，我们绝不会限制生产，相反，在必和必拓经营理念上，有生产能力则最大化、满负荷生产以满足市场需求，以赚取最大利润。

在必和必拓的业务群中，铁矿石属于利润非常好的一种，**必和必拓将继续扩大此项业务**。

钢厂进入微利和亏损后，都在执行减少库存或者零库存的战略，对必和必拓的影响在哪方面？

麦安哲　我们依然相信，中国的城市化和工业化进程将推动全球铁矿石需求的可持续增长，虽然增长速度可能会有所放缓。必和必拓在铁矿石生产成本方面仍然拥有优势，不过，正如我之前所说，随着供应量的增长速度超越需求的增长速度，我们将看到一些生产成本较高的供应商退出市场。对高质量资源日益增长的需求将使我们处于有利位置，因为高效开采和供应优质资源正是我们的专长所在。

另一方面，中国正逐渐从"以基建投资为导向"的经济转向"以消费为主导"的经济模式。必和必拓的多元化业务组合使我们可以适应并支持中国经济发展的转型，为中国提供铜和钾肥等大宗商品以及能源产品。我们相信这些都是支撑中国下一轮经济增长的重要资源。

此外，我们也会寻求更多的机会来投资、开发、利用各类创新技术，帮助能源用户和生产商适应低碳时代的要求，尤其是在中国市场。

此前传出，必和必拓计划将西非几内亚铁矿出手给米塔尔公司，我们都知道几内亚的铁矿很好。最近力拓公司在几内亚的项目刚刚和政府重新签约，即将报国民议会审批，能否请您讲讲对几内亚铁矿的看法？

麦安哲　我不会回应市场上的一些传言。我们公司判断，至少十年内，优质、低成本的铁矿石会来自澳大利亚和巴西的矿山，以澳大利亚为例，未来可以维持 100 年低成本扩产。

目前必和必拓在剥离非核心业务上有何计划？

麦安哲　在过去两年必和必拓剥离了 65 亿美元的业务量，这样的剥离给我们的股东带来了效益。你应该也知道，最近我们西澳一个镍矿准备剥离，已经放在市场上，这也将为股东和公司带来价值。

四大支柱产业铁矿石、铜、煤、石油对公司业绩拉动较大的是哪个，今年公司收益能否达到增长 20% 的目标？

麦安哲　我们拥有完美的资产组合，在质量和规模上均领先同业，这使我们在中国乃至亚洲地区的下一轮经济增长中处于有利的位置。

通过着力发展公司的核心业务、促成强有力的内部资本竞争，我们的核心业务组合将有望实现 20% 以上的平均回报率。

尽管大宗商品市场出现波动，我们的业绩依然表现强劲，这反映了多样化业务战略和资本管理的强大效用。

我们始终坚持以多样化业务组合为主导的经营战略，这项战略的重点就是在不同的商品类别、地域以及市场上投资并经营多样化的上游资产，这些资产必须规模大、寿命长、成本低且可扩展，这确保了必和必拓能够比同行业竞争对手更加快速、有效地应对市场波动、能源需求和气候变化。

必和必拓今年削减 25% 开支执行效果怎样，明年是否进一步削减，削减开支主要集中在哪些方面？

麦安哲 需要澄清一下，我们今年是削减投资 25%，而不是削减成本或是削减开支 25%。明年我们会进一步控制资本投资，控制在 150 亿美元左右。过去两年我们也降低生产成本，降低了 55 亿美元，在可预见的未来我们会维持节省的趋势。依靠生产流程的控制、企业文化的改变带来效率的提升，仍有空间。

众所周知，必和必拓 CEO 换届竞争激烈，目前是否已安排未来接任者？

麦安哲 必和必拓从未将领导层的换届视为一项独立的事务；它是一个持续的过程，职务交接只是这个过程的最终结果。从任命新 CEO 的第一天起，这个换届过程就已经开始，而且会一直持续下去。

更重要的是，为公司选择领导人时，我们非常看重候选人的业务技能、对人的态度以及个人品质是否与整个领导团队的特质一致，同时又是否与公司的章程、价值观和战略相契合。

发表于财新网 发表时间：2014 年 6 月 17 日

中国领导人应相信低碳发展之路

能源基金会首席执行官兼联合创始人：艾瑞克·海茨（Eric Heitz）
记者：崔筝

　　能源基金会是一家致力于解决世界能源问题的慈善投资人合作组织。海茨于 2002 年起担任能源基金会主席，之前曾任能源基金会项目负责人和执行副主席。创建能源基金会之前，曾在咨询公司 TEM Associates 担任项目经理，其管理的项目，包括为埃及新能源和可再生能源局提供支持，在埃及发展风力发电，以及美国国际开发署项目，鼓励发展中国家发展生物质能发电。拥有斯坦福大学能源与环境计划学士学位和专门研究能源计划的市政工程硕士学位

　　国际能源机构数据显示，碳排放全球排名前 5 位的国家为中国、美国、印度、俄罗斯和日本。

　　2014 年 9 月 23 日，联合国气候峰会在纽约联合国总部举行。中国国家主席习近平特使、国务院副总理张高丽出席会议并讲话，称中国将以更大力度和更好效果应对气候变化，主动承担与自身国情、发展阶段和实际能力相符的国际义务。美国总统奥巴马亦在峰会中呼吁中美合作，称中美两国做为世界上两个最大的经济体和排放国，负有特殊责任。

　　作为能源基金会首席执行官兼联合创始人，海茨在中国推广清洁能源政策已届 15 年。在中国的 15 年间，他见证了中国可再生能源市场的从无到有，也见证了中国政府对待环境污染、清洁能源等方面议题的态度转变。

财新记者 能源基金会在中国开展工作的 15 年中，遇到的最大挑战是什么？

艾瑞克·海茨 最大的障碍是如何理解中国特别复杂的政策机制。我们有非常专业的员工与国内的专家合作，非常谦虚地从头做起，奠定能源基金会的信誉度。对于很多的西方人士来说，最为困难的就是很难去理解中国复杂的机制和政策环境，所以这是我们面临最大的挑战。

比如中国工业能效的政策设定，涉及到两三个不同的部委，每个部委各有职责，又有不同的相关方和行动方。因此为了能够给他们提供服务，带来国际经验，或者开展试点的项目，我们需要理解他们，理解每一个部委，这样才能用我们微薄的资金去起到真正的作用。

我们的资金资源非常有限，但是我们能够带来国际专家和西方知识。因此了解中国的机制体系是最重要的，之后我们才能知道怎么去支持他们。

例如，万家企业节能低碳行动，这是已经在中国开展的能效项目，也是全球知名的能效提供项目。这个项目起源于在山东钢铁厂的试点，我们将国际欧盟的经验，即行业和政府签署节能协议的经验，带到山东的钢铁厂。最后通过试点，也被中国政府应用到了万家企业节能低碳行动中来。

在中国，你想要去影响政策的话，需要到地方做试点，让中央政府看到效果。在这个例子中，我们带来了国际的最佳实践，给中方的合作伙伴提供支持。当然，要做到这一点必须先理解中国的政策体系。

另一个例子就是燃料的经济性政策，中国吸收了世界一流的专长和知识。在全球谈到燃料燃油性的经济标准，主要有欧盟、美国、日本三大体系。2001年中国制订燃油经济政策时，最后采用了欧盟加美国的混合方式来制订自己的燃油经济性的政策。那个时候我们也是花了很少的一些钱，请到了一些专家，让中国政府去了解这三种不同的做法。当然这些工作都是在中国政府的领导之下，但我们带来了一些国际的经验和知识。

对很多的外国基金会和 NGO 在中国最大的障碍就是本土化以及跟政府的沟通，能源基金会是如何应对这些困难的？尤其在早期发展的阶段。

艾瑞克·海茨　当我们刚来中国时，很多人都在问，你们不赚钱的话，来这里到底是干嘛的？我们逐步、缓慢地应对这些问题，逐步建立起了大家的信任。第一，从技术角度，我们的专家在全球找到最好的技术支持，确保是有最高信誉度的；第二，我们从不预设战略，而是听取智囊团、大学、专家等意见，综合得到一个很好的战略。听取大家的意见、综合形成战略的过程也建立起了信任。

在过去 15 年与中国政府的接触中，你觉得中国领导人对环境保护、可持续发展等问题的态度有何变化？

艾瑞克·海茨　我们刚进入的中国时，当时省长、市长的职责描述里可能包括有环保这一块，但他们根本就不会去做什么，只是追求 GDP 和经济的增长。现在的情况很不一样，我们在 20 个省都有开展项目合作，我们接收到的信号是，不管是省长、市长还是某个部门的领导，他们都会提要求，希望能够做实事，做一些环保实际的事情。

新一代领导人也有强大的领导力，不再仅仅空谈环保，而是付诸行动。2014 年 9 月份开始的空气污染的法律修订，也是发出了强有力的信息。环保工作已经成为官员非常重要的工作以及他们绩效中非常重要的部分。所以的确我们观察到了官员态度的大变化。

能源基金会的项目在哪些方面推动了中国节能以及可再生能源的发展？

艾瑞克·海茨　例如，我们协助中国进行了家电标准编制的工作，中国已经成为家电领域的全球领袖，也制订了包括冰箱、空调、锅炉等等相关的标准。从 1999 年到现在，这些标准节约了 9 个三峡大坝产生的能源。如果目标能实现，到 2020 年还将能继续节约 5 个三峡大坝产生的能源。这个项目极大节约了成本，消费者可以付更少的电费，但这不仅产生经济效益，同时也减少了污染，尤其是涉及到全球变暖这方面。

并不是说这个功劳都是我们的，中国标准研究院制订出了这些家电的标准，而我们的角色是带来国际方面的经验，包括跟国际实验室进行合作等等。另外我也特别指出，中国标准研究院会以前请国际专家过来，学习先进经验，但现许多国际的专家来到中国标准研究院来向他们学习，因为现在他们做得最好。

第二个例子就是可再生能源，短短不到 10 年期间，中国的风能和太阳能的产量已经达到了世界第一。在 2006 年之前中国是没有这个行业的，所以这个领域也是由政策和领导力推动的，但最大的推动力就是《可再生能源法》。我们工作主要是推动在国家发改委下属的能源研究所，当然也有很多其他NGO 和国际专家参与进来。他们当时主要研究欧洲、美国的相应经验，并将这些经验转化到帮助中国制造可再生能源法。在这之后中国的确也取得了非常快速的发展，也成为了这个领域的领头羊。

正如你所说，中国在 2006 年之前在可再生能源方面的投资几乎为零，而近些年，中国国内已经有政府和民间巨量资金投入可再生能源的研究领域和市场。能源基金会未来还会把中国作为重点吗？是否会继续追加投资？

艾瑞克·海茨　会的。在解决全球可持续发展的问题是，中国是非常重要的国度，如果中国它能够解决可持续发展的问题，任何其它的发达国家和发展中国家就都可以解决。

中国带有发达国家和发展中国家的双重特点，虽然已经取得了巨大成就，但还有很长的路。中国的温室气体排放仍在上升，空气质量还处于比较差的水平，石油安全也处于比较糟糕的状况。在全球，整个污染的状况也不断上升，因此未来我们希望中国业务规模能够翻一倍或者是三倍。

在筹款时，你如何说服捐赠机构把钱捐到中国来？

艾瑞克·海茨 把数字摆出来就是非常具有说服力的。中国的空气质量问题肯定是全球最大的问题，中国的汽车行业也是增长最快速的行业，因此需要更清洁的汽车。对于任何问题来说，中国所面临的问题都巨大的，而且在全球解决能源问题时，中国部分是解决方案中非常重要的部分。简要总结一句，如果你希望推动巨大变革，未来10年最大的变化会发生在中国。

未来能源基金会希望在哪些领域进一步扩大工作？

艾瑞克·海茨 我们最大的挑战是要使中国的领导者和他们的智囊团相信低碳的发展道路，相信这一条经济上可行稳健的道路。

有三大因素是非常重要的：第一，是煤炭消耗总量的限制，如果煤炭不受控制，很难扭转温室气体排放的问题。第二，碳排放必须有价格，不管是碳税或是其他的收费方式，这将使投资者愿意去投资清洁技术。第三，需要有雄心勃勃的行业部门的政策，比如说像万家企业节能低碳行动等等，还有包括可再生能源，包括制定电动汽车方面非常雄心勃勃的政策以及可再生能源的目标。

我想在这三个领域都是我们能源基金会未来给中国提供支持，而且他们对于中国空气的质量的改进以及经济的发展都能起到非常大的作用。

发表于财新网 发表时间：2014 年 10 月 9 日

能源不是零和游戏

IHS 国际咨询公司副主席

剑桥能源研究协会主席：丹尼尔·耶金（Daniel Yergin）

记者：倪伟峰

　　能源将如何重塑新世界格局？普利策奖得主丹尼尔·耶金近期在一本长达 600 页的书中做了详尽阐释。在这本书中，耶金花了颇多笔墨探讨能源格局变化的"蝴蝶效应"将如何影响中国，而中美两国的能源冲突又将如何避免？这些都是摆在已经成为能源进口最大国家中国面前的棘手问题。

能源重塑世界

财新记者　5 月 6 日，奥巴马政府暗示，将支持建设更多设施以出口更多液化天然气。有媒体分析说，这又向 2030 年北美能源独立目标迈出了一步，也是全球能源地缘政治格局改变的前哨。你的观点是什么？

耶金　首先，我认为北美地区在 2030 年前取得能源独立是很有可能的。到 2030 年，人们或许可以看到北美对油气进口的需求微乎其微。我们现在看到的，是北美地区油气的非传统革命。五年前，人们讨论页岩气；两年前，人们讨论致密油；而到了今天，这些都被涵盖在能源革命当中。

　　当然，现在距离 2030 年还有很长时间。人们并没有太注意具体的数据。

其实，在 2005 年美国对石油进口的依赖程度达到 60% 的高峰，现在已经降到了 40% 以下，但还是要比上世纪 70 年代能源危机期间要高。

若能源价格急剧下跌，也会给一些能源生产国带来政治上的影响。在海湾地区，这些国家习惯了高昂的石油价格。自"阿拉伯之春"以来，他们的社会支出增加了许多。因此，若油价急速下滑，会给他们带来压力。

俄罗斯也会面临同样的压力。在俄罗斯，超过一半的预算从油气出口而来。伊朗同样也会。国际社会的制裁大大削减了他们石油出口的收入。

在天然气方面，美国的使用比例一直在提高。4 月的官方统计数据又提高了 26%，这就使美国在全球油气市场上扮演更加重要的角色，和其他国家的竞争也将日益激烈。令人惊讶的是，如果你从能源使用比例上看，美国 28% 的能源是天然气，而中国是 4%，中国政府似乎更愿意将此比例提高，因为需要解决污染问题。

因此，中国在这块市场上也大有作为。对美国而言，这是一个很大的心理变化——过去常常担心进口，现在突然讨论起了出口。

> 在你的新书《能源重塑世界》里，你花了大量的篇幅谈及中国能源
> 需求的崛起对全球石油供应格局的机遇和挑战，能具体谈一下吗？

耶金　在全球化的影响下，整个世界经济都改变了，像中国、印度这些快速增长的经济体已成为全球经济的重要力量，这已经不是九年前了，那一年，中国的对海外石油的需求为 16%，那时候还有很多人认为中国只是一个生产廉价产品的"世界工厂"，而不是一个巨大的市场。但是，中国现在已经崛起了，经济发展速度非常快，这在发达国家也是相当难的。石油市场会反映这些变化。

其实，对于中国来说，能源问题就是如何满足高速发展的经济需求和社会需求。

中国每年还有约 2000 万的人从农村转移到城市，这些人的住房、交通和工作等都离不开能源，而那些通过 IPO 在世界市场上扮演重要角色的中国石油公司也表现出对能源革命的兴趣，有时候，人们不太明白在技术方面的重要性。

在我写这本书的时候，我听到很多人谈论中国在世界很多地方进行能源投资。这对中国来说很有价值，因为能够保证中国未来发展所需要的能源。

> 南海航路一直是中国石油进口的咽喉，但是，美国在该海域的活动让中国感到担忧。有些分析说，冲突不可避免，但两国领导层似乎并不希望发生任何形式的冲突。那中美两国该如何合作？

耶金　首先这不是一个"零和"游戏，人们可以从两个角度来理解。作为能源进口大国，中美两国在维护能源稳定和全球石油供应等方面都有着很大的利益。而越来越多的争议，反映了两国还没有意识到经济的相互依赖程度，两国都是对整个世界有很大影响力的国家，这也是两国合作的基础。但是我们必须承认，确有一些人认为，中美两国在能源问题上会产生不可避免的冲突。

同时，可以合作的机会也有很多，比如说，能源开采技术和气候变化。你知道，在几年前，中美也签署了关于页岩气的合作备忘录，但是，很多合作还停留在公司层面上，比方说，一些合资公司的合作。从某种程度上说，这也是双方合作的基础。从政府层面上说，首先和最重要的是，避免利益分开的"零和"游戏局面，因为这对任何一方都不利。

> 在一些国际性的会议或者经济论坛上，气候问题屡屡被提及，但各方似乎并没有采取真正的行动，你注意到这种情况了吗？各方如何实现真正具有法律约束力的排放协定？

耶金　我觉得，在最近几年里，大家都有一个共识：签署一个新的像《京都议定书》那样的国际协定实在很难。目前可以做到的，是对各国的政策加以协调。让人惊讶的是，美国二氧化碳排放量已经降到了 20 世纪 90 年代早期的水平。但是，这并不是由于重大的政策，而是技术的革新和在市场上的广泛应用。

在中国"十二五"规划中，能源占有突出地位，可以看出中国在这方面的雄心，你觉得这能够实现吗？

耶金　我不是很清楚具体的数字，但很明显，中国现在已把主要精力转到太阳能技术上，中国在光伏产业上的竞争力很强，使价格变得更便宜，让其他国家很难与中国竞争。同时，中国的风力发电公司规模也越来越大。"十二五"规划还着力关注新能源，中国也需要把主要精力放在新能源的开发上。

你在其他媒体上也谈论了中美两国可再生能源的情况，你认为这些能源是否能够在未来的能源市场上占据主导地位？

耶金　能源市场正发生剧烈变化，我们只能预测三到四年。但是，可以肯定，某些能源新产品供应会影响到整个能源供需平衡。比如说像页岩气，是五年前不会有人期待的产品，现在却改变了北美的能源市场，并且让美国在世界舞台上成为了能源出口大国。在其他地区，地缘政治的面貌也会因此得以改变。

今天，石油、天然气、煤炭占据了世界能源供应超过 80% 的份额。但是，目前我们的观点是，也许在本世纪 30 年代之前，这个比例将会降到 75% 到 80% 之间，因为可再生能源会一直发展，传统能源也会。

尽管气候变化问题一直受到关注，煤炭的消耗也会继续增长。在 2000 年至 2010 年，煤炭对能源增长的贡献是可再生能源的十倍。未来可再生能源会急速增长，却是从一个很弱的基础上增长。

你也可以看到投资的数据：在 2000 年，有 50 亿美元投入到可再生能源的设备研发中，而在去年就增加到 1800 亿美元，由此可以看出可再生能源的影响。下一步如果太阳能开发成本继续降低，会加快改变供需的格局。

由于页岩气等新能源的发展导致美国能源价格的降低，这对美国制造产业将会产生什么样的影响？

耶金 我认为，这将成为刺激美国经济走出低迷的催化剂。此次能源革命支撑了 170 万个新的工作岗位，同时也是政府收入的重要组成部分，从经济角度来看，各州政府也非常支持能源革新。这让美国的制造业变得更加具有竞争力。

我刚从欧洲回来，欧洲几个大企业 CEO 非常担心欧洲相对于美国进一步失去竞争力，其中有一家欧洲油气公司老板表示，他以前从来没有想到过自己会投资到美国 50 亿美元。这些都让美国的制造业变得更加具有竞争力。而且，我知道一些中国企业也想在美国投资，因为能源的低成本和价格非常吸引人。

那么中国公司具体感兴趣的行业或者领域是什么呢？

耶金 绝大多数是能源公司，或者像汽油化工和钢铁制造业这类对能源需求极大的公司。

前段时间我在中国发布我的新书，我发现中国的商界有两个疑问：第一个是关于竞争力水平的变化，因为美国拥有低廉能源这一前所未有的竞争力；与此同时，中国工厂的工资水平每年差不多要上涨 15% 到 18%。

第二个是关于中国页岩气资源开发的时间问题。地质学家认为，中国可能拥有比美国更多的资源，开发却面临许多困难。大规模资源开采是需要一定条件的，包括水、地理环境、位置，就像我在欧洲告诉人们的一样，这只是需要时间，不可能在一夜之内完成。即使是美国也是如此。

我曾经读到过一些文章，说中国大部分页岩气开发对水的需求巨大。如果想开采页岩气就必须有充足的水资源供应。而中国作为一个整体缺水的国家，如何实现页岩气开发的商业化？具体的挑战在哪里？

耶金 现在来看，人们可以用技术来代替水的作用，但是，水资源仍然很重要。地理上，我们可以看到一些开采页岩气区域的照片，那些地方非常陡，而且地处干旱缺水的山区，这给开采带来很大的困难。所以，我认为，就目前情况看，中国虽然拥有很丰富的页岩气资源，但还需要五到十年的时间才能正式规模化生产。同时还需要有经验的技术的人员。

要清洁，也要安全。

在能源的供给安全保证方面，你有什么样的意见？

耶金 在安全保证这一点上，首先是要制定一些原则来管理和保证安全，避免市场震动和恐慌推高能源价格。传统的安全威胁主要是海湾地区的价格波动。目前新的威胁还包括来自网络的风险。

同时，还有能源基础设施的供应保证问题，比如受到海盗威胁。其实，在美国也有因为天气原因而无法提供能源的情况，就像日本福岛事件造成电力无法正常供应，以及工业社会本身的脆弱特点。

在核能方面，发生福岛核电站泄漏事件后，不同的国家都有不同的反思，比如德国，觉得需要加快速度放弃核能，对此你有什么样的看法？

耶金　直到福岛核电站事件之前，人们常会说核能复兴。切尔诺贝利事件好像是很久以前的事情，逐渐被人淡忘。但是，自从发生福岛核电站泄漏事件，让"复兴"变成了"补丁"，各地情况不一。德国决心放弃核能，而法国的核能占本国能源市场的 77%，中国继续发展核能产业，阿布扎比在建四座核电站。日本就不知道该怎么做，这是福岛核电站事件所带来的结果。你也可以看到对企业的影响，比如两年前西门子宣布退出核工业。

中国还在继续发展核能，而且中国已经仔细检查了核能设施的运转状况。有趣的是，美国现在有两个正在建设的核工程，其中有一个已经可以提供核能订单了。

美国的问题是，核能工程的运转需要很高的成本，比如建造核电站。而当你有了成本更低的天然气，很难解释为什么继续发展成本昂贵的核能工程。两年前，美国最大核能公司的 CEO 说，不要对廉价油气抱太大希望。

在中国，建造能源工程的计划执行起来是非常快的，但是在美国建造能源工程会很慢，成本也会更高。

> 德国已决定在 2022 年全面关闭核电站，他们还公布了一份雄心勃勃的新能源计划，你认为他们会在未来也成为能源出口国吗？

耶金　我认为不会。在德国，关于可再生能源的辩论一直在持续。但可再生能源花费巨大，且目前消费者并没有从中受益，因为价格过高。

前段时间我在德国的法兰克福，民调显示能源价格是今年 9 月大选中老百姓最关心的议题之一。人们担心，这会让德国相对美国而言进一步失去竞争力。默克尔总理也在问，若德国能源价格上升，而美国在下降，会出现什么情形？

5 月 22 日，在欧洲的一个能源峰会上就有人指出，高昂的能源成本会让欧洲失去竞争力。与此同时，欧洲的经济一直没有好转。法国正经历第三次衰退。在一些欧洲国家，年轻人失业率超过 50%，这些年轻人短期内不会找到工作。

实习记者骆雅洁对此文亦有贡献

发表于财新《中国改革》2013 年第 7 期 出版日期：2013 年 7 月 1 日

新兴市场崛起重塑能源世界

剑桥能源咨询公司创始人：丹尼尔·耶金（Daniel Yergin）
记者：王小聪

　　丹尼尔·耶金，世界能源、国际政治、经济问题领域最具影响力的权威专家，全球能源界领先的研究和咨询机构剑桥能源的创始人。耶鲁大学硕士，剑桥大学博士，美国全国广播电视公司（CNBC）全球能源专家、美国智库布鲁金斯学会理事会成员、外交关系委员会研究会成员、美国能源协会理事会成员、美国国家石油理事会成员。

　　丹尼尔·耶金在上世纪 90 年代初创作的《石油大博弈》（The Prize）获得普利策纪实文学奖，并为他在中国赢得了诸多读者。

　　近日，耶金携其新书《能源重塑世界》来到中国。9 月 15 日，中石油集团总经理周吉平为他举行了欢迎仪式。周吉平此时刚刚结束伊朗之行，此行为中石油争取了更大的利益：撤离了高商业风险的南帕斯海上气田，获得了置换区块，并且促使伊朗政府对回购合同的关键条款作出让步。

　　在伊朗、苏丹这种政治风险很大的国家，中石油是否该继续追加投入？另一方面，类似中海油并购加拿大尼克森公司这样的股权并购，是否是中国国家石油公司海外投资的一条新路？

财新记者 你过去写的《石油大博弈》讲述了截至 1990 年代初的石油地缘政治故事，这次的新书《能源重塑世界》则讲述了 1990 年之后发生的故事，譬如石油巨头间的合并、伊拉克战争、油价高企和中国的迅速崛起，可否简介一下该书的主要关注点？

耶金　有趣的是，《石油大博弈》以伊拉克战争为结束，新书《能源重塑世界》以伊拉克战争为开始。我写这本新书的背景是，石油产业、能源产业都发生了重大变化，譬如前苏联的解体、中国的崛起、气候变化议题的出现、福岛核事故等。我认为如此多的变化中，最大的变化是新兴市场的出现，以及能源需求如何从发达国家迅速转移到发展中国家。

中国该如何保证自身的能源安全？一种观点认为，中国的国家石油公司应该去海外投标区块、并购资产，并把所取得的权益油运回来。但是有另一种观点质疑这种做法，认为其实中国可以依赖全球贸易体系。你如何看待这两种说法，中国该如何保障自己的能源安全？

耶金　这个问题应该分两部分来看。第一，中国需要有强大、有活力、有效率的石油公司，在全球寻找高回报投资机会；第二，中国从现有的世界贸易体系中得益不少，能源也是如此。所以我认为中国能源安全部分来源于世界能源贸易体系。

中国公司海外并购的最新一个案例是，中海油出价 151 亿美元购买加拿大尼克森公司，给出的溢价大概在 60% 以上。你认为这个溢价是否给得过高？

耶金　我对这个交易具体情况知之甚少，因此不便评论。我认为尼克森能够给中海油提供很好的国际平台，尼克森在加拿大、北海和美国墨西哥湾都有资产，这三个地方都是很好的平台。

中国国家石油公司的海外投资始于 1993 年。目前，中国在苏丹、伊朗、叙利亚都有投资，不过这些国家都存在一些政治风险，比如中石油在南苏丹的区块就遭到严重战争破坏。与此同时，中国国家石油公司也开始投资一些政治稳定的经合组织国家，比如加拿大和美国。你是否认为中国公司从现在起应该逐渐退出那些政治风险大的国家？

耶金 要回答这个问题，我认为关键在于"投资组合"这个词。不同的地区有不同的地理特征，不同的政治特点，对于石油产业来说，有地上的风险，也有地下的风险，对油公司来说，有必要分散风险，这也是为什么要全球配置"投资组合"的原因。愿意承担各种风险，也是油公司的天性之一。

中国对进口石油的依赖度上升到 56%。你在书中谈到，大约在 2020 年左右，中国可能超过美国，成为世界第一的原油消费国。那么，你如何预测中国未来的石油依存度峰值？

耶金 这个预测依赖于两点：第一，中国经济发展速度；第二，中国是否会采用一些新技术，用以提高国内非常规油气产量。一个相关的例子是，美国在 7 年前原油进口依赖度为 60%，目前依赖度下降到 42%，部分原因是经济紧缩，部分原因是交通系统效率提高，但更重要的原因是致密油的发展，在近四年内，美国的国内原油生产增长了 25%。

谈到非常规，页岩气现在在中国是非常热的话题。你对政策制定者有何建议？

耶金 美国的页岩气经验是，页岩气发展可以非常迅猛，但是酝酿期很长。

美国的页岩气之父——米歇尔，几乎是靠他一个人的信念独自坚持了15年。所以我的建议是，对页岩气发展的速度要现实点看。

> 纪录片《Gas land》讲述了美国开发页岩气带来的负面环境后果，这里面所说的是事实吗？

耶金 奥巴马总统也问了同样的问题。他召集了一个委员会来研判页岩气的环境影响，去年委员会科学家们做出的报告认为，第一，化学品渗漏到地下水系统里，这是不太可能的；第二，压裂用水如何处理是个很重要的环境问题，应该回收或者找地方处理；第三，对空气的影响；第四，与当地社区的关系。至于《Gas land》，当然它的影响力很大，不过对于电影里反复出现能点燃居民家中自来水的现象，科罗拉多州说这不是页岩气开采所致，可能的原因是老气井的井套出现了问题，或者是居民打井取水混杂了煤层气。

> 你在书中写到，可能拥有核武器的伊朗非常让人不安，因为西方缺少与德黑兰之间的直接对话。而中石油是伊朗目前最大的外国石油公司，进行了很多上游投资项目。你如何看待中国在伊朗问题中的作用，以及中石油该采取何种伊朗策略？

耶金 中国在中东的利益并不仅仅是在伊朗，而是区域性的。比如在伊拉克、在沙特，中国也有很强的石油利益，但很明显，沙特、阿联酋都对伊朗核问题深感不安，因此中石油需要通盘考虑在中东的利益平衡。

现在伊朗核危机局势对国际社会是个很大挑战，没有容易的解决方法。另外，伊朗问题与苏丹问题两者不可同日而语，苏丹更多是关于宗教、种族冲突，而伊朗问题涉及复杂的国际政治因素，目前伊朗是国际政治舞台最受关注的话题。

你认为是时候中海油去开发南海深海资源了吗？南海资源量到底有多大？

耶金 人们认为南海资源量丰富，但是只有真金白银花费几十亿美元的投入，去打井，才能真正知道那个区域的油气储量。

尽管全球经济低迷，但是国际油价今年以来还是维持在一个较高水平。需求并不非常强，同时供给也不弱，国际能源署最新报告还说，加拿大、沙特都增产了，伊朗的产量也开始回升。那么，是什么决定了近期较高的国际油价？

耶金 美国也在增产。是的，如果你看世界经济走势，需求减弱，供给和库存，会疑问为什么油价这么高。但是国际社会对伊朗局势担忧，对中东局势担忧，所以市场给予了高油价一个战争风险溢价。

至于是不是太多的投机活动，仅仅在 8 年前的 2004 年，大家还一致认为国际油价最高不会超过 20 美元 / 桶，随后有各种地缘政治因素，有伊拉克战争，有金融投机活动增加，同时更重要的是，新兴市场的崛起。2004 年是个分水岭，从这年开始，石油需求新增量更多来自于发展中国家，而不是发达国家。

记者述评

读史使人明智。中国的石油公司开始全球范围内寻找资源，才不过 20 年的时间。而西方老牌的石油大鳄们已经在中东、非洲、美洲等地摸爬滚打了一百多年。耶金的书从公司成长和地缘政治角度，讲述了一百多年的全球石油产业历史，对中国油气产业很有借鉴意义。

发表于财新网 发表时间：2012 年 10 月 8 日

矿业超级周期尚未结束

摩根大通董事总经理
兼全球大宗商品研究策略部主管：科林·芬顿（Colin Fenton）
记者：蒲俊

　　今年 4 月中旬，黄金创下 30 年来最大跌幅，5 月铁矿石价格亦走低，当月价格跌幅超过 15%，62% 品味矿一度跌破 110 美元 / 吨。波动下行是过去一年甚至更长时间里大宗商品市场的关键词之一。

　　矿业市场的大型供应商亦不讳言这一点，之前的大手笔扩张计划多有收缩，提高现有项目运营效率成为重点。

　　对于供需关系，有分析认为未来两三年间铁矿石市场将出现供大于求局面，而供应商则强调由于大型项目放缓，这种说法有些言过其实。

财新记者　首先还是关于大宗商品价格走势的问题，4 月黄金价格大跌，铁矿石价格的波动行情也已经持续了一段时间，你有什么样的判断？

芬顿　中国经济的确在不可避免地开始放缓，但这不是一件坏事。成熟经济体对于管理供需之间的协调性是很敏感的，不会让价格太高或者太低，因为这会使市场中的某一方陷入困境。摩根大通预计今年的铁矿石供应将增长 3.6%，绝大多数来自澳大利亚。在需求方面，我觉得一个有趣的现象是，当我们预计中国今年的 GDP 增速是 7.6% 时所遭遇的怀疑和困惑。众所周知，中国的

GDP 增速正在从持续多年的高增长逐步放缓至未来的 6% 左右，那为什么 7.6% 的增长速度会让人如此惊讶？我想关键并不是 GDP 增速而是需求仍将好于预期，这样即便增速放缓，需求量仍然能够维持较高的价格。

摩根大通在 2011 年 11 月曾对大宗商品的走势提出了减持的观点，特别是铁矿石，当时我们对投资者、供应商和消费者说欧洲已现经济衰退，对于大宗商品总体持悲观态度。2012 年 6 月过后，其他商品市场都在走强，铁矿石却出现显著下滑。当时因为价格跌到了投资者意料之外的低点，人们感到恐惧了。我认为所有人都应该明白一件很重要的事情就是：预测价格是不可能的，这就是为什么我们要有期货市场。而好消息是，虽然人们在发生了意料之外的事情时会倾向于悲观，但其实情况可能会出现反弹和好转。事实上，后来价格也的确反弹了，而那些表示要取消或者延后资本支出项目的公司又开始重新花钱。

　　矿业界也在讨论供需的变化，你觉得需求方面情况如何？

芬顿　需求方面，我在今年一月有些紧张，因为实际上的需求数据比摩根大通的观点要更好一些，当然这是有可能的。回顾一下，今年一二月份铜、铁矿石等的价格都不错，但当时我们感到很困惑，因为找不到需求来支撑它。我们可以找到合理性，但是不足以支撑当时的价格水平。大概在三月的第三周，几乎全球的经济增长都出现快速放缓，到一季度末，钢铁、铁矿石、铜等对于中国至关重要的工业大宗商品需求出现放缓，所以到四月的第一周，我们都注意到了市场对于黄金和石油的选择，尽管成铁矿、石油以及铜等产品价格的下行压力也包括季节因素，但是 4 月 15 日的黄金市场创造了 1998 年 3 月以来的最大单日跌幅，我想这也影响了铁矿石，因为实在太意外了。矿业领域这样的单一事件能够带来很多影响。当时中国的 GDP 和 PMI 数据不如预期，但好消息是 7% 或者 7.5% 的增长对于中国来说可以维持对生产者来说一个较高的价格，同时也并不会损害到消费者的利益，这对各方来说都是好事。对于供需双方，共有的挑战是不可能清晰预测一切，我们不知道什么时候飓风、龙卷风会来，或者出现别的什么问题。价格的反弹有助于澳大利亚生产者们的营收，实际上澳大利亚已经经历了 16 个月的经济衰退，PMI 数据也很糟糕，但是现在正在有所好转，欧洲则仍然在蹒跚而行。

关于矿业超级周期是不是已经结束有很多讨论，你的判断是？

芬顿　我想区别一下超级周期和经济周期。超级周期始于 1999 年，在它走到一半的时候恰好遇上了 2009 年这一轮景气变动。我可以说的是下一轮经济衰退不会早于 2017 年，那么风险管理者以及运营钢厂或是航运业的人士在从现在到 2017 年每天面对的都是这样的情况——经济仍然在增长，但是速度减慢。过去发生的是超级周期的第一个阶段，中国和其他新兴国家需要更多的大宗商品并且愿意为之支付更多，2008 年原油价格达到 140 美元 / 桶，中国还是成功举办了奥运会，印度、泰国和所有的经济体都在发展。有一些天真的说法认为 100 美元 / 桶以上的油价就将损害所有消费者，事实证明这是错的。需求仍然能够保证不产生衰退。现在的全球 GDP 增速是 2.5%，金融危机爆发前那个周期这个数字是 4.5%，现在美国是 1.5%。如果 GDP 数字慢慢恢复增速，会迅速赶上产能，甚至有可能产能不足。回答你的问题，中国要在经济增速放缓和自身发展取得平衡，而并非竞争性的追求经济增速。价格也不能太低，这会伤害生产者。

铁矿石市场的金融化看起来是一个趋势，包括已经存在的掉期交易和中国也正在筹备中的期货市场，你认为这会给铁矿石交易带来什么样的变化？

芬顿　我认为掉期或者铁矿石期货都是很好的想法。因为类型和用途众多，钢材很难进行对冲，但是铁矿石无疑和铝、铜等商品一样具有大宗商品属性，也天然能够形成期货市场。我的预测是未来三年内铁矿石期货市场会发挥更加显著的作用。这对买卖双方来说也都是件好事，合约价格会带来更大的灵活性。已经有了石油期货，上海期货交易所也在计划推出铁矿石期货。我时常在说，中国的矿业资源需求在全球占比超过 40%，但 5 年前只有 6%–7% 的期货卖出中国，现在这一数字接近 25%，但是能源期货产品的数量还是零。

　　　　北美能源独立也是一个中国现在很关心的话题，你对北美天然气自给和潜在的出口中国可能怎么看？

芬顿　这里有一些关键事实，首先按照某些定义，到 2020 年北美确实能够实现能源独立；第二个事实是尽管页岩气带来了产量增长，但现在美国仍然不能实现天然气自给，需要从加拿大进口来弥补供需差距。所以这一情况经常是被夸大了，仿佛美国已经供应过剩了，但事实并非如此，这是反对天然气出口的人士的一个重要观点。我的观点是美国和加拿大的天然气产量将继续增长，并能够实现自给，同时会乐于跟中国进行贸易。中国能够收获的是稳定的贸易伙伴——履约能力强，运营效率高。中国在天然气方面的需求已经很大，不能仅靠从也门、卡塔尔等国进口来满足高达 18% 的年需求增长，必须同加拿大和美国进行贸易。如果中国计划这么做，那么未来几年里需要维护好跟这些企业的关系，并需要理解目前这样的低价是不可持续的。对于液化天然气价格，我想中国和日本的价格会有所下降，北美的价格会出现上涨，这才能使液化天然气市场实现增长。

　　　　那澳大利亚的液化天然气情况呢，看起来野心勃勃，但成本比较高。

芬顿　澳大利亚已经在天然气市场占据了重要的份额，现在不只是澳大利亚，而是普遍说来成本大概会超出预算 30%，时间上也会有所延迟。比如过去几个月很出名的 Woodside 项目（Woodside 位于西澳的 BrowseLNG 一体化项目）的问题，类似的事情也发生在加拿大，那买家就需要仔细挑选贸易上的合作伙伴。现在中国从北美的进口量是 0，这个数字应该更高，加拿大方面也表示他们乐意如此。美国完成了第二个液化终端设施，也愿意同中国进行交易。因为中国需求的年增长率高达 18%，所以澳大利亚仍然会是这个中国故事中很重要的一个方面。更多的天然气供应进入中国意味着对石油的依赖减少，石油价格已经太贵了，甚至达到 150 美元 / 桶 –170 美元 / 桶，等量的北美天然气价格仅为 25 美元。我还注意到人民币汇率在这个季度上涨了 7.1%，是上个季度 3.5% 的两倍， 这是应该发生的。超级周期不可避免地会走向结束，但不知道何时会发生。不管何时，重要的是管理这一进程，中国在货币升值和大宗商品采购方面拥有巨大的优势。

发表于财新网 发表时间：2013 年 6 月 18 日

中国的未来能源格局

美国智库兰德公司经济发展项目部主任：克雷恩（Keith Crane）
记者：田林

近日，加拿大政府批准中国海洋石油有限公司 151 亿美元并购加拿大油砂运营商尼克森公司。交易完成后，这将成为中国企业有史以来最大规模的海外并购。从中国企业海外并购活动的行业分布来看，能源及矿产行业一直是中国企业海外并购的主要领域。清科研究指出，2012 年前 11 个月中国企业在能源及矿产行业共完成海外并购 22 起，涉及金额 171.31 亿美元（中海油并购尼克森未计入），创历史新高，所涉金额占海外并购总额达 64.4%。

同时，页岩气的大规模商业化开发，新能源产业的突飞猛进，也对全球能源格局提出新的变量。

财新记者 你怎么看页岩气革命对全球格局的影响？

克雷恩 页岩气方面主要是技术的突破。如果说有巨大的变化，在于增加了天然气的竞争力。同时，有这种地质特征的国家和地区就拥有了多一种的替代能源。从而会减缓气候变化的速度，让天然气更大程度地替代煤炭。

但与此同时滋生了新的问题。页岩气的开采会产生很大的噪音。所以在开采的区域需要居民的配合。在美国，人们拥有的土地权包括采矿权，因此，假设在自己家的后院开采，这些收入将归这些人所有。这一区域的人将因为开采页岩气而致富。页岩气往往集中在一个区域，但并不是这个区域的所有人都会受惠于此，也会因此造成很多生活上的不便。如何协调，是一个问题。而在大部分的欧洲国家，采矿权属于国有，所以他们在页岩气的开采上会比美国更有执行力。

中国，土地所有权属于国家，因此假设国家想发展这个能源，他们会与当地协商，成为当地政府的部分财政收入。但这里涉及到与居民协商补偿的问题。因为开采的收入与当地居民无关，但会影响到他们的生活。所以，我认为页岩气在中国的发展速度会比欧洲要慢很多。

> 美国将会把页岩气占天然气的能源产量的比重提到50%，是否实现？是否会削弱传统能源当中的石油的依赖程度？

克雷恩　在未来15年到20年，是有这样的想法。但现在还不行。石油还是非常非常的重要。特别是当人们习惯了通过石油作为主要的能源，虽然在汽车上会用混合动力，会加入一部分的天然气作为燃料，但短期内天然气还不能像石油一样普及。这种能源还是非常昂贵，使用效率相对于石油也非常低。所以，在美国目前天然气只能作为煤炭的替代物，石油在发电汽车以及化工方面还是有很大的作用。

> 新能源方面，欧洲和美国一直也很支持新能源。你觉得从国家战略来说，欧洲和美国采用的策略是否会有不同？

克雷恩　我觉得发展新能源并不是说不重视传统能源的作用，而是希望能源能够更加多元化。例如日本，在没有出现福岛事故的时候，通过使用核电来发展经济，这是我们非常乐意看到的。因此在美国不管哪个阵营，都会讨论到气候变化，希望使用更多的新能源，可能未来会在天然气和风能方面增加投资，核能方面同样也是，但这并不意味着放弃传统能源。

在新能源方面，对于欧洲来说风能比太阳能更重要。因为欧洲的日照时间并不是这么长，但风能的投入可能会更大。欧洲和美洲确实有很大的不同。欧洲目前来说对新能源采取了更为激进的方式，过去十年，德国减少了煤炭的使用，而更多使用更加昂贵的天然气，推进使用新能源的过程是非常艰难的。

在中国，尽管同样意识到有气候变化的问题，但在能源的使用上并没有制定连贯的政策。尽管中国过往经济迅速增长，但并不可持续，特别是在一些主要和关键的行业。

事实上新能源，特别是光伏能源在全球都面临着产能问题，主要原因是什么？如何解决这种现状？

克雷恩　我认为是各国的政府太急于要把这个行业推到一定的高度，导致投资的过度集中，欧洲和美国都一样。但它们还不能作为主要的能源，虽然人们一直有这样的期望。而实际上风能比太阳能要重要得多，但它的发展比太阳能要慢得多。

我认为最好的方式就是让过剩的产能破产，因为实际上太阳能只是其中一种能源，不需要这么大的产能。

能详述一下未来欧洲、美国和中国的能源结构么？以及能源所带来的对国家的战略影响？

克雷恩　美国能源结构的变化应该不大，可能会提高天然气的使用比例，减少石油的消费。欧洲会比较复杂，德国可能会使用更多的清洁能源，例如天然气，在传统能源上会提高使用能效，可能核能还会继续非常重要，占比依然比较大，至少未来的 10 年和过去 10 年之间的差距不会太大。页岩气会放到讨论日程里。所以，当这些国家找到补偿的方式，就会有更多的页岩气生产出现。乌克兰和俄罗斯有页岩气，那么随着页岩气的供应量的增加，天然气的价格应该会下降。

俄罗斯在欧洲有很大的话语权，和欧洲的关系会越来越密切，欧洲和中国对于俄罗斯的贸易来说非常重要，所以俄罗斯和欧洲的关系可能会逐渐放松一些限制。因此未来十年，俄罗斯将会逐渐回归欧洲。尽管和中国的交流也非常密切，但俄罗斯关注欧洲非常明显，因此会减少因能源而产生的问题。

这会使欧洲调整对待伊拉克和利比亚的态度，这两个国家也显示出了与以往不同的态度，例如伊拉克表现得更为开放，而利比亚政府也显示得更为理性，那么接下来很可能出现这些地区对欧洲能源出口的增加。

至于中国，我希望未来十年，能提高能源的使用效率，汽车的消费将逐渐扩大，使其增大汽车和石油的进口量。但我觉得他们可以使用更多的可再生能源，天然气可能越来越重要。煤炭很可能仍然为主，但我想可能会减少。

解决中国能源使用问题的最有效手段恰恰是使用市场手段，用价格来调节。目前石油价格已经非常高，我认为就应该用价格来调节需求，石油价格到一定程度后，自然消费者就会去考虑，我是否需要去使用其他能源来取代，例如更多使用天然气。而假设没有需求来支撑，石油的价格自然就会下降。

> 中国的发展带来对能源的巨大需求。但中国在关键性领域例如能源
> 和铁矿石的价格上并没有太多的话语权，如何看待？

克雷恩　中国目前能源的产能来看，确实和美国还有很大的差距。但中国有煤炭。对于中国来说，更为关键的是提高能源的使用效率。中国是世界上最大的铁矿石、铜等要素资源的进口国，你有市场的议价能力，这种需求在增加，这本质上是一个经济问题。中国这种急速扩张的需求，过往资源价格一直上升，随着去年7月以来，中国经济放缓，全球资源价格下降，包括铁矿石、铜价都

在跌。这也部分反映出，当中国经济加速、潜在需求增加时，产生了新的供应量通过新矿开采出来。但也因此压低了价格。

这个不是由既定的游戏规则决定的，而是由市场决定的。有人想买，有人能卖，然后他们按照一个价格成交。的确大宗商品交易使得一些东西的价格变得非常昂贵，但假设这些东西的价格高至会使买家投入生产后没有利润，这个需求又会减少，于是这一原料的价格又会回落。

记者述评　　市场，市场。在克雷恩看来，市场是世界能源格局的最终决定之手。无论是传统能源的优化使用，还是新能源的运用前景，都离不开市场机制的作用。而中国未来的能源格局，最终也是市场决定的结果。

发表于财新网 发表时间：2012 年 12 月 18 日

致力于中国非常规气发展

壳牌首席执行官：彼得·傅赛（Peter Voser）
记者：王小聪

    2012 年 11 月 20 日上午，壳牌公司全球首席执行官彼得·傅赛风尘仆仆来到北京，他将在晚间离开北京。在 20 日的行程中，傅赛与时任中石油集团董事长蒋洁敏见面，后者刚刚当选中国新一届中央委员。

    壳牌与中石油关系紧密，双方在中国境内和境外有多个合作项目。据中石油方面称，20 日，傅赛和蒋洁敏就进一步深化合作交换了意见，中石油集团负责海外事务的集团副总经理汪东进和股份公司副总裁薄启亮陪同会见。

    20 日午间，傅赛接受了包括财新传媒在内的 5 家媒体访问。傅赛表示，壳牌也在关注全球范围内与中石油是否有新的合作机会。

    傅赛说，从全球范围看，在上游领域，壳牌手头大约有 60 个项目，其中有 25-26 个项目在建，其余均在设计或考虑之中。这些项目主要集中在深海、一体化天然气项目和非常规油气领域；在下游方面，壳牌有几个重要项目，包括上周宣布将对新加坡炼厂进行扩产，在中国希望继续推进与中石油、卡塔尔石油的炼油化工一体化项目，在美国希望推出天然气制化学品或天然气液化项目。

    展望中国市场，傅赛表示，壳牌在中国将寻求石油石化一体化产业链上下游的各种机会，这些机会既包括在中国境内，也包括全球范围。在中国的上游项目中，壳牌有长北致密气、四川金秋致密气、富顺－永川页岩气和梓潼致密气项目；在中国下游项目中，壳牌有南海石化项目、润滑油工厂和零售业务，并尝试新的领域，比如 LNG 在运输领域的运用。

财新记者 壳牌与中石油已结成重要战略伙伴关系，双方在中国境内有多项合作，在国际上，也成立了多家合资公司开发新项目。你如何看待双方这种紧密的合作关系？未来双方合作领域会向哪方面扩展？

傅赛 与中石油的合作很重要很积极，这是一种双赢合作。双方在产业链上下游均有合作，还包括研发。壳牌和中石油的合作是全球眼光的，我们除了在加拿大、澳大利亚合作外，在卡塔尔和叙利亚也有合作。我们也在持续关注在全球范围内双方是否有新的合作可能。我认为这是国际石油公司和国家石油公司合作共赢的典范。

壳牌计划向天然气项目投资 200 亿美元，这些投资里有多少是会投向中国？目前已经投资多少？

傅赛 这 200 亿美元的投资里有很多投向 LNG 或天然气一体化项目，这些 LNG 项目基本位于中国境外，但 LNG 产品不少将销往中国。因此虽然这些投资不直接投向中国，但却是为中国市场而做的投资。

对于在中国境内的投资，我们计划每年投资 10 亿美元或以上，用于开发我们在中国的非常规天然气项目。

你提到了四川的金秋区块和富顺－永川区块，可否说明一下这些项目的最新进展？

傅赛 这两个区块我们都在打井，未来还将加快打井的速度。在长北区块，我们已经开始生产。在金秋区块计划钻井 21 口，目前已完钻 13 口井，其中进行压裂作业和试产的井为 11 口，金秋区块将于明年 4 月完成计划中的 21 口钻井。目前金秋区块处于试产阶段，日产量为 11 万方。目前有 6 口井在进行长期生产测试，长期生产测试的结果将决定该区块未来的商业化生产可能性。需要说明的是，这仍处于勘探阶段，并没有开始正式开发生产。

富顺 - 永川页岩气区块何时能够实现商业化生产？

傅赛 我们目前处于勘探期间，已经有气的产量，之后才进入大规模生产阶段。我们现在在打井，打井测试结果出来后，在未来两年我们会讨论是否进入开发阶段和生产阶段。并没有一个明确的商业化生产日期，因为非常规油气开发与建造一个 LNG 终端等项目非常不同。

富顺 - 永川区块还处于勘探和甄别风险阶段，目前已经完钻 5 口井，其中阳 -201 井的日产量达到 11 万方。富顺 - 永川区块的商业化前景还有赖于进一步的评估，壳牌计划在今年底或明年初开始进行 15 口井钻井项目，这 15 口井的出气结果将有助于决定第一次商业化生产的时间。

中石油内部人士曾表示，中石油对三种非常规气有个开发排序：致密气、煤层气和页岩气。壳牌在中国的项目，这三种非常规气都涉及，请问壳牌对待这三种气是否有一个开发排序？

傅赛 对于壳牌来说，目前最优先考虑的项目是致密气和页岩气，其次是煤层气。但从国家角度出发，我认为中国应该同时着力发展这三种天然气，以实现十二五的计划。

想到未来能源产业发展，最让你睡不着觉的因素是什么？

傅赛　壳牌的战略发展不会让我失眠，和很多工业产业一样，项目开发的成本升高让我们忧虑，项目建设成本的上升在不少方面有所表现。

记者述评

　　壳牌作为一家外资石油公司，在中国非常规天然气上游领域的发展相当抢眼，它与中石油合作，拥有多个致密气、页岩气和煤层气项目。

　　在中国非常规气勘探开发上壳牌走在了前头，这也与其全球发展战略一致，2012 年将是壳牌第一年天然气产量（油当量）超过石油产量。为此，壳牌将加大对中国非常规天然气的勘探开发投入，从 2012 年开始每年将至少投入 10 亿美元。

发表于财新网 发表时间：2012 年 11 月 23 日

第五篇·汽车业的未来

▶▶▶

我不是钢铁侠

特斯拉 CEO：伊隆·马斯克（Elon Musk）
记者：胡舒立

　　特斯拉创始人伊隆·马斯克来了。这位出生在南非的硅谷"疯子"，坊间传言钢铁侠的原型，所到之处刮起了阵阵旋风。马斯克因创办 SpaceX，以及联合创办特斯拉汽车和支付工具 Paypal 而闻名。比起这些公司在商业上的成功，更令人啧啧称奇的是他的那些疯狂实验。SpaceX 是一家私人太空发射公司，近期目标是月球，远期目标是火星，并正在研制可回收反复使用的火箭，电动汽车公司特斯拉也许只是用电力催动交通进步的第一步，之后，他还设想用"超级环路"（Hyperloop）运输系统取代高铁，或者制造垂直起降的电力超音速飞机。马斯克如何萌生出这些伟大的梦想？他真的跟钢铁侠一样无坚不摧？特斯拉做好准备在中国开始"疯狂冒险"了吗？他为什么说未来交通工具要完全由电力驱动？

　　马斯克在北京特斯拉展厅接受了财新传媒总编辑胡舒立的专访，不折不扣的技术控，马斯克并没有媒体塑造的明星感十足，他略显严肃，谈自己的财富人生、事业思考，以及对电动汽车的执着。

财新记者　你在中国有许多粉丝，甚至在你到中国之前。你如何在中国描述自己？

马斯克 实际上，我没有意识到，我在中国如此有名，我一点都没有意识到。这有点意外。我觉得很荣幸，受到了很热情的接待。

我想我是工程师，我所做的最多的就是工程。一周中的大部分时间，我都和工程和设计团队在一起，致力于现有或者未来的汽车、火箭、宇宙飞船等等。

我注意到，你在十岁、十二岁的时候就开始软件开发。但那时你在南非，你为什么决定离开家乡，去北美寻梦？

马斯克 我开始编程是因为喜欢玩电脑游戏，我玩了很多游戏，然后我意识到，如果我写软件并且卖出去的话，我就有钱买更好的电脑了。所以我那时没有什么宏伟计划。但是当我慢慢长大，我读了很多书，书里的很多事情都是发生在美国。看起来，新技术都是在美国发展壮大的。我那时想，"我愿意研究新技术"，所以我到了硅谷。硅谷那时对我就像是奥利匹斯山一样的神话之地。

所以，当你想去硅谷的时候，你还在南非？还是你十几岁的时候？

马斯克 起先，我试图说服我的父母搬去美国，但是他们对此毫无兴趣，他们那时已经离婚了。最终，我通过在加拿大出生的母亲获得了加拿大国籍。我自己先搬到了加拿大，那年我 17 岁，几年后，我到了美国。

接着，你决定去斯坦福读书，毕业之后进入硅谷。但是，我们刚才也提到了，上世纪九十年代中期，至少在我看来，还不是一个"淘金热"，因为我当时也在美国。我并没有切身的感觉。那你为什么决定从斯坦福辍学创业？

马斯克 我去斯坦福读书实际上是致力于电动车的储能技术。1995 年夏天，我接触到了互联网，对我来说，互联网会给人类带来巨大影响。就像人类，尽管之前的交流通过口口相传，现在，每一个上网的人都可以获取全世界的信息，是人类的一大进步。我本身打算一边在斯坦福攻读博士学位，研究电动汽车技术，一边观察互联网的构建，或者先把学习放在一边，投身互联网。我原先打算在网景公司谋得职位，它是当时唯一的互联网公司，但是我被拒之门外。我就想，如果不能为互联网公司工作，我就自己创办一间。我跟我的教授谈了，我说想成立一家公司，但不一定能成功，如果不成功，我能再回来吗？他说当然了，没问题。于是我就暂停学业，创立了公司。

记者述评　马斯克创立的软件公司 Zip2，让他掘到了价值不菲的第一桶金，随后他参与创建和管理的在线支付公司贝宝（Paypal）也迅速成功，并被 eBay 收购。身为第一大股东的马斯克将 1.65 亿美元收入囊中。那是 2002 年，马斯克 31 岁。

在互联网工作，创办贝宝之后，你决定重拾电动汽车的梦想？

马斯克　当我做互联网公司的时候，我还以为大汽车厂商会造出电动汽车来，不需要创业公司来做了。但是通用汽车的 EV1 电动汽车的惨败打击了我。通用召回并销毁了所有的 EV1 汽车。此事还被拍成了电影《谁杀死了电动汽车》，这太糟糕了。我就想，如果大汽车厂商无法靠自己来造出电动汽车，那么就很有必要创办一家新公司做电动汽车，以此证明造出一辆令人叹服的电动汽车是很有可能的。所以，特斯拉诞生了。

卖掉 Paypal 之前，你没有想过制造电动汽车吗？

马斯克　不，我想过。出发点是，我认为造出电动汽车很重要。当我在大学读物理专业时，我思考什么最有可能影响人类的未来。一个是互联网，第二个是可持续的能源生产和消费，再一个是外星移民。还有一些其他领域会影响未来，但我不确定我要参与，这些包括人工智能和重写基因。

记者述评 2010 年 6 月，特斯拉汽车在纳斯达克挂牌。这是 1956 年福特汽车上市以来，美国第一次有新汽车公司 IPO。2013 年起，随着 Model S 在市场上大受追捧，特斯拉股价疯狂上涨。马斯克成为不少人眼中近乎神奇的成功创业家。特斯拉在商业上的成功，再加上他造火箭，登陆火星的英雄梦想，"无所不能"的马斯克，在现实生活中成为了不折不扣的"钢铁侠"。可一切对他来说，真的那么轻而易举吗？

昨天网上我去阅读中文网站，所有的标题都是"钢铁侠在中国"，都在讨论你的到访。所有的标题，到处都是。你有什么感觉？

马斯克 要不是你告诉我，我都不知道。我只知道有一篇文章，并不知道有那么多。

你是创业故事精彩极了，有很多成功。

马斯克 我只能说，今天，成功看起来显而易见，但过去并不是这样。两年前，我个人遇到了很大的困难。公司面临挑战，我个人也没有保持积极的心态。就像我说的，过去这一两年看起来不错，但两年前无比煎熬。

你遇到过一些重大失败吗？

马斯克 当然，我输掉过很多场战役。我还没有输掉过战争，但是曾经输掉过很多场战役，可能多到我都数不清了。特斯拉有很多次接近破产，实际上，2008 年末的时候，我们还差几天就破产了，就差三天。

你从这些失败中学到了什么？你最终靠什么生存下来？

马斯克　好运气帮了一些忙。对于特斯拉来说，有一件事值得一说，它帮助了我们渡过难关，就是核心团队成员真的很相信这项事业。

记者述评｜2014 年 4 月 22 日，马斯克在北京向首批 8 位中国买家交付了 Model S 纯电动轿跑车，正式宣告了在中国的"疯狂冒险"。此前，特斯拉水土不服的消息屡见报端，原特斯拉中国区总经理郑顺景的离职，"进口车"身份无法获得补贴，23 位来自非京沪地区的特斯拉"订单"车主因不满交车顺序而集体投诉。之后，还有充电配套、售后服务等一些列难题，马斯克打算如何面对这一切？

去年 1 月份你宣布特斯拉已经进入中国的时候，我刚好在帕罗奥图。你说过中国是一张"险牌"，为什么决定要打这张充满变数的"险牌"？

马斯克　毫无疑问中国是非常重要的市场。如果你看看特斯拉自述的目标——也就是让可持续的交通加速到来——那么如果我们不在中国做些事情，这个目标就不可能实现。

目前而言，你认为你的产品在中国市场遇到的最大挑战是什么？

马斯克　目前我们要做的工作很多，因为我们需要建大量的服务中心和充电站。所以大体而言，我们会尽量尽快建成我们的服务站和充电基础设施。我知道，某些订购了我们车的客户并不在主要的大城市，我们延迟交付新车让他们很生气。事实上，我打算亲自向某些客户道歉，向他们解释，我们之所以延迟交付新车，是因为我们真的很希望他们能有好的用户体验。如果他们离服务中心太远，充电的问题没有得到解决，他们将不能有好的用户体验。我们我们将延迟几个月交付新车，这样他们将能拥有好的用户体验。

　　　　特斯拉在中国市场的策略是什么？你打算如何打中国这张牌？

马斯克　我们的策略非常直接明了。我是一个非常坦率的人——我会把所想的都说出来。我们想要在全国范围内建立服务架构和充电基础设施。所以我们会在充电和服务上做出一笔大投资。然后有可能在未来三四年内，我们预期在中国进行本土生产。因为从长期来看，从加州将车进口到中国是不合理的，本土化生产更合理些。而且我想我们也会在中国建一个工程和研发中心。

　　　　根据中国现有的政策，这意味着你将要与中国企业成立合资公司。你有潜在的合作伙伴吗？

马斯克　目前我们还没有着手进行相关讨论。我们还是一家小公司，每个人都要经历爬行、走路再到奔跑的过程，目前我们（在中国）还在爬行阶段。我们今天刚刚给中国的消费者带来首批电动汽车，所以一切还为时尚早。我想或许未来一两年内会有讨论。

　　　　有补贴的电动汽车，这个你听说过吧？你会把如何争取补贴考虑进你的中国业务里吗？

马斯克　我想某程度而言，这取决于政府高官的决定。这些官员已经明确表明了一个目标：中国的马路上要有大量的电动汽车。考虑到我们需要缴纳进口关税，也没有享有任何与电动汽车相关的优惠，车的价格就变得更昂贵，也会推迟电动汽车的上路时间。所以我当然希望并会要求让特斯拉享有这些奖励，并且基于这样的理解，就是我们从长期看将进行本土化生产——但现在做这件事情还太早了。

　　因为特斯拉是电动的，对于电动车而言，来自充电网络的挑战非常关键，那么你在中国建充电网络的计划是什么？

马斯克　我们有一个被称为"超级充电站"的技术，这是一个非常高速的充电桩。我们会在中国各地安置"超级充电站"，这样你将能够把车开往几乎任何地方——也许不包括沙漠和内陆地区，但沿海几乎任何地方都可以。我们的"超级充电站"把太阳能面板和高速充电桩结合起来，这是能源生产和使用的重要结合。一种常见的质疑是，尽管车是电动的，但是电能来自煤，因此污染只不过被推到了发电站一端。要反驳这个观点，把太阳能发电和每一个充电站结合起来就很关键了。

　　所以你们不用和国家电网之类的公司合作？

马斯克　是的，我们并非一定得这么做（与电网公司合作），我们是有可能让充电站完全独立于网络系统的，因为我们增加了固定型蓄电池，太阳能面板给蓄电池充电，蓄电池再给车充电，这样可以保证全天24小时的充电能力。不过通常来说，与电网连接仍是有好处的，因为有时候我们能产生额外的电量，这样就可以反过来提供给电网。

现在我很担心我们的阴霾天气，这对于太阳能充电有影响吗？

马斯克　在某些时候，如果天气真的很阴暗，太阳能减少了，我们就需要更多的太阳能面板来生产必要的电量，这只意味着我们需要比往常更多的太阳能面板。

特斯拉旋风刚刚席卷中国的时候，无论是媒体还是大众，总会将其与中国新能源汽车的代表——比亚迪作比较。比亚迪董事长王传福曾放话，"分分钟造出特斯拉"。在你看来，比亚迪是你强劲的竞争对手吗？

马斯克　我真的没有过多想有关竞争的事情。特斯拉的目标是加速电动车时代的来临，而不是从其他公司手上抢占市场份额，或做那一类的事情。事实上，如果有大公司在做电动车，我不会感到有需要第一个做电动车。我们与其他汽车公司有电池和机箱其他零部件的业务往来。所以我们和丰田汽车公司之间有动力火车机箱和电池的业务往来，未来我们还会有更多的合作伙伴，我们的目标不是对其他公司造成损害，而是尽我们所能给其他公司带来好处。

你想见见他吗？

马斯克　当然，我很乐意。

你有没有信心，中国的消费者会忠于特斯拉的品牌？

马斯克　我想忠诚是赢取来的，如果我们值得消费者对我们忠诚，我们将得到这些。

汽车产业是一个传统而成熟的产业。作为"入侵者"，要想在这个领域中实现颠覆，实在不易。特斯拉在产品和销售机制上都与传统的汽车公司不同，很多人认为你们的模式具有颠覆性，特斯拉能影响整个汽车行业吗？

马斯克　我们当然想影响整个汽车行业，把它引向电动车方向。从我的观察来看，驱使汽车企业行动起来的因素只有两个，一个是政府监管，另外一个则是竞争。我一直希望他们能自愿地向电动汽车方向发展，但这看起来并没有发生。

事实上，以我的了解，尽管政府施加了强大压力，路上的电动车还是不多。我想只有竞争才能促使他们行动起来。如果他们能认为，不作为的话特斯拉将会拿走他们的市场份额，他们就会行动起来。Model S 去年的成功，已经让不少车企更认真地看待电动车。就此而言是有积极影响的。

纯电动车和混合动力车是两大发展方向，你认为哪种更有希望？

马斯克　我认为所有的交通工具都会彻底电动化，问题只在于时点。混合动力车某程度而言有点像是两栖性的——两方面都不能做到极致。有一段时间，我们在特斯拉也考虑做一款插电式混合动力车，但是开始详细设计后，我们发现这样是不可能造出一辆好车的。

所以，你认为电动车是未来？

马斯克　百分之百，仅仅就是时间问题

过去车行业巨大的变革都由汽车行业内部力量所推动，所以你认

为，来自哪方面的外界力量将有可能引发整个车行业的变革？

马斯克 我想我们只是刚开始对整个行业产生影响。事实上，直到去年，所有其他车企都认为我们会死。对 Model S 的认可也只在最近的一年，是非常近期的事。这是一种渐进式的认可。但我想还有很多声音在质疑，我们到底能否制造出一辆价格可承受的、能长途续航的电动汽车。在这样一辆车被造出来之前，说特斯拉完成使命还为时太早。这样一辆车也正是公司一开始就有的目标。

记者袁新对本文亦有贡献

发表于财新网《舒立时间》栏目 发表时间：2014 年 4 月 23 日

中国将是全球最大电动车市场

宝马大中华区总裁：安格（Karsten Engel）

记者：吴静

实习记者：王珏

安格，宝马大中华区总裁。1985 年从慕尼黑大学工商管理专业毕业后，加入宝马集团，随后历任东南亚区域总监、宝马和罗孚韩国区总裁、宝马泰国区总裁、宝马德国高级副总裁，2012 年带领宝马在德国市场赢得豪华车品牌销量冠军的称号。

安格 28 年的职业生涯都在这家公司度过，可谓是十足的"宝马人"。2012 年底，宝马集团宣布人事变动，原宝马德国区总裁安格接替史登科，就任大中华区总裁一职。

自 1985 年从慕尼黑大学工商管理专业毕业后，安格即加入宝马集团，随后历任东南亚区域总监、宝马和罗孚韩国区总裁、宝马泰国区总裁、宝马德国高级副总裁，2012 年又带领宝马在德国市场赢得豪华车品牌销量冠军的称号

但中国市场在变化。2013 年一季度，中国豪华车市场增幅只有 4%，远低于整个乘用车市场 13% 的增速。除去宏观经济大环境的影响，公车采购改革、竞争对手下探经销网络、外资品牌国产化等，都让这个世界最大汽车市场弥漫着短兵相接的杀气。与号称"中国通"的史登科相比，安格来到中国，面临的挑战委实不轻松。

借着全球第一款豪华纯电动汽车 BMW i3 发布契机，这位严谨的

德国管理者,面对财新记者的每个质疑和问题,都胸有成竹、娓娓道来。兵马未动,粮草先行,上任伊始的他即拜访了中国大约20多家经销商。而他亦坦言,要了解这个市场,这些仅仅是个开始。

革命性的 i3

财新记者 BMW i3 这样的纯电动汽车,它的消费群体是怎样的类型?

安格 电动车在中国的目标群体,整体来讲可能更年轻一点,他们有良好的教育水平,心态比较开放,有所成就,对环境很关注,能够欣赏可持续性的东西。与此同时,他们要享受传统宝马车型动感的驾驶感受,所以很可能他们家里第一辆车是 BMW 5 系,随后选择这样的一款电动车作为第二辆车,用于短距离出行。我们预见这其实是一个很大的群体,我们相信中国会是全世界最大的电动车市场。

宝马对纯电动车型 BMW i3 寄予厚望,但业内分析师认为,i3 很难盈利,也很难成为畅销车型,您怎么看待市场的这种评论?

安格 我们的预期是,BMW i3 从第一代开始就会盈利。目前集团在 i3 生产设施上的投入,超过 6.5 亿欧元,到目前为止,这部分成本已经被消化掉了。

此前我们进行了 MINI E 和 Active E 在全球范围的实路测试。MINI E 全球进行了累计达到 1600 万公里里程的实路测试,帮助我们掌握实际的需求。我们得到的结论是,绝大部分用户每天的行驶里程不超过 64 公里,所以我们决定 BMW i3 续航里程在 160 公里左右,这个数字使得 BMW i3 在重量和里程之间达到了非常好的平衡。

这款车拥有非常高的扭矩,0 到 100 公里加速时间在 7 秒左右,感受跟驾驶内燃机宝马汽车是一样的，所以我们预期 BMW i3 的销量即便不是一个特别高的数字，但在全球范围内是完全可以实现盈利的。不要忘记在 2014 年下半年我们还会上市 BMW i8 车型，它是插电式混合动力车型，也是一款纯正的跑车。

重要的是，我们在这个领域是一个真正的先行者，我们的整个设计理念是全新的、革命性的，从量产碳纤维的应用，到"Life Drive"模块的设计理念，宝马真正改变了游戏规则。

您此前承诺会帮助中国消费者解决安装充电桩的问题，安装这笔费用是谁担负？消费者还是宝马？

安格　我们在先前 MINI E 和 Active E 的测试上得到了很多用户的反馈，这两个项目中我们和项目伙伴一起承担成本，能源企业派驻专业人员评估用户的使用条件，看他更适合在家中还是在办公场所安装充电设施。原则上只要有一个普通的电源插口，用随车电缆和插头就可以充电，但是首先你的车要能到达这个地方。技术上，我们优先推荐用户安装充电桩，因为这样充电电流可以更强，充电就会更快更便捷。电动汽车产品化后，电桩安装成本将由用户支付。

国家推出的节能汽车推广目录中，主要是自主品牌占优，不在推广目录的，不能享受中国政府的各项补贴，也不能进入新能源车摇号的绿色通道，宝马如何应对中国的这种具体情况？宝马认为 i3 在中国，销售遇到的最大困难是什么？

安格　对于刚刚进行展示还未上市的 BMW i3 来说，现在讨论这种问题为时尚早。但我们对我们的产品竞争力充满信心。相信 BMW i3 在豪华电动车市场的推广、提高市场对电动车的接受程度上都将起到积极的意义。

无论是中国还是世界其他地方，电动车都面对着类似的环境，比如市场接受度不高、客户使用习惯不同、基础设施不足、经销商运营需求等。随着行业的发展及电动车的不断普及，这些都将自然得到解决。我们相信，中国很快将成为新能源汽车最大的市场，也相信政府会采取措施来建立这些基础设施。

我们在各个市场和政府部门沟通的时候，诉求不是补贴，而是希望能够得到充分的基础设施的保障，要有足够的充电站。这意味着，首先，充电的标准在全世界范围内应该是相同的，还要考虑统一的付费系统。

布局新能源

> 未来宝马发展新能源车的技术路线，是以普通混合动力为主，还是直接走纯电动汽车的道路？

安格 这两个方面都很重要。BMW i3 是款纯电动车，它也会提供增程发动机，这个发动机可以为电池充电，获得更多的续航里程。明年晚些时候上市的 BMW i8 是插电式混合动力车，在家里可以通过电桩充电，同时它也有发动机，可以实现四轮驱动，是纯正的跑车。同时我们还有很多混合动力车，3系、5系、7系都有在售的混合动力版本。

选择纯电动汽车还是混合动力汽车，其实很大程度上取决于需求。如果你是居住在北京这样的超级大城市，BMW i3 是第二辆车的绝好选择。你如果到市区出行一下，20公里、30公里、50公里，这个车是最佳的选择。但是如果要去更远的地方，BMW i3 不是最好的选择，可能插电式混合动力车型会更好。BMW 确保能够提供各种的车型来满足消费者多元的需求，我们有纯电动的车型、插电式混合动力车型还有传统的内燃机车型，在未来的几年内，用户可以同时得到多种选择。

　　和其他欧系车相比，宝马的纯电动汽车、插电式混合动力车的研发应用，都是走得比较激进。但和日系车以及美国的特斯拉相比，宝马还稍微慢了一拍。请问宝马在新能源领域的战略目标是什么？

安格　早在 1972 年，宝马就已经涉足电动车领域，前不久正式推出 BMW i 品牌的第一款产品 BMW i3。与其他品牌不同，BMW i 是"为电动而生"的子品牌，之后还将推出混合动力的 BMW i8。在高效动力策略的指导下，我们目前已经向中国市场提供多款混合动力车型，包括 BMW 高效混合动力 3 系、5 系、7 系和 X6。

　　2002 年正式公布的 BMW 高效动力策略，为我们可持续发展提供了方向和完整、长期的计划。这个计划包括在传统内燃机车型中不断提高效率、降低油耗，同时保证甚至提升驾驶乐趣；在中期，我们会依靠电动车、混合动力车型进一步降低旗下车型对环境的影响；以及引入氢能等清洁能源的长期规划。

应战激烈竞争

　　从 6 月开始，宝马、奥迪、保时捷和其他进口的高档车市场增长都达到 30%、40%，而上半年整体增幅为 15%，这是否意味着经过简单的调整以后，高档车市场又进入了一个新的超高速增长阶段，这种判断成不成立？

安格　我不这么认为。我们年初以来对增长的判断是，全年将实现高单位数或者低双位数的增长。今年上半年整个豪华车市场增长 7.1%，跟我们的预期差不多。宝马的增速要略高一点，16% 左右。如果看单月，虽然 6 月与去年同期相比增幅超过 40%，但这是有原因的，因为去年 6 月的基数比较低。

　　我们对今年中国市场的预期没有改变。首先，市场会保持稳定增长，预计全年在豪华车市场是 10% 左右增速，而且，我们预期宝马的表现要比整体市场略强一点。

前段时间，您提出 2013 年主要目标之一是销售增量要保持在两位数，继续高于豪华车的平均水平。我想问一下，现在公司营销策略是以保增长为先还是保利润为先？ 2014 年到 2015 年国产新车型的规划是什么？

安格　销量和利润相互关联，并不存在矛盾，只要你能确保工作足够专业，两者间的平衡完全可以处理好。今年上半年我们的增速在 15% 左右，全年预计会保持这样一个良好的势头，或许略低一点，但是应该会强于豪华车市场整体水平。目前我们的发展完全符合预期。

谈到国产车型的规划，未来国产车型在我们整个市场增长中的份量会越来越重。目前看，国产的 BMW 3 系和 5 系的长轴距版本销售情况特别好，X1 的表现也很不错。可以说所有这几个国产车型都有非常成功的记录，是增长的动力来源。未来肯定还会引进更多的车型进行国产，现在沈阳工厂的产能在今年年底会达到 30 万台的产量，未来还会继续增加。我们还有年产量规划 40 万台的发动机工厂，所以我们有这么巨大的投入，显然不可能不充分加以利用。我们预计，未来国产车型将会在中国市场的增长中起到主导作用，会有更多的车型投入国产。

在 2013 年 4 月初，您首次向媒体全面阐释在中国市场未来发展的战略规划，并提出今年首先要提升经销商网络竞争力，让经销商尽快进入良好运营状态。那您看完全国 20 多家店，您觉得存在的最大不足是什么？宝马下一步打算如何提升经销商网络竞争力？

安格　在以往市场保持较高整体增长率的情况下，经销商可以完全依靠新车销售保持较好的利润率。但从去年开始，由于市场波动和一系列外部因素，部分经销商对环境变化准备不足，运营上出现了一些困难。

随着整体市场增速放缓，经销商需要开发更加平衡的运营模式，包括售后服务、二手车业务、零售金融业务、大客户业务等。这些业务模式在积极推进中，也得到了我们经销商的正面反馈。

去年，宝马在中国的保有量已经超过 100 万辆。随着这些车辆车龄的增长，我们会迎来对售后服务的巨大需求。为此，我们要做一系列的准备——包括经销商网络、物流系统、人员培训等。我们在这些方面已经做了很多工作。BMW 尊选二手车业务已经成为中国最成功的品牌二手车项目，2012 年销售量超过 1.5 万辆。但与成熟市场相比，这个数字还很低，有很大的市场潜力。

> 公司计划下一步拓展销售网络，下探至四五线城市。目前一些经销商仍面临亏损，公司为何仍要进行网络拓张？商务政策会有何具体变化，以使经销商尽快得到预期盈利目标？

安格　宝马的经销商网络发展是跟随市场的，当一个市场的需求或者保有量可以维持一家经销商健康发展的时候，我们就会在那里开设网点。截至 2013 年 6 月，我们在全国经销商网点超过 380 家，其中大约有 60% 在三、四、五线城市。这让我们可以更贴近市场、更好地服务客户。而随着市场的成熟，如上面所说，经销商需要引入更为平衡、综合的业务模式才能保持健康的运营。

> 2013 年年初，公司的高管变动较大，宝马中国前总裁兼首席执行官史登科提前退休，两位高管宝马中国副总裁陆逸、华晨宝马高级营销副总裁戴雷博士也相继离职。市场解读德国总部在收权，而史登科的政策更适合中国。您对此怎么看？

安格　首先，这些都是非常正常的人事变动，并不存在媒体所说的"收权"问题，或"加紧对中国控制"的情况。重要战略的形成都需要当地市场和总部充分协同和沟通才能实现，无论发生怎样的变化，宝马在中国的长期承诺与长期目标都是不变的。

中国作为最重要的市场之一，宝马每年都会有一到两次专门关于中国市场的会议，在董事会讨论关于中国最重大的决定。这种机制一直如此，并不会因为职位和个人的变动而发生变化。

为了在不同的市场中取得成功，要了解并尊重当地的文化与思维方式。我们会持续的与合作伙伴、客户及媒体的朋友们进行交流。

毫无疑问，事关市场的重要决定需要由各方通力协作来完成。我们在中国有合资企业，有工厂，还有很多经销商伙伴，一定要通盘考量，充分认识，再进行综合决策。这个机制不应该被理解为一种"控制"，它是一种合作。在宝马，最重要的六七个市场都在执行这样的机制。

我原来主管德国市场，德国市场当年是宝马在全球最大的市场，当时的运营机制就一直如此，跟在中国现在的运营机制是一样的。在区域市场的工作人员和在慕尼黑总部的工作人员，都需要为一个市场重大的战略规划做很多工作，我非常感激我们慕尼黑同事们所做的工作。

史博士与他的团队在中国市场有许多正确的策略与做法，这些当然会继续执行。我们有非常优秀的本地员工，他们对市场有着深入的理解与独到的见地。我们所做的一切都是为了随市场的变化而发展，为客户提供最好的产品与服务，实现我们对中国的长期承诺。

发表于财新《新世纪》周刊 2013 年第 31 期 出版日期：2013 年 8 月 12 日

互联网造车带来了挑战，但这是一件好事

福特汽车公司执行董事长：比尔·福特（William Clay Ford, Jr.）
记者：包志明

比尔·福特（William Clay Ford, Jr.），福特汽车公司执行董事长。1957 年生于底特律市，是福特汽车公司的创始人亨利·福特的曾孙。1988 年进入福特公司董事会，1999 年 1 月出任董事长。

中国市场对于福特汽车越来越重要。进入中国已有 10 个年头，福特汽车曾长期表现得不温不火，不仅无法与大众等德系厂商相比，也逊于另一家美国汽车巨头通用。但福特开拓中国市场的速度正在加快，其全球高管、包括福特汽车执行董事长比尔·福特来中国的频率也显著增加。

今年 3 月 24 日，福特汽车斥资 7.6 亿美元、在华投建的第六座工厂，位于杭州的长安福特新整车工厂建成投产，去年 7 月上任的福特汽车新 CEO 马克·菲尔兹上任后首度来华参加仪式。正在进行的 2015 上海车展期间，福特汽车更是一口气推出了 7 款首发车，其中更全球首发福特首款高端商务轿车福特金牛座。

在上海车展，财新网与《中国企业家》杂志、《中国日报》和《财经》杂志共同采访了福特汽车执行董事长比尔·福特与福特中国董事长兼 CEO 罗礼祥。

对于中国市场增速放缓，罗礼祥认为，这种新常态是一件好事。"如果中国整体 GDP 以 7% 的稳定速度增长，将是非常好、非常健康的发展。

根据中国汽车制造商行业协会的数据，今年中国的整体汽车市场还会有7%的增速，那就意味着现有的2350万辆的销售量每年还要增加7%，就是增加150万辆~200万辆，对于整个汽车行业是非常强劲和有序的健康成长。"他说。

对于来自"野蛮人"的挑战，比尔·福特认为不是坏事，"如果能够把所有智能技术整合起来，成功地运用在我们的车上，给客户带来的价值是任何其他对手和行业无法比拟的。"

财新记者 福特此前高调推进"15*15"计划，即在2015年底之前将15款新车推进在中国上市，目前15*15计划进展是否顺利？

比尔·福特 福特包括林肯品牌在中国整个发展的过程，我是非常满意的。因为不管是福特品牌还是林肯品牌，都比我们整个汽车行业增长的速度要快，过去连续几年都是这样，包括今年的第一季度仍然是这样，但是我们不仅仅看这短短的几年，我们在中国有长期的发展目标。老实讲2015年才刚刚开始，到年底之前还有很长的时间，我们还有很多好消息要带给中国市场。

请问你如何看待互联网企业参与者对于汽车行业的影响，"互联网造车"运动是否会给汽车行业带来挑战或者是颠覆？

比尔·福特 我觉得这是一件非常好的事情，世界一直快速的变化，技术在不断革新，几年之前也有一系列新技术被引入到新车上，福特一直是这么做的，这是非常有意义的，有助于减轻世界上交通拥堵的情况。而且不断将新技术应用到汽车制造过程中，一方面我们和一些大型的技术公司包括互联网公司合作，同时我们也和一些初创小公司合作。如果能够把所有汽车智能技术整合起来，成功地运用在我们的车上的话，给客户带来的价值是任何其他对手和行业无法比拟的。

福特曾经是燃油车时代的开创者和领跑者，在新能源时代大家都处在同一个起跑线上，对于传统汽车厂商新能源时代的挑战会更大？

比尔·福特　可再生能源探讨了很多年，如果在五到六年前探讨可再生能源造车的话，大家可能说的是氢气作为新能源，再之后又说了生物质能也就是说乙醇替代汽油，现在大家都在说纯电动车。这几种技术福特全都参与其中，但是现在我们肯定主要是投入在纯电力车型上。电动车方面我们有三个方向：第一是纯电动车，这是我们的开发方向，第二是插电式的混合电力车，第三类是传统的混合动力车。这三个方向我们都有所推进。我想说到的一个问题，即使汽车用的是非常洁净的能源，用的是电，也不产生任何的污染和排放，但是如果发电的这个过程中用的煤炭不够清洁，其实也并不解决问题，真正解决问题需要各个行业全部整合在一起用统一的眼光来看待能源的应用问题，从发电到能源在汽车上加以应用。

福特今年宣布的智能移动计划，是基于智能交通和智慧城市的角度，并不是从一个汽车公司的角度？

比尔·福特　我们觉得单靠解决汽车问题的话，你是没有办法解决各大城市中央城区严重拥堵问题的。所以最终如果我们想要老百姓的"行"更好，需要依赖多种形式的交通方式，包括汽车、巴士、高速铁路，同时也包括行人，这几种不同的交通方式之间要进行互联互通，要进行交流。未来城市，你拥有一辆车不一定是通过购买来实现的，会变为如共享车的所有权，或者获得使用权，需要的时候能够拼车或者租车，这种形式都已经出现了，这会带来全新的汽车拥有方式和交通进行方式。从福特非但没有认为这是一种威胁，还感到这是非常好的机会。因为答案非常简单，我们最终的目的就是提供最佳的客户体验，我们在选择供应商的时候，不管是大供应商还是小供应商我们的标准始终如一，就是要寻找一个能够帮助我们提供最佳客户体验的合作伙伴。

为什么第三代 SYNC（指福特车载多媒体系统），福特选择了和黑莓合作，而不是更具影响力的微软或谷歌？

比尔·福特　宏观地看，可能您说的是对的，但是当涉及到一个具体的细节，车上 SYNC 系统提供的技术，或者说客户体验，可能黑莓恰恰是更好的，您的这个观点未必是完全正确的，因为客户他们在使用产品、感受体验的时候，他们不是说在乎一个品牌，他在乎的是这个系统对他来说管用不管用，能否让他用得舒服、有好的体验。

围绕汽车互联福特做了很多工作，你对汽车互联这个概念怎么理解？

比尔·福特　汽车互联其实有多重含义，最高的层次就是自动驾驶，车辆进行无人的驾驶。然后接下来是车辆通讯和娱乐系统，再之后还有车车互联、车车对话，同时汽车和基础设施之间能够进行无缝衔接和对话，但所有的这几层含义归根到底都是为了来解决问题，老百姓解决问题，从而提升生活品质，哪家公司能够成功地把这些智能应用应用下来，这家公司一定会成功。

福特汽车互联开发现在处于哪个阶段？

比尔·福特　说实话刚才说的每个层面的技术都在进展，不是顺序进展而是每个层面都在同时进展。比如说车车互联这一块我们发展速度已经非常快了，车和基础设施之间进行互通互联也开始取得进展，说到自动驾驶，我们认为技术领域可能还需要几年时间进一步发展，但我可以在这里作出一个判断，无人驾驶的技术一定会领先于法律法规到位和大众接受之前就能够实现完全成熟。今后这个技术的成熟度会不断的快速发展，最后一步就是法规开放。到这个阶段大家不会感觉到法规的开放，无人驾驶汽车会非常自然地成为我们生活中的一个重要组成部分。

在包括汽车互联等新技术上，福特如何将中国消费者的需求考虑进去？

比尔·福特　我们在福特中国特别重视的一点就是不断的关注倾听，关注广大中国消费者的心声，我们获得一些洞见。我们有"一个福特"计划，就是中国福特和全球福特互联互通成为一体，我们在中国听到的声音立刻就会传输到全球总部产品开发部门，他们立刻就会吸收中国的消费者需要。

发表于财新网 发表时间：2015 年 4 月 23 日

东风入股

标致雪铁龙集团董事、执行副总裁
亚洲运营部 CEO：奥立维 (Gregoire Olivier)
记者：朱世耘
见习记者：李尚晶

　　或许这是标致雪铁龙集团（下称 PSA）董事、执行副总裁、亚洲运营部 CEO 奥立维 (Gregoire Olivier) 接受过的最"随意"的专访。没有特意安排的的专访室，没有正襟危坐的公关和翻译人员。7月2日，刚刚见完国务院副总理汪洋的奥立维与财新记者在酒店大堂里直接开始一对一的专访。期间英语、法语与中文乱入，或正是这种无语言障碍的直接沟通，让我们能够更加清晰的了解一场在中国汽车史上从未有过的资本运作项目的推进和落地情况。

　　今年3月26日，在中法两国元首的见证下，东风汽车集团股份有限公司（下称东风）与 PSA 在巴黎签订《关于增资入股的总协议》，东风将通过定向增发和配股认购，向 PSA 入股8亿欧元，持股14%，并与法国政府和标致家族并列成为 PSA 的第一大股东，拥有同等的投票权。28日，双方在北京签订了《全球战略联盟合作协议》，根据协议，双方将共同设立一家出口公司；将设立新研发中心；将共同推动神龙的发展；将建立协同采购及供应商体系，降低成本。

　　22年前，东风集团与 PSA 于1992年5月合资兴建大型汽车生产经营企业神龙汽车有限公司，双方各持50%股份，总部位于湖北武汉。

2013 年神龙汽车的销量是 55 万辆，而中国汽车市场总销量为 2000 万辆。根据神龙汽车"三年倍增"计划，2014 年目标销量为 65 万辆，2015 年达到 80 万辆。

这场史无前例的合资公司中方入股外方母公司的资本运作项目，从开始之初便备受关注。其中最聚焦的问题，莫过于出钱的东风能否做得了 PSA 的"主"，双方在资本和合资公司两个层面的结盟又将面临什么样的挑战？奥立维向财新记者详细讲述了东风入股后 PSA 与合资公司的管理架构、运营流程及未来的中国事业。新的架构比较复杂，但确如当初东风副总经理刘卫东对财新记者说，"现在不讲争权，而是谁的能力，谁的责任。"

财新记者 我们知道，东风入股 PSA 之后，PSA 的管理架构也随之进行了调整，您可以为我们梳理一下目前 PSA 的管理架构吗？

奥立维 东风入股之后，徐平（东风董事长）和刘卫东（东风副总经理、PSA 亚洲事务委员会主席）进入了 PSA 监事会。监事会两个月前开过一次会，7 月 28 日还要再开一次会。期待徐平和刘卫东等监事会成员能够给我们未来如何来经营亚洲事务区的公司一些建议。

目前 PSA 的架构较为复杂，我还是画一张图用以示意为好（参见图表）。

监事会和管理委员会的权责范围怎么来界定呢？

奥立维 举一个例子。我们 7 月 2 日刚刚宣布了在成都建立神龙合资公司的第四工厂，年产能 30 万辆，这是由管理委员会决定的。例如在哪里投放什么样的车型这一类的决定，都不需要通过监事会。监事会主要做一些策略性的决定，比如和东风建立合作关系，允许东风入股 14%，在监事会层面给东风席位参与亚太部分的运营，或者把 CEO 换掉，这些事宜就需要提交监事会允许。

我们看到，在刚刚扩容的执行委员会中没有一个来自东风的人员，这是为什么？

奥立维　目前，执行委员会的成员主要包括 4 个管理委员会成员，比如 PSA 管理采购、人事、生产制造、研发的负责人，以及巴西区、俄罗斯区等大区的负责人。共 15 人。

将来会由中国人来管理 PSA 中国区吗？

奥立维　目前，亚洲部的工作还是由我来负责。我们正在计划安排人手专门负责中国部分的工作。从长远看，也不排除将来中国部的负责人是中国人的可能。

那么新设立的战略合作委员会和协调办公室的职能又是什么呢？

奥立维　战略管理委员会每年开三次会议，徐平和唐唯实都会参加。两位 CEO 会在会议上签订一些新的合作协议，并审查之前合作的落地情况。目前重点审核的是新的研发中心、出口公司和推进东风自主品牌发展这三个项目。战略管理委员会最近的一次会议会在 7 月 28 日举行，届时我们会看双方有没有在更多领域合作的空间。

协调办公室设在我们的巴黎总部，一方面为了推进双方项目的进展，另一方面会去负责寻找一些新的项目，引入一些新的想法和观点。我们把这新的观点呈现给双方的 CEO，协调办公室是让我们找到在新领域合作的引擎。

协调办公室是在双方签订合作协议时已经确定的，我们的目标是 2014 年

9月1日协调办公室开始工作。目前的筹备的重点是找到双方合适的人选加入协调办公室。

亚洲事业发展委员会和您所属的亚洲运营事务部的关系和工作模式是怎么样的?

奥立维 首先我要告诉你二者的关系。在 PSA 中,监事会任命 CEO,CEO 决定执行委员会的 15 人名单(包括 4 个管理委员会人员),我的老板是 CEO。

监事会他们的作用是分析 CEO 呈递的战略建议。他们通过设立四个委员会(薪酬与提名委员会、审计委员会、战略委员会、亚洲事业发展委员会)来帮助他们分析这些建议。

每个季度,管理委员会会把上一季度的工作向监事会汇报。对于亚洲运营部来说,我先把工作向由东风副总经理刘卫东担任主席的亚洲事业发展委员会汇报,之后亚洲事业发展委员会会去告诉监事会如何判断我们的工作成果和计划。所以在过程上,我会先找刘卫东商量,之后汇报给监事会。

假设我们现在在亚洲有一个大的决策,要在一个新的国家建一个工厂,我会把这个想法呈报给亚洲事业发展委员会,讲解我们在选址、供应商选择等方面的计划,听取他们的看法,之后呈报给监事会。届时,PSA 监事会主席路易斯·伽罗华先生会说,我们已经看过你们的决定,我想知道刘卫东的想法。并不是监事会的每个人都有时间去了解计划的每个细节,所以他们需要从亚洲事业发展委员会处听取意见。

关于之前协议里面提到的研发中心,双方的投入是怎样的?

奥立维 这个问题很简单,PSA 有一个研发中心在上海,主要进行平台之外的产品研发。明年我们将会在现有的 PSA 平台之上开发东风风神汽车。这个过程相对容易，因为我们在上海研发中心的 700 多位工程师已经知道如何开发标致和雪铁龙汽车，掌握了其中的技术。风神的加入只是对不同风格的产品进行开发。所以未来我们将会在上海研发中心增加东风风神这第三个品牌。

在投入上，我们计划将上海研发中心 50% 的股份卖给东风。告诉你实话，从股权比例上，有可能是东风拥有 50%，PSA 拥有 50%，但也有可能是东风占 40%，PSA 占 40%，神龙占 20%，但介于神龙是我们的合资公司，所以本质上还是对半开的股比。

选择神龙作为研发中心的股东之一，是因为神龙是汽车制造商，可以使从研发到制造的流程更通畅。我们还在就股份比例的问题进行商讨，但是基本上来说，东风会有 50% 的股份。我们会慢慢的提高东风自主品牌在研发中心所占的分量。

在技术分享上，双方的合作机制是怎么样的？

奥利维：从技术上来说，技术全是 PSA 的技术，因为从协议上来说，我们会公开所有 PSA 的技术给东风。现在我会告诉你非常重要的细节。已经由 PSA 开发好的技术，东风在使用时，需要支付专利权使用费。但同时我们不仅仅会把已经拥有的技术应用在东风上，同时我们会在上海的研发中心开发新的技术，这些新的技术会由东风和 PSA 共同拥有。这意味着东风可以免费使用这些技术。

7 月 28 日，我们会提出一些关于新技术的议案，东风就会拥有这些技术。我们现在策略就是在上海研发中心开发新的技术，让东风拥有它。

关于双方组建新的出口公司的进展如何？

奥利维：今天我刚刚拜访了中国国务院副总理汪洋，他表示上海自贸区未来的发展会越来越深入。这令人很振奋，我们希望能够利用这个机会在自贸区有一些动作。

但新加坡同样是合资公司的备选地，目前神龙已经派相关人员前往新加坡与当地政府接触，评估在当地设立出口公司的合理性。在那里我们可以更好的贴近消费者。但今天看来，自贸区也是一个非常好的选择。最终的结果会在战略合作委员会的会议上决定。

新出口公司的职能是什么？

奥立维　新设立的出口公司，负责神龙和 PSA 的产品在亚太地区，尤其是东南亚的销售和服务，亚太地区主要包括泰国、印度尼西亚、马来西亚等国家，目前由神龙生产的整车零部件已通过 CKD（Completely Knock Down 全散装件）的方式销往马来西亚和越南。今年 PSA 计划向东南亚市场出口 1 万辆汽车，并从 2015 年开始逐步增大规模。我们正在建立长期的产品计划，以更好地覆盖亚洲市场，时间周期可以用 10 年来计算。

在东风与 PSA 的合作上，除了技术之外，双方在管理上是否能够实现互补？

奥立维　说起管理经验，我们现在正在组建交叉培训项目，让东风管理层的经理来我们的公司，并且反之把 PSA 的管理层派到东风去。所以我们有想过提高双方的管理能力。这个交叉项目还未开始。我们现在的主要注意力集中在为巴黎协调办公室找到合适的人选。

PSA 希望通过和东风的合作获得什么？

奥立维   第一，我们希望提高在 PSA 亚洲地区的业务表现。

第二，我们希望和东风一起合作，在亚洲建立共同的生产厂。在同一工厂、同一平台之上生产东风、标致、雪铁龙这三个风格不同品牌的车型，这样会很快的提高三个品牌的产量。同时，这样也可以让我们实现统一采购，对于供应商来说，为三个品牌供货，会是一个很大的购买量，可以给我们更低的价格。

最后，你如何评价 PSA 与东风的合作？

奥立维   我认为我们现在的合作非常成功。我们的合作已经有 22 年了，刚开始的时候，对于 PSA 来说非常不容易，因为适应中国的市场非常不容易。我们在中国市场推出的第一款车业绩并不是很好，我们必须学习认识中国消费者的需求，跟东风一起完善我们的计划，这样才能让我们的车更快的适应中国市场。

对我们来说，最艰难的问题，并不是我们和东风的关系，而是适应中国市场。因为中国消费者的需求和欧洲消费者非常不一样。

发表于财新网 发表时间：2014 年 7 月 9 日

中国汽车技术还落后十年

杰克控股创始人
董事长兼执行合伙人：杰克·佩尔科夫斯基（Jack Perkowski）
记者：沈乎

华尔街二十年的投资银行家生涯后，杰克转而探索中国和亚洲市场的机会。1994 年，他在北京成立了汽车零部件生产商亚新科工业技术有限公司，在 2010 年将其出售给贝恩资本。随后，他又成立了一家位于北京的投行——杰克控股。

杰克是探索中国市场的美国企业家先驱者之一。1994 年，他在北京创立了一家汽车零部件企业亚新科，后将其出售给了贝恩资本。他还写过一本书：《管理巨龙：我如何在中国创建了一家亿万美元公司？》，告诉美国人如何在中国做生意。如今，他回归了自己的老本行，在北京做起了投行生意。

财新记者 中国汽车产业已经发展多年。我们很想知道，论技术，中国汽车厂商与国际相比处在什么水平？

杰克 技术差距依然很大。中国 1978 年改革开放，当时美国和欧洲的汽车产业已经有了几十年的发展。而那时中国的汽车业，自 1953 年建立第一家工厂以来，基本没有什么进步。要追赶 30 年并不容易。大多数人认为，踩油门走——踩刹车停是理所当然的事，但其实要让这些以一种安全的方式发生，也不是那么容易的，需要很多技术。美国市场，制造、销售和出口汽车都有很长的历史，这是他们的优势。中国厂商正在追赶，但差距仍然很大。

还需要多少时间才能赶上这种差距？

杰克　直到上世纪 90 年代初期中国才开始发展乘用车。在建立合资厂之前，中国其实没有乘用车工业。老的上海汽车制造厂生产上海牌轿车，加上红旗轿车，但年产量不超过 2000 辆。

真正的大发展要到 2002 年中国加入 WTO 之后，当年中国生产 220 万辆乘用车，可能是卡车产量的一半。去年，乘用车产量是 2000 万辆，十年间发生了非常大的增长。

中国没有自己的乘用车公司，基本上所有技术都来自合资公司，这些合资公司从全世界带来先进技术，本土公司直到晚些时候才开始开发自主品牌。所以人们说，要在欧美看见中国车，要达到当地的质量和技术标准，可能还需要一段时间。

这个差距在十年以上。

最大的差距在哪里？

杰克　来自两方面，一是电子设备，二是系统。中国的机械零部件公司已经相当不错，但现代乘用车要求整合，不只是零部件的整合，还包括电子设备。如今乘用车包含更多装置，如数不清的传感器。将机械部件与电子设备整合，形成刹车或转向系统。很少的中国公司拥有生产设计这些电子设备的技术或能力。中国公司可以制造所有的机械零部件，但尚不能完成整个系统的设计。

许多中国公司向电动车研发大量投入，这是否是个正确方向？

杰克 混合电动车和纯电动车无疑将在汽车市场占有一席之地。我们曾经有过讨论，共识是到 2020 年，高端电动车大概会占到 10% 的市场。这可能比大多数人想象的要低，因为媒体上有许多超过产业实际情况的、天花乱坠的宣传。

把这些宣传抛到一边，显然，电动车肯定会有空间，尤其在中国。因为中国对能源的需求大，可以用的都会用，没有什么选择，所有的可能性都会用得上。

接下来的一两年，投电动车的厂商可能会觉得比预想的要难一点，热潮会有所降温。但电动车最光明的前景恐怕就在中国，不仅因为能源需求大，而且因为人口多，城镇化。

在很多方面，中国还是一张白纸。在城镇化的建设过程中，可以设计为电动车充电的基础设施。在已建好的城市中植入这些设施则更加困难。

同时，中国天然气储量丰富，所以燃气型乘用车也将会有一定市场。中国市场将会有多种解决方案并存。

现在电动车销量仍然不大的原因是什么？

杰克 我想是因为价格。充电设施也是原因之一。

一些中国汽车公司已经开始开拓海外，如非洲国家的市场。你对这些扩张是否乐观？

杰克 那些是很好的拓展区域。世界上有 68 亿人，10 亿人生活在美国、西欧和日本，排放标准最严格的也是这些地区。58 亿人生活在其他地区。大约四五年前，奇瑞和吉利都试图去美国，但那是错误的开始地点。其他地区，比如非洲和南美等等，排放标准与中国类似，路况也类似，购买力也类似，但汽车产业的发展则不如中国。

我一直认为，中国厂家自然的市场是剩下的 58 亿人，而不是美国、西欧和日本。对那些市场来说，中国厂商已经准备充分，那里的消费者对价格更敏感，中国厂商的技术水平更适合那些地区的消费者。

　　吉利与沃尔沃的整合似乎不如想象中顺利，你怎么看？

杰克　整合不是一件容易的事情，两年时间太短，沃尔沃的销售有所下降并不令人吃惊，它最大的销售在欧洲，但你看看现在欧洲的情况。美国汽车行业在危机之后做了很多整合，而欧洲不是一个统一的国家，每个国家都想有自己的汽车公司，关闭工厂的阻力非常大。我想，要十年的时间，才能真正看清这个收购是不是成功。

　　有人认为，这三年已经说明，吉利对沃尔沃进入中国市场的帮助是有限的。

杰克　它们属于同一个吉利大股东，但控股结构不同，各自独立运营。我想它们现在要开设一些合资公司，但是将会花费一些时间。

　　给你讲个故事——我曾在 Morgan Guarantee 工作——它后来变成了摩根大通。有一天在公司，我和我的导师碰到一个人，等他走过去大概十英尺之后，我的导师对我说，"那是个 Guarantee 的人。"我进公司时 Morgan 和 Guarantee 合并都十年了！所以，即便在一个国家整合起来都很困难，何况是跨国的收购呢。

　　你对 2013 年的中国怎么看？

杰克　我认为中国会实现 8% 的增长。我想说的是，人们不明白，这是一次有计划的放缓。中国尽其所能去降低经济增速，使用货币政策，收紧信贷，以实现更加可持续的增长。中国的经济正在转型，从出口导向，依赖政府投资，只注重工业生产，到更加注重消费和服务及高附加值的产业。

而这对汽车行业也是利好消息，在美国，多数乘用车是以贷款购买的——如果不是租用的话。在中国这个比例仅为 5%。我想它会促进汽车行业的发展。

发表于财新网 发表时间：2013 年 5 月 16 日

中国汽车品牌应专注扩大国内市场份额

艾睿铂商业咨询驻上海董事总经理：罗曼 (Ivo Naumann)
记者：戴甜

    罗曼，艾睿铂（AlixPartners）商业咨询驻上海董事总经理，在中国、日本居住并工作达18年，主要负责亚洲企业的战略及财务咨询工作。

    新能源汽车产品和出口市场是国内汽车品牌去年年报中争先捷报的两笔。

    据中国汽车工业协会年初发布的数据，2012年中国新能源汽车销量达到1.28万辆，其中纯电动汽车1.14万辆，占89%，按照可比口径比较，销量同比增长103.9%；插电式混合动力车1416辆，占11%。

    不过报告同时指出，按照2012年中国汽车销量1931万辆的规模，新能源汽车的销量占比仅为0.06%。

    出口方面，吉利汽车（00175.HK）3月公布业绩，其去年出口增长1.57倍至10万辆，前四大出口对象为俄罗斯、伊拉克、沙特阿拉伯以及乌克兰。比亚迪（1211.HK）亦于去年末宣布，其继长城汽车后，作为第二家中国自主汽车品牌进入保加利亚市场，与保加利亚能源公司Bulmineral签约成立合资公司生产电动大巴。

    罗曼指出，中国汽车市场目前的竞争激烈程度居世界前列，致使汽车生产商寄希望于出口来解决问题，但在国内市场不成功在国外就更不可能，出口市场不能代替国内市场，中国汽车生产商应专注于扩大规模，先专注于扩大国内市场份额。

财新记者 如何看今年国内汽车市场和出口市场？

罗曼 我认为今年中国轿车市场将是不错的一年。国内市场还是很强劲，能有 10% 至 12% 的增长，这一数字可能不算高，但考虑到整个市场的规模就很可观。如果市场有 10% 的增长，那意味着新一年差不多能卖出 200 万辆车。整个印度市场也只有 400 万辆。中国市场 10% 的增长差不多相当于一半的印度市场。

然而虽然有增长，企业盈利方面还会受压，因为国内市场竞争异常激烈。目前中国汽车市场的竞争激烈程度居世界前列，且大部分竞争其实主要集中于国内汽车生产商之间。尽管市场有增长，但产能的增加更快，存在产能过剩。

面对激烈竞争和产能过剩，大多数企业管理层寄希望于拓宽外国市场以解决问题，但我觉得这是错误的一步，出口市场不能代替国内市场。

首先，如果一家汽车生产商在国内都不能成功，那么它在国外自然也不行。其次，还没有一个中国汽车生产商真正打进美国、欧洲或日本，它们出口对象往往是小市场，如尼日利亚、伊朗等，不能代替其在国内市场的利润。中国的汽车生产商不应专注于出口市场，它们应更多关注如何扩大自己在国内市场的份额，成为强大竞争对手后再将重点转至出口。

中国汽车生产商在扩大国内市场份额方面有哪些可为之处？

罗曼 第一是扩大规模，目前中国的汽车生产商都比较小。即使是中国大的汽车生产商，每年也才生产 80 万辆车左右。汽车行业是资本密集型产业，研发费用高昂。如果是小规模生产商，它们可以用于研发的资金支持也相对少。

通常来讲，国际上汽车企业研发投入应占总收入的 5% 到 7%。中国的问题是奇瑞 5% 的收入和大众 5% 的收入相距甚多。中国汽车生产商要想有竞争力需要扩大规模，产量至少达到 200 万辆的水平。

当然除了扩大规模以外，中国汽车生产商也应注重品牌形象，产品质量也有待提高。

如何分析整个国内汽车行业整合兼并的可能？

罗曼 总的来说，中国汽车行业的整合兼并是有利的，但是发生的可能性较小。这包括很多政治因素在其中，因为地方政府不想失去他们自己的汽车生产商，这一问题难以在短时间内解决。上市公司的股权收购会相对容易些。

我的理解是政府从长远来看，是想扶持 4 到 5 个中国汽车品牌，其实这一视角是对的，关键是还没有执行。大的成熟市场像美国只有三大汽车生产商，德国也只有三大汽车生产商，法国有两个，意大利有 1 个，西班牙有 1 个，日本有 5 个，韩国有 2 个，而中国目前有 20 到 30 家，这并不合理。

政府今后对新能源技术的鼓励及环保问题对汽车企业相关研发有哪些影响？

罗曼 中国过去也将继续改进电动车补贴政策。中国希望能够一步跨越进电动车的时代。到目前为止，没有成功。电动车目前尚未对整个市场有一定影响。从国际来看，目前电动车也是一个新的策略方向，但还没有一个国家电动车占有重要份额。问题在于技术本身，电池技术还未尽成熟。

中国现在放缓一步到电动车的脚步，先争取混合动力车和天然气动力车。这将是营销策略重整的时间，企业调整新能源汽车的市场份额，可能会经历天然气动力车和混合动力车的阶段，然后也许 10 年后步入电动车。

汽车企业的研发重心应该偏向于什么？

罗曼　即使是传统的机动车引擎还是有降低排放的可能，通过技术改进使排放降低至少 20% 到 25% 还是可以实现的。如果传统引擎能减少 25% 的排放，还是很了不起的改进。企业的首先要考虑应该是推进现有的技术。

怎么看日系车遭袭事件对国内汽车市场的持续影响？

罗曼　事实上消费者可能 4、5 个月后就忘记了，但持续影响在经销商。如果你是日系车的经销商，这已经不是第一次了，之前也发生过两次，你投资上就会变得很谨慎，因为每隔 3、4 年也许这种事情就会发生，人们不买车了、店面玻璃被砸，他们在增开新店上会很犹豫，或者就直接倾向于做其他的生意，开其他品牌的旗舰店。政治上存在诸多不确定因素，而投资者不喜欢不确定的东西。

从事件中"获利"最多的是韩国和欧洲、美国一些汽车品牌。

记者述评｜相比于德国、日本、美国等成熟市场品牌高度集中的现状，中国汽车企业可以说是机遇与挑战并存。如何在国内挤占更大市场份额、提升国内消费者的品牌认可度是他们"做大、做强"理想路上要过的第一关。

发表于财新网 发表时间：2013 年 5 月 6 日

第六篇·IT 与互联网 ＋

向前一步

Facebook 首席运营官：谢丽尔·桑德伯格（Sheryl Sandberg）
记者：胡舒立

　　现年 44 岁的谢丽尔·桑德伯格，出生在一个犹太家庭，毕业于哈佛大学商学院。曾任美国总统克林顿时期财政部长办公厅主任。后投身硅谷，任谷歌全球在线销售和运营部门副总裁，现任 Facebook 首席运营官，被媒体称为"Facebook 的第一夫人"，跻身福布斯"2013 年全球最具影响力的十大女性"榜单。

财新记者　你也记着，有一次我去谷歌，你不在。但是为我安排了与其他人会面。那是在 2007 年，你在谷歌的最后一年。你为什么选择从谷歌辞职，去了 Facebook ？

桑德伯格　我选择 Facebook，是因为我对它在做的事情很推崇。人们能够在这个平台上同朋友分享和沟通。如果你观察包括中国在内，全世界的社交媒体，人们真的都在使用。它已经对人们的生活产生了深远影响。

　　你认为 Facebook 所具备的所有特点中，最令人着迷的是什么？

桑德伯格　Facebook 最有趣的一点是，在互联网上你以真实身份示人。在 Facebook 上，我就是我自己，我用真实身份与朋友家人互联。我可以分享在自己身上真实发生的事。

你说过，马克（马克·扎克伯格，Facebook 首席执行官）激发了你的灵感，是以什么样的方式？你能具体说说吗？

桑德伯格　马克从不畏惧做重要的事情。他珍惜身边所有的人，使其变成最好的自己。他非常鼓舞人心。举一个例子。几年前，他决定学习中文。我觉得，一个首席执行官决定学习的，不止是一门新的语言，而且是对成年人来说非常困难的语言。但是，他还是开始学习中文。他雇用了老师，和一些员工练习。现在，他会说了，很不可思议。

记者述评　2008 年 3 月，Facebook 宣布由桑德伯格出任公司首席运营官时，外界一度不看好这对新搭档，觉得这简直是让 38 岁的桑德伯格去给 23 岁的公司 CEO、IT 神童马克·扎克伯格当"保姆"。但这位曾参与搭建谷歌广告平台的女管家，为 Facebook 找到了新的商业模式，即广告模式，令公司广告收入成倍增长，也同时教会了扎克伯格如何将手中的庞大的用户资源转换成现金流。

桑德伯格　我在朋友丹的圣诞聚会上第一次见到他。我们开始谈论如何使企业规模扩大。接着，我们决定一起返回。我们当时都是在圣诞度假。我们决定一起回去，以便继续进行交谈。之后，我就决定加入 Facebook 了。

我有一次在阿斯彭遇见他。他真是看起来非常年轻，娃娃脸，有一点害羞。这是真的吗？他不善言谈。

桑德伯格　不，我觉得马克非常有魅力，也很热情。但就职业层面，他是一个计算机科学家，很喜欢讨论产品。

> 但是你没有技术以及 IT 背景，你认为在和同事共事时，你成功地成为了一个受欢迎的人和受欢迎的领导吗？这是怎么实现的？

桑德伯格　我和马克一起工作是非常互补。他运营产品设计团队，从事开发产品。我负责商业方面的事务。他也在这方面帮助我。但是我在 Facebook 的角色，就是帮助他专注于他想实现的技术进步。

> 你认为 Facebook 已经找到了成功的商业模式，还是仍然在寻找新的可能性？

桑德伯格　不，我们已经找到了成功的商业模式，这就是广告。全世界的人们都在用 Facebook 为他们的产品和服务打广告。在中国也是这样。许多把产品和服务销往海外的中国公司，正在利用 Facebook 寻找到目标消费者。更重要的是，广告模式在全球范围内都有效，因为有很多人花大量的时间上 Facebook，大家都想互联互通，不仅和朋友，也包括正在使用的产品和服务。

> 如今，人们都在谈论大数据。你对此的想法是什么？ Facebook 是如何提供数据分析的？

桑德伯格　这个术语主要是行外的人在使用。我很难解释它，我甚至不确定其他人是否能够很明白地阐释出它的意义。我们不这么用。

> 那你们打算拓展到这个领域吗？

桑德伯格　我认为我们不需要。我们的广告模式非常成功。人们喜欢看到自己感兴趣事物的广告。我想看到有关我朋友婚礼的故事，我的朋友黛比想看到她朋友婚礼的故事，其他人也会有自己想看到的事情。我和我的丈夫对电影喜好不同。我喜欢浪漫戏剧，而他喜欢枪战片。所以，精准的电影广告是，我会看到我喜欢电影类型的广告片，他会看到他喜欢电影的广告片。理解这一点，Facebook 就能为我和我丈夫带来更好的用户体验。

记者述评　涉及 Facebook 的话题，其实不是桑德伯格此行愿意在公众面前过多谈及的。她最希望探讨的是新书《向前一步》以及书中的两性平等话题。作为全球最成功的女性之一，桑德伯格以自身经历为例，在书中剖析了男女不平等现象的根本原因，为职场女性代言。

你的个人经历分为三个阶段，从萨默斯教授的研究助理，谷歌副总裁，再到 Facebook 的首席运营官。那你的人生梦想是什么？

桑德伯格　我的目标就是平等，男女平等。男孩女孩、男性女性，无论在工作场所还是家中，都拥有同等权利和义务的世界。因为正如我书中写到的，当我开始工作时，我以为这些不平等都解决了。我知道在我这个级别的男女构成是一半对一半。但是当我向上看时，我发现只有男性。当时我以为这样的歧视是由于历史原因，社会已经进步了。但是，从我过去 22 年的工作生涯来看，并未改变。一点都没有改变。这也是《向前一步》诞生的原因。

在我们的讨论中，论坛上的讨论，你提到杰出女性总被称作"爱管事"，却没有人这样形容男人或者男孩。你也提到你的哥哥说，在你小时候，你很"爱管事"，你真的是这么想的吗？

桑德伯格 是的，我这一生中都被人称作强势。我认识的大多数女性领导者也同样受此待遇。我在论坛上问台下观众，如果你是男性，有人曾在工作中告诉你，你过于强势，请举手。几乎没人举手。如果你是女性，有人在工作中曾经告诉你，你过于强势，请举手。所有人都举手了。我们对待男性和女性就是如此不同。

当别人说你很有野心时，你会觉得不舒服吗？

桑德伯格 当然。"野心勃勃"这个词，当它应用在女性身上是，具有明显贬义。如果你说，她有野心，这是贬义的。如果你说，他有野心，就是肯定的语气。这就是我们需要改变以便女性获取平等领导力的地方。

你认为女性领导者应该具备怎样的能力，才能在办公室受欢迎？

桑德伯格 女性在成功的同时又受欢迎，这样的挑战是真实存在的。我的新书《向前一步》里提到，世界上的每一个人，包括在中国，男性越成功，也更受欢迎。但是随着女性成功而来的，是更受鄙夷。好的一点是，通过意识到在面对挑战时男女待遇的不平等，我们可以为女性改变这样的局面。这种变化令人激动。

你的丈夫怎样看待你在婚后越来越成功的表现？

桑德伯格 我认为，在夫妻之间，我们的假设是男性应该更成功。这也是《向前一步》试图改变的，女性可以获得更多的机会。我有一个好丈夫，他对我的工作引以为傲。他坚信，因为我们有儿子也有女儿，这个世界应该对他们都是公平的。

当我不出差的时候，我通常回家跟孩子们一起共进晚餐。我能做到回家陪着他们。但显然，这一周我在中国，回家一起吃晚餐可是太远了。但是我丈夫这周会在家，并且我们也在计划家庭旅行。所以，至少我们中有一人会陪伴孩子。

记者袁新、王姗姗对本文亦有贡献
发表于财新网《舒立时间》栏目 发表时间：2013 年 10 月 10 日

微软仍在创新

微软常务副总裁和总法律顾问
微软公司董事会的秘书长：布拉德·史密斯（Brad Smith）
记者：覃敏

　　布拉德·史密斯 1993 年加入微软，2002 年出任公司总法律顾问，现在领导着微软公司全球的法律及公共事务部门近 1100 名遍及 55 个国家的团队，负责公司所有法律事务、知识产权及专利授权、政府关系，公共政策，以及企业公民工作。加入微软公司之前，是 Covington & Burling 律师事务所的合伙人。

　　科技巨头们都在马不停蹄地推陈出新，从智能手机到平板再到可穿戴设备乃至操作系统、各类 APP，谷歌、苹果、亚马逊接二连三地抛出新产品，争先恐后提出新创意。

　　在这波翻涌的创新大潮中，市场很少看到微软的突出表现，反而觉得微软遭遇创新瓶颈，有些疲于应对。对此，微软全球常务副总裁兼总法律顾问布拉德·史密斯接受财新记者专访时表示，微软的创新步伐在加速，布拉德坚信，创新能够帮助微软在中国乃至世界赢得成功。最近 5 年间，无论是软件还是硬件，微软都有不错的创新成绩，"现在是微软创新点子最多、范围最广的阶段"，布拉德·史密斯说。

财新记者 微软从何时起开始在中国做一些鼓励创新的活动？这些年来，微软在中国的创新投入有多大？

布拉德·史密斯　微软进入中国市场已长达 20 多年。从进入中国市场开始，我们就一直支持创新。在微软看来，进入任何一个国家的市场都必须具备两个先决条件，一是具备先进技能的人才，他们可以帮助更多的人掌握技术；二是用健全的法律体制、知识产权保护我们的产品和技术，结合当地市场具体需求，提供本地化的服务。我们认为，创新能够帮助微软在中国乃至世界赢得成功。

在中国，微软拥有 5000 名员工，其中 3000 名是研发人员。除美国本土市场之外，这是微软在全球最大的研发团队。该团队主要针对中国市场的实际情况进行技术研发，但它们的研究也给微软在全球其他地区的技术创新提供借鉴，使微软的技术和产品融入中国元素。

至于资金投入规模，这些年微软在中国的投入累计起来达到数百亿美元。一个典型的案例是 Surface，它的整个研发、生产体系都在中国，微软在这上面投入了 5 亿美金。此外，微软还是第一家在中国部署云服务的跨国企业，将在北京、上海建数据中心为用户提供服务。

微软如何看待中国当前的创新环境？

布拉德·史密斯　中国的创新环境正在不断改善。首先，我们看到中国非常重视人才培养，一批大学譬如清华大学都致力于通过良好的教育让人们获得技术创新乃至创业的能力。从这一点上，中国已经加入到了世界领先经济体的行列。

接下来，就是如何将这些技术创新转化为知识产权并进入市场。在我们看来，一个新成立的企业首先需要容易融资的机制，融资之后要有简捷的上市渠道，上市之后则要有好的方式保护知识产权。中国需要在建立健全这些机制上加大力度，目前，这些领域也正在进行一些改革。

当前，全球很多成功的科技企业来自中国，譬如华为、中兴、百度、腾讯、联想。

市场不少人士认为，相较于谷歌的产品发布大会、苹果的 iPhone 及 OS 操作系统，微软近期的产品没有太多亮点，由此质疑微软的创新力。微软如何看待市场的这种态度？微软的创新力是否在衰退？

布拉德・史密斯　如果你在 2005 年提出这个问题，我还会犹豫。但是现在，微软的创新步伐在加速。

过去 5 年间，在软件方面，微软在企业市场、用户安全、隐私保护领域做出了很多创新，只是这些创新并非是大众消费者能够一目了然的。在硬件方面，微软也有很多创新，譬如 Surface，谁也不会想到它的键盘是具有磁性的、能够随意连接，还有支架能将其随心所欲地支起来。而且，微软下个月即将推出新一代 Xbox，这款游戏主机配备 3D 照相机，能够自动进行面部识别并显示身体各项指标情况，人们可以据此设定运动方案。与 Xbox 同步上市的 Kinect 体感设备搭载即时通讯软件，能够实现高清视频通话。在我看来，现在是微软创新点子最多、范围最广的阶段。

微软在互联网和硬件上的创新力度逐渐加大，微软是认可了"苹果"模式是典型的科技巨头转型方向，还是说微软会有自己独特的发展战略？

布拉德・史密斯　我们认为，软件在未来的发展趋势，一是搭载设备，一是以数据中心的形式提供服务。对于微软来讲，未来的发展既包括设备也包括服务类产品，譬如我们会在上海、北京建数据中心，通过 Office 365 这一产品为用户提供云服务。

我们的创新点将兼顾设备、软件两个层面，但是当用户提及微软，首先想到的还会是一家软件公司。

通过收购诺基亚，微软自身体量增长了 25%。此次收购之后，我们会继续加大设备领域的投入，其中大部分投入会放在中国。诺基亚在中国拥有 2000 多名研发人员，6000 多名生产工人，是北京最大的出口企业。或许明年，我们也可以这样说，"微软是北京最大的出口企业"。

谷歌擅长的领域是软件，苹果擅长的领域是硬件，而微软将软硬件整合，这将取得意想不到的效果。我们觉得，这里面存在巨大的投资机会和增长机会。

记者述评

在谷歌、苹果层出不穷的科技创新大潮里，微软正面临着一场残酷的竞争。至少从用户感知上，谷歌、苹果的创新节奏要远远快于微软。

今年，谷歌抛出的可以连接电视的 Chromecast 电视棒、提升 30% 屏幕色彩表现力的 Nexus 7 平板电脑，新潮的谷歌眼镜、谷歌智能手表令人目眩。

苹果在乔布斯时代之后一度被市场指责创新乏力，但苹果仍顽强地以 iphone、ipad、MacBook 等产品的升级版本长久地停驻在人们的视野。

而微软，除了令人津津乐道的诺基亚并购，在产品层面鲜有令人兴奋的点。

微软的老本行——Windows 操作系统也遭遇正面冲击。在移动互联网时代，Android 操作系统免费且开放，苹果也在近期宣布未来的 Mac 操作系统 OS X Mavericks 将免费，那么，微软一直引以为豪的 Windows 操作系统将何去何从？市场研究公司 Gartner 预计，今年，使用 Android 操作系统的设备总出货量约为 8.8 亿台，使用 Windows 操作系统的设备约为 3.32 亿台，使用 iOS/Mac OS 操作系统的设备约为 2.72 亿台。

微软一直坚持创新才能赢得市场。或许，微软也一直在人们看不到或看得到的地方进行了创新。但在愈演愈烈的科技创新大潮中，每一家企业都如逆水行舟，不进则退，微软不能掉以轻心。

发表于财新网 发表时间：2013 年 11 月 6 日

中国仍是戴尔第二大市场

戴尔亚太及日本地区总裁

全球新兴市场董事长：闵毅达（Amit Midha）

记者：覃敏

    闵毅达毕业于印度印多尔 SGS 理工学院，并获美国密苏里—哥伦比亚大学工业工程与管理科学硕士学位，曾在印度 Godrej & Boyce 制造公司任职，自 1995 年加入戴尔，2006 年起担任戴尔大中华区总裁。目前，负责戴尔在亚太及日本地区的整体运营，兼顾成长型市场的业务。

    距 2013 年 9 月 12 日戴尔获准通过总额约为 249 亿美元的私有化方案已一年有余。私有化之际，戴尔被人们所熟知的是遭遇挑战的 PC 业务、全力推进的企业级业务以及从最高 26 美元跌至 13.85 美元的股价；私有化方案公布之后，戴尔彻底从纳斯达克市场消失，低调地开始苦练内功。

    在长达一年多的私有化进程中，戴尔到底在做什么？避开了股票市场的纷扰，戴尔公司创始人迈克尔·戴尔将把戴尔引向何方？中国市场的位置是否受到私有化影响？

    闵毅达接受财新记者专访时表示，戴尔在私有化进程中，战略和组织架构都没有发生变化。戴尔在全球的战略一直是做行业领先的端到端的解决方案提供商，策略重心放在 B2B 业务上。中国仍然是戴尔在全球的第二大市场，不过，戴尔在中国将兼顾 B2B 业务和个人消费业务。

财新记者 迈克尔·戴尔于 2013 年 9 月坚持以每股 13.75 美元的价格将戴尔私有化。在一年多的私有化进程中，戴尔从公司战略、组织架构、财务等层面做出了哪些调整？

闵毅达 戴尔始终专注于做端到端的解决方案供应商。私有化之后，戴尔在战略和组织架构方面都没有发生变化。事实上，私有化促进了戴尔战略执行的加速而非战略变化。

私有化的目的是加速戴尔的创新，不断地给市场带来新的独特的解决方案。现在，戴尔对私有化一年以来取得的进展非常满意，譬如戴尔的研发投入从 1.6% 增加到 2.1%，戴尔增加了超过 18000 名的新客户，戴尔的市场份额在不断提升等，都是私有化之后的积极迹象。

私有化进程中，戴尔如何看待中国的市场地位？

闵毅达 中国市场对于戴尔来说具有重要的战略意义，因此戴尔一直非常致力于中国的市场发展。戴尔在中国维持着一个拥有 8000 名员工运营团队，每年在中国采购的零部件总额达到了 200 亿美元。

目前，中国仍是戴尔在全球第二大市场，这也是戴尔在中国进行设计、制造、供应链采购以及销售等工作的原因。同时，中国市场也在越来越多地支撑着戴尔的全球运营，比如戴尔设立在珠海的软件中心，其数据管理、信息管理以及安全管理方面所做的设计就是服务于戴尔全球的客户的。从创新角度来说，现在戴尔在中国投入得更多。

戴尔刚刚任命了前施耐德电气（Schneider Electric）全球高级副总裁、施耐德电气旗下美国电力转换公司（APC）大中华区总裁黄陈宏作为戴尔大中华区总裁，这也再一次表明了戴尔对中国市场的关注。

现在，中国市场为戴尔到底贡献了多少收入和利润？

闵毅达 私有化之后，戴尔就不像以前那样公布所有的财务数据了。我能说的是，中国市场的业务发展得非常好，在戴尔整体业务份额当中依然是不断增长的，并且中国市场的增长速度也超过了世界上的其他地方。

戴尔的业务大致分为 PC 市场、企业级市场。私有化之后，戴尔在这两块业务上投入的资源如何分配？

闵毅达 实际上，戴尔分为四大业务单元，分别是客户端解决方案、企业级解决方案、软件和服务。只有四大业务单元通力合作才能向用户提供最优越的能力，因此戴尔的投资都是围绕着云计算、大数据、移动互联网和数据安全来进行的。

整体来说，戴尔在全球的策略重点是 B2B 业务。但在中国，戴尔将同时向 B2B 和消费者业务发力。

PC 市场已经发展得较为成熟，未来 PC 市场的走势如何？

闵毅达 第一个趋势是企业 PC 已经找到了新的应用，例如在 3D 打印、数字营销、内容创制等方面都有很多新的应用。在商业场合中需要用到 PC 的应用是非常多的，这是全球 PC 业务增长仍持续保持强劲的原因；第二个趋势是安全性，且 PC 的计算能力不断提升；第三个趋势是 PC 的形式将会越来越多变，无论是在性能、配置还是外观设计上，都会有更多的选择。

企业级市场是戴尔的重要市场。现在，在企业级市场上，华为、中兴、联想等企业正在崛起， IBM、惠普等老牌厂商也在发力。戴尔如何看待企业级市场的竞争环境？

闵毅达　在与客户的沟通中，戴尔帮客户做的绝不仅仅只是产品，而是基于客户整个公司的转型去考虑解决方案，且戴尔给客户以最大的灵活性，使客户不需要锁定在单一的服务提供商上，而是可以选择多个服务商。

目前，企业级市场获得的收入和利润在戴尔整体业务中的占比是多少？

闵毅达　戴尔私有化之前，一半的利润是企业级解决方案贡献的。这是目前我能给出的唯一参考数据。

未来，IT 市场将发生哪些变革？

闵毅达　现在整个 IT 市场的规模大概是 3 万亿美元，其中 2 万亿美元来自 IT 的服务。未来 IT 服务在整个 IT 市场中的占比应该缩小。现在的 2 万亿美元中，很多钱都是花在了对那些旧的、专有的和非常僵化的基础架构维护上的服务费用，而戴尔建议以一种全新的方法，通过给客户以选择、敏捷性和灵活性来提升 IT 的效率，用多种不同的选择来服务于客户。

现在，在中国企业级市场上存在去 IOE 的趋势。戴尔是否受到这方面因素影响？戴尔下一步是否有针对中国市场的业务调整？

闵毅达　对于去 IOE 趋势，戴尔不予置评。戴尔在中国的业务增长非常好，中国在戴尔全球业务中的地位也在提升，戴尔会持续在中国进行更多的投资。

在中国，戴尔下一步是否会有新的投资计划？

闵毅达　戴尔随时都在寻求和关注着投资、并购的机会，但首先这个被收购的目标公司需要符合戴尔的战略，符合市场的要求，还要符合戴尔收购的标准。

发表于财新网 发表时间：2014 年 10 月 30 日

体育赛事的数字化挑战

全英草地网球俱乐部有限公司

商业主管：米克·戴斯蒙德（Mick Desmond）

记者：赵剑飞

    当费德勒在球场上挥出一记击球时，并非只有他的对手会在意这记击球是不是反手。在球场的某个角落，会有某个不为人注意的统计员记录下费德勒的这记击球是正手还是反手，成功还是失误，得分还是失分。在四大满贯赛事——美国、法国、澳大利亚和英国温布尔登网球公开赛上，都采用了 IBM 开发的 Slamtracter 系统，用于跟踪球场上球员的表现，每个大满贯赛事开始时需要大约 50 个这样的专业统计员。

    "八年了，我们现在有大约 4100 万个数据点。通过分析，你可以发现当两个球员比赛时，某一个球员会如何打球。"IBM 负责温布尔登的客户经理山姆·塞登（Sam Seddon）说，"我们能够分析出数据的模式。"

    这些数据虽然不是完整意义上的大数据——顶级的网球赛事有限，而顶尖的网球选手更是屈指可数；如果塞雷纳·威廉姆斯（小威）对阵李娜，你可能不太需要靠数据分析去预测胜负结果。但是，这却代表了当今体育赛事数据化的一个趋势。美国 NBA 宣布在最新赛季引入体感跟踪技术，加强球迷的观赛体验。

    负责运营英国温布尔登网球赛事的全英草地网球俱乐部有限公司

（AELTC）商业主管米克·戴斯蒙德说，越来越多的观众在观看比赛的同时，寻求通过数据来理解球员的表现，数据提升了观察比赛的体验。更重要的是，这些技术帮助组织者把赛事真正推向全世界。以刚刚结束的温网为例，戴斯蒙德透露，本届温网短短 13 天赛事，其网站独立访问用户已超过 2000 万人次。

体育赛事如何在互联网时代更好地适应观众需求？大数据技术能起到什么作用？9 月 11 日下午，戴斯蒙德在伦敦西南的温布尔登球场办公室接受了财新记者专访，讲述了体育赛事如今面临的数字化挑战，数据技术应用于体育赛事的影响以及温布尔登的经验。

财新记者 现在运营温布尔登的最大挑战是什么？

戴斯蒙德 最大挑战是现在赛事完全是全球化了，而十年前重点还是在现场，网站也处于早期阶段。例如，今年我们首次上了 CCTV5（中国中央电视台体育频道）。现在我们覆盖的地方越来越大，而全球网球爱好者有更高的期望，比如希望能够通过移动电话、iPad、互联网观赛。这已经成为他们对高质量体育赛事体验期望的一部分。

今天数据技术对于温布尔登有多重要？能否举个例子，温布尔登在哪些方面从中受益或取得了成就？

戴斯蒙德 本届比赛有近 2000 万独立用户访问温网网站，重复访问的人更多。互动高于一切，他们不是被动的，他们在与我们交谈，有反馈，还有博客。

如果今年你不在现场，而是通过 iPad 看比赛，也可以看到温布尔登的完美镜像，因为你实际上看到了现场观众能看到的。画面是根据现场的样子来建立的，记分板也一样，是一号球场、中心球场比赛的压缩，与到现场的观众看到的一样。而相对于和媒体伙伴协作，这种方式允许我们俱乐部有更多的控制，更加主动。

应用大数据技术来满足不同观众的需求，挑战是什么？

戴斯蒙德　挑战在于，体育赛事的观众现在拥有了更多的选择。而十或十五年前，人们仅仅只是通过电视屏幕，我们在全球的媒体伙伴也主要利用电视屏幕。现在在电视之外，我们需要有数字平台。越来越多的观众把平板电脑作为观看比赛体验的帮手。

比如，除了在屏幕上观看比赛，观众还可以拿着平板电脑查看丰富的比赛数据分析，他们可以从这些数据分析中知道为什么纳达尔赢了那场球，发生了什么，预示着什么，预期的关键靠什么，并通过观察数据来预测接下来的比赛。数据分析教导观众了解比赛背后发生的事情。

我们的专业经验是网球，IBM 的专业经验是提供复杂问题的解决方案，我们把传统的比赛经验和信息数字化利用手段相结合，事实证明，这种展示对网球爱好者是有吸引力的。

温布尔登的运营和管理如何被数据技术改变？

戴斯蒙德　数据技术的应用，让我们的品牌获得了很大的延伸，我们尽最大可能让全球更多人看到现场比赛。在中国，比赛可能是在晚上 8 点，在旧金山是早上 6 点，而在英国却是下午 1 点。不同地方的人们通过不同的平台能接入我们的现场直播，感受丰富的体验。

数据分析是否有助于应对不同地区和年龄观众的需求？

戴斯蒙德　过去，有实况直播也有录播，而纸媒报道比赛还是几十年不变的模式。但现在，整个赛事都是实况，我们持续地向媒体发出信息，在网站上持续发布内容，访问球员，收集反馈，体现与全球网球爱好者的社会化关系。这些工作在赛事开始前几个星期就启动，一直到赛事后一周才结束，24 小时不停。

如何从数据中获得收入？不同的数据有不同的收费吗？

戴斯蒙德　有几种收入方式。比如与官方供应商伙伴、赞助商合作，赛事转播输出方面合作，以及冠名合作等。有些数据是卖给中间商，有的则提供给政府、用于博彩，但我们在博彩上没有责任，只是需要确保在给博彩公司的数据来源上合规，数据尽可能准确。有一系列方式把数据商业化。

球员可以免费得到数据，网站上的数据也是免费的。免费的数据服务有助于争取更多的覆盖。具体到正式的合作关系，比如腾讯是我们在中国的重要伙伴。他们付费成为我们的合作伙伴，我们提供官方数据给他们使用，他们则从广告获得收入。

如何收集分析观众的行为？观众对数据分析系统最关注的是什么？

戴斯蒙德　IBM 的 Slamtracter 系统显然知道观众在用些什么功能，来自世界哪个地方。我们也利用第三方研究公司做更定性的分析，所以更多的关注是观众如何在使用数据。

数据的应用对温布尔登赛事的传播和报道起到什么改变和影响？

戴斯蒙德　过去主要是解说员评论分析比赛。在比赛间隙，只有短暂的时间通过回放来展示一两个要点。而现在，我们有这么丰富的数据，可以在比赛的同时就展示四个或五个要点，推送给媒体伙伴，而且这些数据的质量保持很高的水准与一致性，这些都给网球爱好者提供了更丰富的温布尔登体验。

在使用大数据方面，你认为温布尔登接下来的创新会是什么？或者在什么方向？

戴斯蒙德　不会是某项特别的创新，而是努力保证你提供的数据让你得到不同层次的观众；不要把它弄得太复杂，让不同层次的理解力的人都能理解数据信息。我们力图让复杂的数据简单化，更加接近大众。这样的数字化应用，未来不会是杀手级应用的革命，更多的是一种向前演进，让更多的人理解体育，理解温布尔登，让更多的人接近它、喜欢它。

实习记者牛牧歌对此文亦有贡献
发表于财新网 发表时间：2013 年 10 月 15 日

中国已经成为 SAP 的第二故乡

SAP 亚太及日本区总裁：华棣文（Stephen Watts）
记者：王姗姗

　　华棣文拥有 20 年成功领导业务运营的经验，2001 年加入 SAP 公司，担任 SAP 澳大利亚及新西兰区销售总监。在 2010 年 1 月担任目前职务之前，华棣文于 2007 年 1 月任 SAP 亚太及日本区首席运营官，全面负责 SAP 在整个亚太及日本市场的战略制定和运营管理，同时还兼任 SAP 亚太及日本区中小企业事业部高级副总裁职务，负责该业务的营收业绩。在此期间，华棣文带领各个国家的管理团队，在这一 SAP 增长最快的市场领域中，将业务不断深化拓展，成功地将该地区中小企业事业部的业绩翻番，并使其达到整个亚太区软件总营收的 40%。华棣文目前在新加坡和悉尼居住。他出生于爱尔兰，在澳大利亚接受教育，拥有南十字星大学颁发的硕士学位。

　　作为 SAP 的亚太及日本区总裁，华棣文相当看好中国市场的前景。他的理由很简单，中国的企业正在越来越看中先进的数据库产品对于管理效率和风险控制的价值。

　　作为全球最知名的企业管理解决方案供应商和全球第三大独立软件供应商，SAP 成立于 1972 年，总部位于德国沃尔多夫市，拥有全世界排名第一的 ERP 软件产品。

　　目前，中国市场在 SAP 的地位尚排在美国、欧洲以及日本之后。但华棣文 9 月中在大连接受财新记者专访时强调说，中国已经成为

SAP 的第二故乡。为此，SAP 将"全球技术支持集团（AGS）"的总部于 2011 年移至北京，并计划在华持续投资 20 亿美元，这些都标志着 SAP 正在将全球的业务重心向中国转移。

财新记者 您能否介绍一下 SAP 未来十年在中国市场的发展策略？

华棣文 中国市场对 SAP 来说是非常重要的。2011 年的时候，我们宣布在 2011 年到 2015 年之间，对中国市场进行 20 亿美元的投资，从基础层面，确保 SAP 在中国市场可以获得更大的成功。一个最基本的想法就是：我们帮助中国，中国也帮助 SAP，中国已经算是 SAP 的"第二故乡"。

能否披露一些这笔投资的进展细节，为何说中国已经成为 SAP 的第二故乡？

华棣文 在过去 18 个月，我们的员工总数净增了 1500 人，我们在中国设立了四个服务于全球的研发中心。所以 SAP 已经从创新这个层面，选择立足中国服务全球市场。此外，我们还将支持中心由德国搬至北京，同样也是服务于 SAP 全球客户。SAP 是一个言出必行的企业，我们希望通过此举，更近距离地服务于我们在中国的客户。五年前 SAP 在中国有 4 个办公室，但到现在我们在 11 个城市都设立了办公室。

之所以说中国已经成为 SAP 的第二故乡，因为 SAP 在中国的投入是从基础层面展开的。我们把全球技术研发的部门以及支持部门都落地在中国，这些部门对于 SAP 的架构来说，都是重要的基础性部门。

作为一家全球性的企业，你是否感觉 SAP 在中国落实本地化问题上面临很多挑战？

华棣文　我不这么认为。SAP 在全球有 6.5 万名员工，其中亚太区有 15000 人，而工作于中国的 SAP 员工目前已经达到 4500 人。SAP 进入中国已经有二十年的历史，我们为中国服务的同时，已经实现了立足中国服务全球。我们有 2500 个中国的工程师团队在为全球客户进行产品研发。所以这些都证明 SAP 在本地化的问题上没有困难。

我也不认为 SAP 在中国目前存在一些特别严峻的挑战。我觉得我们现在所要做的，就是按部就班地完成我们在中国的发展战略，关键任务就是发展业务关系并培养合作信任。我们更愿往长远看，我们看未来二十年，而不是说我们在中国市场只停留短暂的一两年。我们要看的也不只一个国家，我还要从区域的角度去考虑对中国的战略。

过去二十年，在 SAP 与中国的企业客户的合作沟通中，您觉得他们对 IT 软件的需要态度发生了怎样的转变？同时您怎么目前软件行业内的竞争格局？

华棣文　SAP 一直在为企业管理提供 IT 解决方案，包括财务系统、人力资源、原料管理、供应链管理等。过去几年，我们看来中国的企业越来越重视从数据分析的角度来管理企业、保证业绩增长。现阶段，所有的竞争者之间也都成了合作伙伴，这样一种现状是由客户导向所决定的。所以竞争对我们来说，需要从合作的角度去看，为客户提供最好的 IT 解决方案。

赢取客户的关键是什么？

华棣文　我们是软件企业，对于这个领域来说，革新是成功的关键。你要不断给你的客户提供新技术和新的机会。客户希望从我们这里获得的是越来越智能的管理以及越来越有效率的运营，同时从全球和区域两个角度。并且，每个客户的需要以及运营环境都是不同的，这对我们的服务和革新也提出了有关"适配性"的挑战。

2013 年二季度 SAP 在亚太市场的收入同比出现了 7% 的下降。您能否分析一下造成这一局面的主要原因是什么？

华棣文　这种下滑有时就会出现，也不足为奇。在中国，宏观环境方面你可以看到，近期我们正在经历过去十年中 GDP 增长最为缓慢的阶段，企业相应都在缩减成本，所以这对软件产业整体上都会造成一定的影响。如果你看一下我们过去三年的业绩，跟之前相比已经翻倍，SAP 在中国的市场规模是 2007 年的 5 倍。所以，以季度为单位的业绩浮动属于正常情况，但我还是对未来三到五年的前景非常乐观，你可以看到上升的趋势是不变的。如果以年为单位，我相信我们还会继续保持两位数的同比增长。

发表于财新网 发表时间：2013 年 10 月 15 日

第七篇 食品医药生活

▶▶▶

对话孟山都

孟山都董事长、首席执行官：休·格兰特（Hugh Grant）
记者：崔筝
实习记者：杨洁、张霞

　　无论愿意还是不愿意，转基因农作物和食品已进入中国人的生活。

　　当前，中国 90% 以上的棉花，是转基因的，这一技术一度挽救了中国的棉花产业。同时，中国对进口大豆依存度超过 80%，进口的产品主要是转基因大豆。中国官方推动的农作物转基因研究已进行多年，最终目的是产业化。

　　在全球，已经有大约 1.7 亿公顷的土地使用了转基因种子，约占全球现有耕地总面积 15 亿公顷的 11%。转基因在北美洲、南美洲、非洲的许多地区，已正式产业化。

　　中国未来对转基因将采取何种态度？是像欧洲般经过多年抗争、权衡后开始松动，还是顺应大量民众的反对声音，短期内仅进行科学研究而不产业化？答案尚不得而知。

　　目前明朗化的是，在近五年间，经过一轮又一轮反转基因（下称"反转"）声浪，中国的转基因作物产业化进程变得更加艰难，甚至举步维艰。

　　反对者们或许没有注意到，在转基因作物面世 20 余年并大量种植的情况下，尚未出现一起不安全事件。2013 年 6 月 20 日，在国际农业领域享有最高声誉的"世界粮食奖"首次颁发给转基因作物研究者——美国孟山都公司（下称孟山都）执行副总裁兼首席技术官罗伯特·傅瑞磊（Robert Fraley），以及另两名转基因研究者。

上述成绩并不为中国的"反转"人士认同。在近五年中，"反转"的声浪远远盖过支持转基因（下称"挺转"）的声音，祸国论有之，基因飘移论有之，致癌致病论有之，还有未知伤害论，即"现在找不到转基因的害处，不代表就真的没有，这要经过一代甚至几代人之后才有可能真正知道"。

几年之间，中国的"反转"和"挺转"人士频繁活动，在网络和现实中论战、奔走。不少时候，双方并不能理性沟通，对话往往沦为争吵甚至谩骂。

"挺转"者有时批评"反转"者不懂科学甚至愚昧，"反转"者则认为"挺转"者过于自大和不谨慎。

三年半以前，财新曾推出相关报道（参见财新《新世纪》周刊2010年第13期封面报道"转基因恐惧"），在社会上反响强烈。而今，本刊再次关注转基因话题，原因与三年前一致，旨在呼吁"挺转"和"反转"双方能够理性沟通，更呼吁公众能够理性看待转基因。

基于此，我们专访了转基因领域最具争议性的跨国公司孟山都的董事长、首席执行官休·格兰特。讨论转基因，无论中外，都逃脱不开孟山都。这家公司提供了全球70%的转基因种子，更是转基因作物的最早研发者。如今，它每年仍将10亿美元以上的研发费用投入这一领域。

在全球"挺转"派和"反转"派人士眼中，孟山都的形象截然不同。前者认为孟山都贡献卓著，给全球农业带来划时代的革命；后者认为孟山都罪大恶极，先卖农药再卖转基因种子，为了钱不计其他。

孟山都到底是天使还是魔鬼？无论争议多大，理性讨论问题的前提应该是先了解孟山都，知道其在做什么、怎么做。

与休·格兰特的对话，是 2013 年 11 月 22 日早晨进行的，地点为他在北京下榻的酒店。

8 点左右，财新记者见到了这位全球最大农业生物技术和种子公司的掌门人。55 岁的休·格兰特执掌孟山都已逾十年。其姓名与一位著名的英国电影明星完全相同，但外貌毫无相似之处。那位影星以风流倜傥著称，这位孟山都的掌门人则以"光头绅士"的形象出现在财新记者面前，冷静沉稳，略显保守。

休·格兰特刚刚吃过早餐。他轻描淡写地回应了互联网上关于他只吃有机食品的传言，"我什么都吃，不会考虑是转基因的，还是非转基因的。"这位美国公司的大老板，语调中依然带着其家乡苏格兰的口音。

孟山都在 66 个国家设有办事机构，总部位于美国密苏里州圣路易市。休·格兰特是英国苏格兰人，1981 年作为产品发展代表加入孟山都，担任过孟山都欧洲、美洲的多个产品和管理职位。2003 年，他出任孟山都全球主席、总裁兼首席执行官。

在孟山都 32 年工作生涯里，休·格兰特习惯了全球范围内对孟山都的争议。他说，作为一个欧洲人，他深知欧洲在最近 20 年间的反对转基因过程，由此，他也能理解和体谅当前大量中国公众对转基因的不友好态度。

孟山都在中国公众中也很有名气，这主要是因为转基因争议，而不是它的中国业务。事实上，2012 年孟山都 135 亿美元的营业收入中，中国收入仅占 1%。

中国的部分"反转"人士认为，转基因不但不安全，甚至是一种祸国殃民的技术。在中文网络论坛，微博、微信朋友圈等社交媒体上质疑转基因技术的文章中，"孟山都"这个名词经常与"致癌""阴谋"等联系在一起，甚至被一些人认为是"美国的生物武器"。

休·格兰特称，在全球的主流科学界，对转基因技术的安全性是认同的。但全球许多反转基因讨论，"更多地成为情绪化的讨论而不是科学的，我们很难赢得一场情绪化的辩论。"

谈到中国的转基因问题,他说,中国未来是否选择种植转基因农作物,应由中国政府和中国科学家决定,"我一个外国人没有发言权"。他认为,这是一个"非常困难"的话题，很难对中国公众说出"相信我"这样的话。

孟山都与中国有着过往交集。

上世纪 90 年代，孟山都的转基因棉花曾被批准在中国种植，几年之间因为抗虫害的有效性，一度占有中国 90% 以上的棉花种植面积。不过，几年之后，中国自己发展的转基因棉花将孟山都赶出国门。

此次中国之行，休·格兰特面见了中国农业部等部门的官员，并与中方合作伙伴有深入交流。

鲜为人知的是，孟山都在中国有着大型的传统玉米育种项目，未来可能还会大加发展。在转基因生物技术领域，孟山都也一直在等待中国市场大门的再次开启。

2013 年，对于孟山都来说注定特殊。年中，首席技术官罗伯特·傅瑞磊获得"世界粮食奖"，这意味着国际粮食界对转基因技术在某种程度上的承认。年末的 11 月 29 日，国际学术期刊《食品化学毒物学》决定撤销 2012 年 9 月刊发的论文《农达除草剂和抗农达转基因玉米的长期毒性》——这篇论文宣称孟山都的转基因玉米可能致癌，一度成为近年全球"反转"声浪的核心文献。

但休·格兰特认为，全球对转基因的争议在未来一段时间内还将持续，"不可能一夜之间，这一页就翻过去了"。

孟山都的中国战略

孟山都最早于 1996 年进入中国，开始经营农化业务和生物技术授权业务。当年，孟山都将第一代转基因保铃棉技术引入中国，有效地控制了棉铃虫危害，在提高棉花产量的同时减少农药喷洒，增加了中国棉农的收入。

但孟山都的抗虫棉并未从此叱咤中国。1999 年，中国自主的转基因棉花开始产业化种植，占据了价格和政策优势。如今，国产抗虫棉已彻底击败最初引入的孟山都产品，占据了 90% 以上的转基因棉花市场。

2001 年 3 月，孟山都与中国种子集团公司合资成立中种迪卡种子有限公司（中方为大股东），开始在中国推广迪卡品牌的玉米及向日葵杂交种子。

目前，孟山都在中国拥有多家合资和独资公司，总部设在北京。在中国经营的业务包括：杂交玉米种子，抗虫棉及抗虫棉杂交种子，蔬菜种子（杂交）和农化产品。与后来居上的先锋国际良种公司等跨国企业相比，孟山都的布局慢了许多。"孟山都的中国战略可能与抗虫棉的遭遇有关系，当年占据了市场又退了出去。他们对中国市场的评估，可能认为攻势要慢一些。"中国农业科学院生物技术研究所所长林敏评价。

财新记者 请问你此行的目的？

休·格兰特 这是一次常规的访问。我尽量每年或两年来中国一次。这次我与同事花了一周时间，参观我们的中国办公室和一些不同的机构。我们分别拜会了来自中国农业部、科技部和商务部的一些官员。

这些会面有什么值得提及的内容吗？

休·格兰特　我们进行了非常有意思的对话。孟山都与中国种子集团有长久的合作关系，合作的工作重心是传统育种，主要是玉米。在中国，我们看到许多能够增加玉米产量的机会。

　　现在孟山都在中国有六个育种站。中国有着世界上最宽广的气候区，从热带到极早熟的玉米成熟区。所以，要培育不同类型的玉米种子以适应每一个区域。未来要获得显著增加产量的机会，需要根据不同区域做育种。

　　你说你们在中国的工作重点是传统育种，这与转基因无关？

休·格兰特　是的，当最终确定之后，这个项目将成为孟山都的全球大型育种项目之一。

　　孟山都的农业生物技术（主要是转基因技术——编者注）很吸引眼球，但其现代育种技术不为人知。在今天，中国的玉米产量每公顷不到 6 吨，美国的产量则将近 11 吨。中国的产量没有理由赶不上美国。

　　孟山都自称有很好的转基因种子，是否有计划在中国发展转基因作物？

休·格兰特　我想这需要很长时间。中国的科学家和研究者正在（转基因方面）取得重要的进展。但除了棉花，孟山都还不能在中国做转基因作物田间实验。我认为，三年至五年内，改变中国玉米产量的关键，还是玉米育种和农艺学方面的技术。

　　你是否有计划将孟山都的转基因种子带到中国市场？

休·格兰特　孟山都目前的计划集中在育种上，短期目标是与合作伙伴共同运作这些育种站。至于长期计划，都还是假设，因为除了棉花，孟山都其他转基因种子未获批进入中国。我们抱有对生物技术美好愿望的同时，还要看到中国市场的现实。

　　　　如果中国政府未来放松了转基因管制，你们会进入中国市场吗？

休·格兰特　　会的，但这依然是假设，政策不允许外资企业在中国开展转基因种子业务。我无法猜测中国政府，他们目前的立场已经非常清晰，（短期内）我无法期待有所改变。

　　根据现实，投资和决策只能是基于可能的事情，而不是梦想和希望。目前有可能的是，通过育种实现产量增加。我非常有信心，孟山都有能力给中国的种植者提供更多的机会、更高的产量。

　　　　孟山都多年前获得了中国第一个进口转基因作物的安全证书。当时与政府的谈判是怎样的？你认为中国对转基因的态度是否过于谨慎？

休·格兰特　　当时并不是谈判，而是科学评估，是一个或接受或拒绝的答案。批准进口意味着对一种产品营养价值和安全要求的接受，所以这个过程永远都不会是谈判，这些事情是无法谈判的。

　　根据我的经验，所有的监管机构都是谨慎的。我并不认为中国有任何不同。我也认为就应该如此。作为公司，我们生存在这样的框架之内，并不能改变或主宰它，只能遵守规则。事情本该如此。

　　我也在关注着全世界对于农业生物技术的辩论，特别是欧洲。我来自英国，在过去的 20 年中，也看到了那里发生的（反对转基因的）事情。对中国而言，转基因是一个新的话题，其实这个讨论在全世界其他地方已经进行很久了。

"争议不可能忽然消失"

　　"反转"运动肇始于欧洲，与转基因作物的种植几乎同时发生。在欧洲，监管部门在转基因作物种植、转基因食品进口等问题上态度一直摇摆。

　　上世纪 90 年代，基于环保主义的流行，以及疯牛病等食品安全危机对民众态度的影响，欧洲的食品监管部门对待转基因食品一直持保守态度。1997 年，欧盟通过了专门针对转基因产品的管理规则，要求含有来自转基因作物成分的产品必须明确标记。1998 年起，欧盟不再批准新转基因产品进入欧洲市场。

　　2000 年，经历数年争执，世界贸易组织裁定欧盟对转基因食品的禁令不符合国际贸易规则，此后欧盟对转基因作物的态度有所改变。一直对转基因农产品持保守态度的欧洲国家，近年立场也变得较宽容。

　　2007 年以后，欧盟批准转基因作物的速度越来越快。至今，欧洲批准了 20 余种转基因玉米品种的进口，此外还有大豆、甜菜、土豆等作物品种。

　　2012 年 9 月，英国期刊《食品化学毒物学》刊登法国卡昂大学分子生物学家塞拉利尼等人的一份研究报告。这份报告指出，其长达两年的研究显示，喂食美国孟山都公司 NK603 转基因玉米的实验鼠寿命比正常实验鼠寿命短，且前者出现肿瘤的几率更高。这个报告对于已经在欧盟获准上市的该转基因玉米安全性提出疑问。

　　这一实验在"反转"阵营中引起巨大反响。"反转"人士称，塞拉利尼的喂养试验长达两年，而孟山都的安全实验仅进行 90 天，因此此次试验结果更加准确。

　　随后，法国国家卫生安全署、生物技术最高委员会和欧洲食品安全局均对前述报告的研究展开调查。欧洲食品安全局认为，卡昂大学研究人员所得的结论不仅缺乏数据支持，而且相关实验的设计和方法都存在严重漏洞。

2013 年 11 月 29 日，前述报告被发表的刊物撤销。

不过，孟山都在欧洲的道路依然艰难。2013 年 7 月，孟山都宣布不再寻求其转基因作物在欧洲获批。在"反转"者庆祝的声浪中，也有研究者称这是欧洲在科学上的一次倒退。

在欧洲，一些中产阶级和环保人士认为有机食物和天然食物才是未来农业的方向，转基因不是。在中国的一些大城市，中产阶级开始追捧有机和本地种植的食物。这对你们来说是否是一个挑战？

休·格兰特　我个人非常开放并愿意吃任何食物。有机运动在全世界增长非常快，但我认为，超市里应该给所有类型的食物都留有空间。

需要注意的一点是，世界上仍有二三十亿人无法用有机农业喂饱。我们将怎么对待他们？

有机农业的操作非常昂贵，需要更多的土地和劳力。我认为，有机运动是一个增长中的小众事物，无法满足未来的需求。

过去十年，世界上玉米产量增加的 70% 都来自新开垦土地，但未来再也没有新的土地了。从北京这样的城市越变越大就可以得出结论，我们要更高效地使用正在缩水的土地，这将是未来十年最大的挑战。

不仅在中国，在欧洲一些国家以及印度等地，反对转基因的声音非常活跃。同时，也有一些"科研成果"出来，如孟山都的转基因玉米致癌实验。你如何看待这些研究？

休·格兰特　1990 年，转基因技术当时面对的都是假设，但现在已经快到 2014 年了，科学证据已经给出了结论，没有模棱两可的东西。在孟山都，你会看到独立的、有同行评议过的数据，是毋庸置疑的。

在早期，人们担心安全问题。但经历了 20 年的时间、1.7 亿公顷的种植面积和数以万亿吨餐食，尚没有哪怕一例与转基因作物相关的食品安全问题出现。这些是数千篇同行评议的科学论文的结论，科学道理是非常明晰的。

转基因安全的讨论，已经成了情绪化的讨论。我们很难赢得一场情绪化的辩论，而科学必须是非常清晰的。我不认为争论的声音会轻易消失，不会有一天，这一页忽然就翻过去了。但在争论的同时，我们要考虑到还有许多饥饿的人们，这是我的观点。

除了提供科学证据，孟山都是否有其他的策略来回应这些指责？

休·格兰特　我们花了很多的时间来解释，并阐述这些（转基因）产品的好处。我不清楚中国的情况，但在世界的很多地方，很多人在高中之后就放弃了对科学的学习。科学教育非常艰难，科学家的声音很难被听进去。所以，我们也在花更多的时间与科学界合作。

有一个有趣的现象，在世界的很多地方，农民正在参与到这场讨论中来。农民的声音是独立的。

不少人认为，转基因破坏了自然界的生物多样性。你有何看法？

休·格兰特　玉米和大豆，都有上百种不同的品种，在每个物种之中也有多样性，然而某些物种的单一种植是目前的现实，现实就是只要人类还在使用作物，这个情况都会存在。

我认为未来的挑战是，如何在一块田里轮种作物。就像我们的祖先做的一样，在大豆、小麦、玉米等作物之间选择轮种是一个非常重要的操作，这也是我们正在花时间研究的。

"决定应由中国作出"

与欧洲的"反转"主要源于对有机农业和自然农作物的追求不同，中国的"反转"运动起源的原因更加多样。中国官方和科学家不擅长与民众沟通，这为"反转"声音提供了空间。

在中国早期的"反转"力量中，来自欧洲的民间环保组织绿色和平的支持无疑是最有力的。例如，2005 年，绿色和平发现一些中国科技公司擅自将试验稻种供向市场，最终逼迫湖北省农业厅铲除了已种植的上万亩水稻。

2012 年 8 月，"黄金大米事件"曝光。研究者提供了跨国公司先正达集团研制的转基因"黄金大米"，受试者为 72 名湖南省衡阳市一所小学的学生。其中 24 名儿童在 21 天的时间里，每日午餐进食 60 克"黄金大米"，但研究人员隐瞒了试验中使用的是转基因大米，仅发放了知情同意书的最后一页，违反了国际医学伦理准则。事情曝光之后，研究人员致歉，试吃大米儿童获得经济补偿。在这一事件中，绿色和平准确地抓住了相关部门涉及违反规定或程序的事实证据，并在现有法规、科学伦理的框架内提出质疑。

以绿色和平为代表的环保组织的"反转"方式，还是在科学范畴之内。另一种天马行空式的声音，则将转基因妖魔化和政治化。2008 年开始，一家政治评论网站发表了大量反对转基因技术的文章，声称转基因技术受"美国控制"，是"灭亡中国的阴谋"，并指转基因玉米"造成广西大学生精子质量降低"、某食用油公司使用转基因大豆"祸国殃民"。

你觉得中国需要转基因作物吗？

休·格兰特　这不是某一个公司可以决定的。关于中国粮食生产的决定，是战略性的。我不认为转基因将是唯一的决定，但非常清晰的是，中国粮食的产量需要进一步增加。

要还是不要转基因作物，应该由中国自己来做决定。我是一个在美国公司工作的欧洲人，我很难说出"相信我"。我认为，对于转基因安全性的评价，必须在中国、为中国，而且由中国科学家和监管者来完成。

> 你对中国正在进行的转基因讨论了解多少？在中国，一些人认为，孟山都是一个阴谋，是"美国政府用来攻击中国的生物武器"。你是否听说过？你怎么看？

休·格兰特 我认为很可笑。事实、真理、常识和科学道理是合理决策的基础。对以科学为基础的公司来说，当讨论偏离了事实和科学道理，变得多么奇怪都会有可能。你说的这个指控我并不知道，但事实是，孟山都从上世纪80年代开始这项研究，许多其他公司，中国的大学、科研机构也一样。

也可以用另一种说法作为回击。未来我们将怎样供养多出来的20亿到30亿人口？这个话题更值得关注。我不会浪费时间忧虑那些疯狂的噪音，而会致力于参与关于水资源和土壤的更加有意义的讨论。

> 不少反对转基因作物的人士目前无法找到科学证据，但他们仍认为转基因有潜在的、未知的风险。这种说法现在很有市场。你如何评价？

休·格兰特 你可以选择面对"如果"，你也可以面对现实。现实是，这些作物已经种植了将近20年了，科学证据也已经过了同行评议，并且获得了独立监管机构的肯定。说到安全问题，我可以理解有不同声音的存在，但现实是，科学界已经完全地反驳这些说法。我认为在一场科学的讨论中，特别是考虑到我们所在星球的饥饿需求，这些科学技术能够提高食物的品质和营养。

与不理性的声音争辩非常困难，我只能陈述事实，除此之外我不知道该怎么做。正如多年前的一些陈词滥调，如"人就不应该飞翔"，所以飞机就是危险的。我理解这些技术所带来的改变会让人们感到忧虑。但这场讨论是在中国进行，涉及的是中国公众，所以我认为我无法插手这场讨论。

中国科学家已经在生物技术上取得了一定的成功，但他们遇到了反对转基因群体的极大反对。你对他们有何建议？

休·格兰特　他们应该准备好发言，应该讲出他们的工作成果和对于社会的影响。有些时候，科学家们在实验室里非常聪明，但他们在对外发言方面并不擅长。科学家们应该越来越多地提高他们的沟通技巧，介绍他们自己的工作，驱散科学工作的神秘和恐惧感。

正在崛起的新一代人终将面对这些挑战。我的建议是，重点要放在年轻人上，要和年轻人对话。

孟山都争议

2013 年 5 月 25 日，全球多个城市爆发了针对孟山都的示威游行。游行的组织方声称，52 个国家和 436 个城市都曾举行集会和游行。

孟山都成立于 1901 年，初创时并非以农业为主要业务，而是一家化学品公司。它开发了从糖精、化肥到杀虫剂、除草剂等一系列产品，带来的环境问题引起许多争议。

上世纪 80 年代，孟山都将发展方向转向农业，成为全世界最早投入农业生物技术研发的公司，并在该技术领域一直保持着绝对领先的地位。

孟山都在农业生物方面的一家独大局面，在全球多国招致了垄断种子专利的指责。

2009 年，美国司法部曾展开针对孟山都的反垄断调查。2012 年，孟山都宣布该调查已经结束，目前外界未发现美国司法部门对孟山都采取制裁手段。

为何孟山都在上个世纪 80 年代将业务重点从化学品转移到生物农业上来？

休·格兰特　在上世纪 80 年代，孟山都改变了研究和发展方针，这是非常有远见的举措。当时的团队相信，生物领域比化学领域存在更多的机会，解决产量问题的关键在于生物技术的发展，而不仅是杀虫剂的发展。这也推动我们在研究作物本身机能方面的巨大投资。

那是一次相当大胆的举动，但收效甚好，许多其他的公司也开始跟随我们走向这个方向。

孟山都的转型决定是谁做出的？

休·格兰特　我的前任者们做出了这项决定，这基于当时的分析，即"我们的下一公斤大豆、棉花和玉米从何而来"。到今天，我们相信，我们能够使产量翻倍，同时只使用一半的化学品和花费。这些远见意义重大，也包含了商机。

你如何评论外界关于孟山都进行种子垄断的说法？

休·格兰特　关于种子垄断的这个说法，我认为是非常傲慢的。我认为，不管你身在何处，获得技术和优质干净的种子都是重要的。对这种说法我并不认同，种植者们会重视产品的表现，他们将根据自己的需求运营自己的生意。

在美国，玉米的平均产量大概是每公顷 10 吨；在巴西、印度和墨西哥，产量只有大约 5 吨，与中国相似。在非洲有些地方，这个数字是大约 1 吨，非常之低。如果说贫困的人们不配拥有科技，显然是一种等级主义的说法。所以一方面，你可以说"这是垄断"，另一方面，你也可以将产量保持在 1 吨，继续高兴下去。

从另外一个角度看，为什么贫困弱小的人群不能与世界的其他地方一样享用同样的科技？为什么今天非洲仍然没有达到印度那样的产量？

几年前我曾经到访非洲。一位种植者向一位谈论技术是如何危险的美国女士发问："你有冰箱吗？"她回答"有"，然后他问她什么时候开始有冰箱的，她说一直都有，然后他说，"我也希望有一台冰箱。"

为什么将发展的重点放在大豆、玉米和蔬菜上？

休·格兰特　最初启动时，我们考虑过许多作物，当时必须要做出选择，有所侧重。于是我们将投资计划缩短，集中在大豆、玉米、棉花和蔬菜这些全球种植的关键作物上。蔬菜比较晚，大约在八年前加入我们的计划。我们对蔬菜的研究重点是提高它们的口味和营养价值，因为我们相信在未来 30 年 –40 年，蔬菜会成为人们日常饮食中更加重要的部分。

许多中国人以大米作为主食，中国在水稻育种方面也取得了很大的成功。孟山都是否有计划开拓水稻研究的领域？

休·格兰特　目前没有。我们的中心是大豆、玉米、棉花和蔬菜。但我认为同样的原则是适用的。在水稻种植方面，同样有巨大的机会存在于更好的育种系统中。

孟山都下一步

在进行转基因种子研究 20 多年以后，孟山都的首席技术官获得"世界粮食奖"。你如何看待这个奖？

休·格兰特 "世界粮食奖"对孟山都来说是一个巨大的里程碑。其实不仅对我们公司是这样的，也代表了（社会）对于生物技术重要性的承认。

我非常为傅瑞磊博士的成就而骄傲。这些工作从上世纪 80 年代开始，到现在距离最早的开拓性工作有 30 年了。诺贝尔奖通常也需要 30 年 –40 年才能拿到。所以这是一个非常谦卑的时刻，他也是一个很低调的人，这个奖是非常好的承认。

孟山都近期在全球范围内还有什么进展？

休·格兰特 与盖茨基金会的合作项目，也取得了很大进展。基于他们的帮助，我们今年在美国启动了第一个抗旱玉米的项目。现在已经在撒哈拉以南非洲地区开始了田间试验，我们提供免费的基因技术和种子。南非洲地区最大的问题就是水源。

从地理意义上来说，近年我们进入巴西和阿根廷是非常重大的一步，最近在非洲进行的田间试验中所用到的产品的发现过程也是非常重要的。

孟山都的抗虫棉在上世纪 90 年代进入中国，但很快有本土的相似产品出现，并获得政府支持。你是否担心同样的情况会发生在其他的产品上？

休·格兰特　这种情况总是可能的。重复同样的做法，但是期待结果会有不同是非常愚蠢的。我们会进行更多的创新，增加开发的速度。在美国，我们已经连续十年实现增长，如果你向一个种植者证明你的产品一年比一年好，他们会在购买的时候优先考虑你的产品。种植者们非常聪明，他们永远都在寻找更好的产品。他们虽然是小种植业者，但并不意味着他们不聪明。

如果说不担心（知识产权保护）就太幼稚了。但我已经看到了对科技的尊重（在中国）正在越来越成为重点。在开始合作时，我们已经考虑过这个问题。我们同中化集团的合作已经有十年，同中国种子集团的合作也有很长时间。与其他的生意相似，拥有值得信任的合作伙伴是至关重要的，就像婚姻一样。

你提到，生物技术不是解决粮食短缺的唯一方案，孟山都还在发展别的方案吗？

休·格兰特　产量决定于种子的基因本身，生物技术是一个工具，它能够保护产量。一个农民将种子种入土壤，从那天起种子要经历虫害、病害等一系列威胁。所以生物技术是重要的，但育种也同样重要，就像鸡和蛋一样。你需要好的育种，这是两方面的问题。

另一个我们越来越重视的方面，我们刚刚收购了旧金山的一家公司，这是在农艺方面的投资。粮食产量并不仅仅与种子相关，决定因素还有周边工作，如怎样更好地管理土壤，如何预测天气。对于世界各地的种植者来说，最大的变数在于天气的不确定性，所以我们正在做与气候数据相关的研究工作。

我并不认为生物技术能够拯救地球，它只是工具之一，生活要比这个复杂得多。展望十年以后，孟山都会在农艺方面有所进展，并且对作物种植的看法更加全面。

孟山都未来还想做什么？

休·格兰特　目前看来孟山都是成功的，但我认为我们还处在非常初期的阶段。在这个领域，最大的机会仍然在前方。

如果考虑到水资源，目前农业占了世界淡水使用的 70%，剩下的 30% 才是日常的生活和工业用水。然而，农业对这 70% 的水资源的使用，并不是可持续性的。所以，我们面前真正的机会是，如何能够培育出更多、更有效地使用水资源的农作物。显然，在高效地使用土壤，更小心地利用水资源方面，仍然有真正的机会存在。

实习记者汪霖、马威对此文亦有贡献

发表于财新《新世纪》周刊 2013 年第 48 期 出版日期：2013 年 12 月 16 日

希望中国业务大到足够影响达能

达能全球 CEO：范易谋（Emmanuel Faber）
记者：张伯玲、田园

　　2015 年的 3 月底，在北京西部的香格里拉酒店，范易谋自去年担任达能 CEO 后第一次面对中国媒体。

　　今年 50 岁的范易谋 1997 年加入达能，为中国舆论所熟悉，是他在任达能集团亚太地区总裁一职时，发生了中国商业史上著名的"达娃之争"。

　　这后来成为达能中国战略的一次分水岭。与娃哈哈分手前，达能在中国高调扩张，快速与娃哈哈以及乐百氏、汇源、光明乳业、蒙牛等多家本土公司建立起合作伙伴关系。2007 年之后，达能将饼干业务卖给了卡夫，并开始收缩战线。

　　"达娃之争"以和解落幕，并未影响范易谋在达能的发展。2008 年范易谋晋升为联席 COO。从财务总监到亚太区总裁，再到联席 COO，他三年内两次升迁。2011 年，范易谋开始担任达能副董事长。2014 年 9 月，达能进行了一项改革，即董事长与首席执行官职能相互分离。担任了近 20 年董事长兼 CEO 的弗兰克 ·里布（Franck Riboud）辞任 CEO 一职，集团原首席运营官范易谋擢升为首席执行官。

　　范易谋升任 CEO 后的第一份业绩，让里布和股东都比较满意。2014 年，达能全年销售额 211.44 亿欧元，同比上涨 4.7%。

　　最近几年，达能开始在中国的新一轮布局。对于这个过去 30 多年历经多次折腾的市场，范易谋是否满意目前的成绩？对此他含蓄表态，"我希望中国的业务能大到足够影响达能。"

不难看出范易谋对这个市场的期待。上任首席执行官后，他首次正式出访的目的地就是亚洲，在此期间，范易谋来到了中国。"中国是达能亚洲业务的核心组成部分，而亚洲市场又是达能最重要的增长'引擎'之一。"他说。

达能自 1983 年进入中国市场，目前有四大主要业务：鲜乳制品、饮用水和饮料、婴儿营养品、临床营养品。

2015 年金砖四国或显疲弱

财新记者 弗兰克·里布先生曾经说过，他的父亲安万托·里布执掌帅印 40 年，他本人则有 20 年历史，而现在您成了新的首席执行官。里布先生说他对达能在 2014 年期间所取得的成绩十分满意。您觉得他所指的是哪方面的成绩呢？

范易谋 在我看来，我们在 2014 年期间所做的最重要的一件事：就是在这一年里，我们经历了年中爆发的俄罗斯危机，以及欧元、美元汇率震荡等重重考验；但我们依旧实现了向达能股东所承诺的预期业绩。这一点在我们的销售额与利润增长，以及我们的营运利润率中得到了体现。

达能在亚洲和非洲市场的表现很不错，但我们从雀巢（Nestle）的财报中了解到，2014 年第三季度，雀巢在亚洲、大洋洲和非洲地区业绩均有所放缓。请问达能是否采取了某些特殊的业绩改善举措呢？

范易谋　去年第四季度，达能在非洲、拉丁美洲和亚洲地区的表现依旧强劲；我们在这三大地区实现了两位数增长。

过去三年里，达能在非洲的销售额增长了五倍。这一增长不仅来源于集团内部的有机增长，同时归功于我们在非洲积极开展各类的合资与收购项目。对我而言，非洲在短期内动荡起伏并不是一个很大的问题。以尼日利亚为例，随着大选的日益临近，我们可能会在当地面临近半年的动荡局势；但我们在非洲的投资计划是以数几十年计，我并不会因为短期内的起落而过于担心。

然而，我觉得在规模较大的"金砖四国"（BRIC）市场中，即巴西、俄罗斯、中国等地，2015 年的经济局势可能会较 2014 年略显疲弱。

继续强化与本土公司合作

中国市场对达能而言意味着什么？中国市场在达能全球收入总额中占据多大的比例？

范易谋　中国市场在达能全球销售总额中大约占据了 6%~7% 的比重。达能中国的业务增长十分迅速，对我们而言，中国市场至关重要。成为达能的新一任首席执行官后，我首次正式出访的目的地就是亚洲，在此期间，我来到了中国，与本地团队以及我们的合作伙伴见面交流。我认为中国是达能亚洲业务的核心组成部分，而亚洲市场又是达能最重要的增长"引擎"之一。

对于中国市场，达能的规划是怎样的？能介绍一下达能在中国的投资计划吗？

范易谋　我们在中国的首要任务，就是为现有产品和服务的发展与壮大提供支持。我们为中国消费者提供的大部分产品均为中国本土制造。

以鲜乳制品为例，我们和蒙牛的合资企业在华设有 11 家工厂。除此之外，达能在中国各地还拥有超过 20 家工厂。脉动也是如此。我们拥有庞大的工厂与灌装合作伙伴网络。我们的临床营养品也是在本地生产的。生命早期营养品则略有不同。我们在上海本地设有多美滋工厂，但我们同时从海外工厂直接进口；这些工厂均已获得中国政府所授予的官方认证。

无论在新西兰或欧洲建厂，为中国市场提供所需产品，或直接在中国本地建设工厂，我们都将其视为最优先的重要投资项目。截至目前，我们在中国的工业投资累计已超过 70 亿人民币。

在中国投资新项目前，会结合哪些因素进行权衡和考量？

范易谋 就新项目投资而言，我认为我们已在中国构建起了正确的产品品类，我并不打算再进入新的领域。我们会把其余的投资放到产品研发上。

除此之外，我们还在本地构建起了一系列重要的合作关系。

您刚刚提到了重要的合作关系。达能与中粮集团之间的合作进展如何？

范易谋 我们正在不断深化彼此间的相互合作，目前进展十分顺利。在我 10 月末到访中国的时候宣布，我们还将在婴幼儿食品业务上进行合作。所以我们收购了雅士利 25% 的股权。

雅士利的董事会任命了新的首席执行官，他曾是达能的一名管理人员，会把达能在婴幼儿食品领域内的专长以及符合国际标准的运作经验分享给他们。

最后，作为蒙牛的重要股东，中粮和达能，以及蒙牛的另一大股东——丹麦乳制品合作企业 Arla（爱氏晨曦）也将紧密合作。

建立多元化渠道

你们怎样对中国的零售商进行管控？

范易谋 在大部分时候，我们都依靠强大的分销商网络来管理本地的零售渠道。在不同的业务领域内，具体的做法也有着很大的区别。鲜乳制品业务，我们通过与蒙牛的合资企业来开展业务运营，借助蒙牛庞大的本地分销网络来销售我们的产品。

饮用水和饮料业务，我们直接与我们的批发商和分销商进行合作。

临床营养品业务，我们主要通过医院来销售产品，整条供应链与其他业务截然不同。

生命早期营养品业务，我们通过零售网络、母婴专卖店以及电商渠道服务于三大细分市场。

达能生命早期营养品在中国市场上获得了巨大的成功，电商渠道的贡献有多少？

范易谋 四年前，我们的生命早期营养品在电商平台上的销售额仅占本地销售总额的 5%，如今这一比例已增至近 30%。

刚才您提到了网购。如今电商在中国掀起了一场前所未有的热潮。达能是否打算构建自己的电商平台？到目前为止，你们有没有做过任何相关的准备工作？

范易谋 我觉得达能欧洲的很多婴幼儿品牌已在中国各地的许多电商平台上得到了很好的推广。电商平台已成为中国消费者采购食品和饮料，以及优质产品与服务的首要渠道。以脉动为例，我们已通过许多十分活跃的互联网平台来推广和销售这一产品。

蒙牛也在十分积极地构建自己的互联网业务和平台；鲜乳制品业务是一项非常适合互联网推广的高增值业务。

就生命早期营养品而言，我认为官方进口品牌将在电商业务中占据越来越大的份额。对于那些并非通过官方渠道流入市场的品牌，我希望中国政府和行政管理部门能颁布和实施一些相关的规定。有人希望能通过自由贸易区来缓解这一问题。如果自贸区真能缓解这一问题，我们将非常乐意、积极地予以配合，进行一系列新的尝试。

竞争激烈是中国市场最大的特点之一

> 您之前可能听闻过一些与中国食品安全相关的负面报道，所以中国消费者对食品安全极其重视。请问达能如何确保旗下产品的安全与健康，你们如何说服中国消费者和妈妈来信任你们的品牌？

范易谋 我觉得消费者已通过实际行动向我们展示了他们的看法，从他们在中国或其他国家购买达能产品的种类和数量中可以看出，消费者对达能的食品安全管控能力十分信任。

达能是"全球食品安全倡议"（GFSI）的创始企业之一，达能高管曾多年担任GFSI董事会主席一职。目前，我们正在中国积极构建GFSI平台，希望能通过这一平台，将中国各地的企业、零售商、行政管理部门、国家质量监督检验检疫总局（AQSIQ），以及国家食品药品监督管理总局（CFDA）等相关方齐聚一堂，就如何统一中国与全球其他地区在食品安全和工艺流程方面的标准展开讨论。

一些外商投资企业抱怨，说中国市场非常不利于他们的发展，说中国的商业和监管环境过于严格。作为一家外资企业，达能对中国的商业环境有何看法？

范易谋　达能是一家全球性企业。除了中国以外，我们还在印尼、巴西、俄罗斯、墨西哥和印度等其他一系列大型的新兴市场构建业务网络。在此过程中，我从未见过任何一个"简单"的市场。我相信想要在加速增长的大型新兴市场中前行，就必须面对和克服与在成熟市场中运营相比更复杂、更严峻的局面和挑战；因为你无法找到成熟市场中的那些既定的条条框框。

我不认为中国与其他国家或市场相比有多么特殊。任何一个大国都有着自己所特有的文化与商业环境，而我们要做的，就是因地制宜地调整自己。

许多外资企业都因商业政策过于严苛而选择退出了中国市场，但您却希望在中国继续投资。您为什么对中国市场这么有信心呢？您的信心从何而来？

范易谋　我觉得中国市场最大的特点之一，就是这里的竞争十分激烈，并且始终保持着积极向上的态势。

在这里，你始终面对着激烈的竞争和复杂的人际关系，你的产品和解决方案可能会被一些小公司迅速抄袭，产品分销渠道日新月异，监管规定也在不断地变化，一些企业可能会因此而产生动摇。这意味着你必须时刻全力以赴，不能有丝毫的松懈和麻痹。

您有没有为达能中国业务制定任何目标？

范易谋　我愿意这样来表述：中国之于达能，我希望中国的业务能大到足够影响达能；达能之于中国，我希望我们的食品、饮料和营养解决方案能够更好地满足中国消费者的需求和期望，助力中国在提高全民营养水平的道路上更进一步。这就是我为达能中国业务所制定的整体目标。

发表于财新网 发表时间：2015 年 4 月 10 日

中国牛肉进口价格将逐渐与国际市场持平

泰丰资本董事：利米（Fergal Leamy）
记者：王姗姗

    2009 年，泰丰资本收购了澳大利亚肉牛公司 Consolidated Pastoral（CPC）93% 的股权，成为该公司的控股股东。CPC 在澳大利亚本土拥有 560 万公顷的土地上和大约 36 万头肉牛。

    盘点泰丰资本的投资案例可以清楚看到，这家始于英国的 PE，自 1994 年成立以来，一向专注于收购大型、资产丰富且复杂的企业。至今，泰丰资本已进行逾 160 亿欧元股权投资，并完成了企业价值总计 450 亿欧元的交易。但是像 CPC 这样的控股收购，依然令人评价为大胆之举。

    过去四年来，这家活跃于欧洲的私募股权投资公司主导了澳大利业第二大牛肉生产商的运营。当很多人怀疑此项收购无非是觊觎 CPC 所拥有的广袤农场资源时，泰丰却带领 CPC 深入研讨拓展海外市场、特别是亚洲市场的可能性。

    泰丰为什么如此乐观于牛肉加工及出口产业？泰丰资本董事弗盖里·利米接受财新记者专访时，详细讲解了泰丰收购 CPC 的初衷、以及针对亚洲市场特别是中国市场的战略布局以及竞争策略。

财新记者 泰丰资本收购 CPC，成为控股股东并且派驻 CEO，这样的部署对于 PE 投资来说是不同寻常的。泰丰看中 CPC 哪些资源优势？

弗盖里·利米　我来告诉你泰丰资本为什么购买了 CPC。四年前，泰丰资本做了很多工作去了解全球范围内的宏观经济趋势，其中一个结论是未来 10-20 年，亚洲市场对肉类和蛋白质产品的需要会增长。我们尝试着去寻求如何让我们的投资者也参与到这个增长中，因此主要对巴西、乌拉圭、欧洲和澳大利亚的奶业和牛肉市场做了很多调研。之后我们发现澳牛的质量非常高，在我们购买 CPC 之前，它是澳大利亚第二大的牛肉供应商，拥有 14 家农场、28 万头牛。我认为对于消费才来说，一个高质量的牛肉产品，意味着要让消费者明确知道这些肉产品是从哪里来、在供应链中如何处理……总之，如何让消费者相信这些产品是安全的将会是非常重要的。

泰丰接手 CPC 后对公司的发展战略做了哪些改良？

弗盖里·利米　在过去四年，泰丰资本投资了大约 1.15 亿美金购买新农场和发展现有农场。现在 CPC 的农场总面积达到 560 万公顷。针对中国、印度尼西亚这些亚洲地区市场的需要，我们改建了这些农场，使得它们可以全年供应牛肉。在澳大利亚，受雨季的影响当地农场传统上来说只供货 6 个月。我们在运营方面也做了很多工作。

其次，我们在市场环节也做了研究，研究我们可以供货的不同国家的情况。目前我们把出口目标国聚集在三个区域：中国、印尼和菲律宾。针对这些市场采取的策略也不同。比如我们为印尼市场出口活牛，在当地饲养场做了大量投资，饲养场需要离市场较近。在中国，我们相信中国市场更为成熟，因此从澳洲出口中国的产品不是活牛，而是已经切割好的四分体牛肉，装在盒子里，到了中国会继续加工。

与中国从海外进口牛肉的其他企业相比，CPC 的产品有哪些竞争优势？

弗盖里·利米　我们和竞争对手的区别在于，竞争对手都是在澳大利亚加工分割牛肉，在中国售卖按照澳大利亚切法切割的牛肉。我们相信中国消费者食用牛肉的方法会和澳大利亚消费者有很大的不同，比如中国人爱吃牛肉火锅。所以我们的做法是先在澳大利亚将牛肉做四分切割，然后再在中国按照中国市场偏好的切割方法进行深加工。这个策略一直以来是成功的。

在我们的调研中，中国消费者希望获知他们消费的肉产品是从哪里来的。所以我们做了很多工作，确保供应链中有最少的环节，我们因此可以全盘控制供应链。我们确保 CPC 的肉产品是从我们的农场来的，在有最高安全标准的工厂里加工生产。过去 12 个月，我们做了很多工作在中国搭建供应链和适当的基础设施。我们和中方合作伙伴在北京建立了剔骨分割厂。我们和中方伙伴以及第三方国际食品安全顾问紧密合作，确保工厂的标准是世界级的。

CPC 在中国的品牌策略是什么？

弗盖里·利米　在中方合作伙伴的帮助下，我们成功通过大宗商品批发渠道向中国提供牛肉。另外我们也会发展 CPC 的零售品牌，不过这是一个较长的过程。我们不希望在硬件搭建好之前打造品牌，当我们有了合适的硬件以后，我们才会大力推广品牌。举例来说，剔骨分割厂有固定的产能上限，我们花了 9 个月的时间确保剔骨厂满足合适的食品安全标准，这一点是不能取巧的。

目前在中国，我们有两家专卖店展示我们的产品。在市场运营中，我们要保持警惕。一年中开上千家店的计划是危险的，如果这样，我们就失去对产品质量的控制，不能确保消费者所食用的是满足合适标准的最佳质量的产品。满足标准是需要时间的。

未来几年，我们会建立更多的专卖店，然后和超市合作供应我们的产品。我曾经在食品零售商做过很多年，关键的事情是确保当你创造了需求之后，你能够提供安全优质的产品满足需求。为什么我们在进入市场阶段有意进展放缓？这是为了在当硬件搭建好以后发展迅速。

你们在中国市场执行的价格策略是什么？

弗盖里·利米　我们有两个级别的产品——高端价位产品和为批发准备的中端价位产品。所谓高端价位，也不是说严重的溢价，不过比超市里的普通肉类贵 10%-20%。

澳大利亚的销售渠道状况是怎样的？ CPC 是否已经建立起了 B2C 的渠道？消费者是否可以在澳大利亚超市看到 CPC 牛肉？

弗盖里·利米　是的，消费者可以在澳大利亚超市，比如 Woolworths，看到 CPC 牛肉。澳洲市场更为成熟，零售商先行进入，创立了很多大品牌，所以我们会和零售商合作，我们的品牌是依托超市品牌的。在印尼和一些欧洲市场，牛肉生产商会使用它们自己的品牌。中国会稍有不同，中国市场比其他市场成熟得更快。因此，我们牛肉的分销商可能希望创造一个品牌，向顾客传播我们牛肉的来源和质量情况。

在发展中国家市场，像中国，有很多市场参与者，所以我认为非常有必要向市场解释清楚我们提供产品的不同。

在中国市场最大的挑战有哪些？比如物流、顾客联系、食品安全或者伙伴方。

弗盖里·利米　一个挑战是搭建食品安全标准，确保我们建立的工厂按照我们需要的食品安全标准建立。事实上这对任何一个市场来说都是一个挑战，因为食品安全标准是一个新事物。

另一个挑战来自于中国进口商。像其他增长中的市场一样，有很多人从中国到澳大利亚购买牛肉。每个星期都会有来自中国的进口商找到我们，要求进口大约 5000 吨牛肉。直接将牛肉卖给他们对我们是一个诱惑，这当然对我们的销售有利。我们的挑战就是如何说服自己去拒绝。因为我们要专注于我们认为对的事情上，比如建造硬件和食品安全标准。我们需要有十足的信心自己做的事情最终是对的。

那么价格如何呢？据说从澳大利亚进口的牛肉价格已经上涨了20%，是真的吗？原因何在？

弗盖里·利米　没错。过去一年中，中国市场从澳大利亚进口的牛肉价格上升了 20% 到 25%，主要有以下几点原因导致了这一情况的出现：第一，过去几年中国市场对牛肉的需求一直在增长；第二，中国本地的牛肉供应量未能跟上这一需求；第三，澳大利亚供应商和中国当地合作伙伴之间进行了大量的投资以保证供应链的可持续性及产品质量的安全。很显然中国对牛肉的需求量很大，但是中国政府只允许少数几个国家向中国出口牛肉。但是我不认为牛肉价格会一直涨下去，相反中国市场的牛肉价格将逐渐与国际市场持平。

你们计划出口活牛到中国吗？

弗盖里·利米　我希望最终能实现活牛出口。这是一个很大的机会，不过还有几年才会实现。客观地说，中国若计划进口活牛需要小心行事，有很多事情需要解决。有很多人在为此工作，在做这件事情之前有很多标准需要设立。比如在我们印尼的饲养场设有专门的监察官，负责确保动物处理的整个过程中都是人道的，当它们被宰杀之前都已经被电击昏死。你需要有硬件支持这样做。

我认为中国市场最终会允许进口动物，不过现在我还是支持先帮助市场继续发展，否则就会有争议，让事情向错误的方向发展。进口活牛有两大优势，一是可以满足市场需求，另外就是可以提升中国的种畜质量，我认为这也是澳大利亚需要与中国紧密合作的地方。长远来看从澳大利亚运输牛肉并非长久之计，虽然这一方式将一直存在下去，但是中国的种畜也需要投资。

你能大致估算一下 CPC 在中国市场上卖出的牛肉占整个 CPC 牛肉销量的比例吗？

弗盖里·利米　目前这一比例非常小。中国市场对牛肉的需求量大约为每年 900 万头，而满足这一需求的供应商来自国内外，目前我们在中国市场上的份额仅为几千头。在未来两到三年内我们计划往这一市场输出每年 15000–20000 头的牛肉量，届时销售额将至少达到每年 2000 万美元。如果实现这一目标将是非常大的增长。目前我们每年往印尼输出 32000 头肉牛，在当地市场占有 12% 的市场份额。

目前我们在北京建成的剔骨分割厂具有很高的标准，今后当我们向上海、广州以及其他城市扩张时，我们需要保证当地的设施依然处于高水准。

市场上对那些被 PE 投资的企业最大的担忧就是最终 PE 会将公司卖掉，CPC 是否也面临着相似的疑虑？

弗盖里·利米　我们与中国市场上的 PE 很不相同，如果对泰丰资本有所了解，你就会发现我们不是那种三两年就撤资走人的投资者。泰丰资本擅长投资大型资产密集型、拥有巨大市场机遇的企业，之后泰丰会极尽努力帮助旗下公司实现目标。如果你看一看泰丰所投资的企业，你就会发现我们对一些旗下的企业已投资长达 20–25 年。因此我们的投资者首先关注的是我们的投资目标是否是大型资产密集型的企业，一旦我们说服了投资者且其旗下企业的经营状况正在改善，我们就会一直对其进行战略变革，直到我们不能进一步提升其经营业绩为止。

发表于财新网 发表时间：2013 年 10 月 13 日

把更多新药引进中国

拜耳医药保健中国总裁：康洛克（Alok Kanti）

记者：李妍

　　长久以来，外资药企一直在中国医疗市场发展中占有显著地位。2014年5月，葛兰素史克（GSK）在华涉嫌贿赂案被视为分水岭，外资药企在中国的地位和影响变得微妙起来。2015年初，以GSK为首的外资药企裁员潮更引发了外界的猜测和争议。

　　外资药企在中国，面临什么样的挑战和机遇？

　　拜耳医药保健（下称拜耳）中国总裁康洛克对财新记者分析，中国在应对挑战层面取得了巨大成功，政府努力改善医疗卫生工作，在很短的时间内建立起覆盖城乡居民的基本医疗卫生制度，这是中国取得的巨大成就。得益于这些举措，中国老百姓的预期寿命比15年前、20年前大大延长，中国经济也实现了持续繁荣。与此同时，慢性疾病成为中国所面临的巨大挑战。

　　康洛克认为，中国是拜耳最重要的市场之一，拜耳医药保健看好中国市场的成长潜力，未来将致力于向中国引进更多新药。康洛克表示："在拜耳医药保健全球各新兴市场中，中国拥有最高的绝对增长率。"

　　拜耳医药保健是拜耳集团的业务子集团，总部位于德国勒沃库森，2014年销售额约200亿欧元。公司在全球范围内经营动物保健、保健消费品、医疗保健和处方药业务。目前，拜耳医药保健在中国拥有

超过七千名员工，总部位于北京。拜耳医药保健在华主要业务部门包
括：处方药、保健消费品、动物保健、以及影像诊断与糖尿病保健，
在北京、广州、成都及江苏启东设有生产基地。

中国新药审批提速意向明确

财新记者 中国新药审批滞后备受争议，目前中国市场新药获批上市时间比美国和德国长 3-4 年，你认为主要原因是哪些？该如何解决？

康洛克 我们在看待这个问题时需要和其他国家进行比较。中国药品监督管理机构比起美国来说相对年轻。我认为中国食品药品管理局的工作非常出色，在不断缩小差距的同时，中国已经建立起适当的标准和相应的规章，以确保患者能够获取创新药品。

同时我们也了解到，中国食品药品监督管理部门也正在积极寻求改革意见，希望能够加快监管审批速度。我相信一旦中国食品药品管理机构具有了必须的资源和决心，将很快可以完成这项任务，在和高层领导的会见中，我可以感受到他们对于加快审批流程的意向是非常明确的。

而缩小审批时间差异的另一个好处是使全球监管要求实现一致化，一旦实现中国标准和国际标准的接轨，将使本土企业更有效地向国外出口自己研发的产品，加强中国医药行业的优势，因为中国企业首先需要经过国内审批，才能够再向其他地区发展，取得当地审批。

2 月 26 日拜耳发布年度财报，从公司的销售额来看，销售利润创全新纪录，你如何解析这个成绩？有哪些增长点做出了重要贡献？目前还有哪些产品未能引入中国，为什么，拜耳有何相关计划？

康洛克 我想引用拜耳管理董事会主席马尔金·戴克斯博士在今年财报新闻发布会的谈话来回答这一问题，"对拜耳业绩作出突出贡献的是我们生命科学业务的持续增长，特别是我们近期推出产品的喜人发展。"

拜耳近期在全球推出的产品——抗凝药物拜瑞妥™、眼科药物 Eylea™、抗癌药物 Stivarga™ 和 Xofigo™、以及肺动脉高压治疗药物 Adempas™——对这一可喜增长做出了显著贡献，合并销售额达到 29.08 亿欧元。戴克斯博士曾评价说，"这些产品发挥了至关重要的作用，使我们成为处方药行业增长最快的大型公司之一。"

我们在中国有着高度整合业务的基础，并且希望能够在此基础做强、做大。未来，我们的目标是将全球所有产品推向中国市场，而现在之所以有些产品还没有上市，有两种原因，第一是正在中国监管审批流程中，第二是正在做相关临床试验工作，我们需要考虑何时申请相关监管审批。

在中国不会爆发"裁员潮"

> GSK 商业贿赂事件之后，外资药企在中国的发展是否备受制约？年初外资药企曾爆发"裁员潮"，您怎么看？拜耳是否有缩减的计划？未来几年拜耳在中国的发展规划是什么？

康洛克 我们始终秉持可持续性发展，始终以谨慎的态度进行投资，希望保持平稳的增长速度。

我们公司的每一个员工都有责任进行质疑和挑战，促使我们以更加高效的方式开展工作。

同时我们也要感谢明智的研发团队。因为在有些情况下，如果数据无法支持最开始的想法，我们必须果断的做出决定，停止研发某些项目，这当然会是一个比较艰难的决定，但是我们必须制定严格的纪律以决定何时终止项目，我们的研发团队在这方面做得非常出色。

涉足移动医疗和健康服务

目前制药公司开始涉及移动医疗领域开发，我们从外部资源了解拜耳已经开发超过 100 个健康管理流程，能否具体介绍拜耳目前在这一方面的进展？

康洛克　我觉得技术的发展最重要的是能够帮助病患在知情的情况下作出科学决策，这样的技术发展必须得到严格监管，包括你刚才提到的 APP 应用方面，我们也希望能够通过医生从专业角度对病患情况进行评估，一般类似的症状都会有不同的评估结果和治疗方案，这就是我们开发移动 APP 的价值所在。

在妇科领域，我们有关于口服避孕药的 APP，也有针对女性月经周期进行疑难解答的 APP，还有一些专门网站就基本医疗保健知识进行普及教育。

我们的工作不仅要让医疗人员参与其中，而且需要法律人员和市场营销人员都参与在内，一方面通过新技术带来更多便捷，另一方面避免因为过度简化而出现差错。您说的这种移动医疗趋势会愈演愈烈。

2013 年国务院印发《关于促进健康服务业发展的若干意见》，首次把健康作为服务业乃至产业赋予新地位。请问拜耳作为一家制药企业，除了为中国患者提供制药药品以外，在健康服务方面计划如何布局？

康洛克　最重要的还是通过创新提出更多的产品解决方案。我们希望调动一切资源，包括通过其他的专业知识，或者是国外资源进一步加强中国健康产业发展。

事实上，我们一直认为健康医疗保健是服务色彩很浓的产业，因为我们需要持续的和医务工作者进行交流和互动，从而找到不同治疗和诊断方案。所以我们拜耳医药保健所提供的医疗保健产品，包括非处方药、保健消费品，动物保健等产品，只是构成整个医疗保健行业的一个部分。我们围绕现有的产品也会开展一些疾病管理服务，比如以糖尿病治疗为主题的"拜耳健康小屋"这样的项目。

正如我刚才所说，具体的医疗产品和解决方案只是构成医疗产业的一个组成部分，我们需要关注医疗产业中的从业人员，包括医生和护士，最终是他们和病患进行互动，作出科学决策，选择相应的治疗和诊断方案。

发表于财新网 发表时间：2015 年 5 月 8 日

希望中国药物审批能更有效率

杨森制药全球研发负责人：比尔·海特（Bill Hait）
记者：薛健聪
实习记者：余翔

　　虽然与仍在风口浪尖的 GSK 同属外资制药企业，但强生公司旗下的杨森制药自述并没有因这一领域的反腐行动而受到影响。不仅如此，杨森制药还将会调整今后在中国的业务重心，主攻肺癌、慢性阻碍性肺病、肝炎和血癌这四个领域。

　　作为强生公司旗下的杨森制药全球研发负责人，比尔·海特博士接受了财新记者专访，他对中国药物审批的漫漫周期表示理解，但也希望中国政府可以增加人员和增强专业的水平，使审查的过程更加有效率。

　　比尔·海特博士预计，中国因空气污染和抽烟而导致的肺部疾病患病人数会继续上升，而这些都是可以预防和早期介入治疗，并使之治愈。如果是晚期，通过多种方法的结合，也可以达到延长寿命乃至治愈的效果。作为肿瘤和癌症专家，比尔·海特博士还希望，肺癌变成慢性的可预防和可治愈的疾病。

财新记者　作为强生公司的重要组成部分，杨森制药目前面临的状况是怎么样的？

比尔·海特　　首先，强生公司的业务分为三大板块：第一，消费品，比方说营养品；第二，医疗器械，类似人造胯关节、缝合材料、外科用的一些材料等等；第三，药品，这块是归在杨森公司之下。

我们公司之所以取名杨森，是为了纪念保罗·杨森。保罗不仅是强生公司的创始人，他在公司和中国建立联系的过程中也起了至关重要的重要。保罗的杨森公司本来是存在的，是比利时的一个制药公司，61 年被强生收购。保罗和中国最初产生联系就是在布罗赛尔，他和中国的一些精英人士相识，并被他们介绍给中国政府。在后来，由于这种友谊，杨森公司就在改革开放之后，第一个在西安成立了一个制药合资企业。至今，西安杨森仍是陕西省政府唯一拥有股份的一家合资制药企业。

在陕西西安，曾经有一段时间，出土的兵马俑受到了霉菌的污染。当时杨森公司出产了第一款抗真菌的药物，西安市政府于是就运用杨森公司的技术，去解决霉菌的问题，效果很好。现在去西安的兵马俑参观，还可以看到一个专门送给保罗杨森的匾牌在里面。所以说，杨森公司出品的药物，不仅仅是治疗人，还可以治疗几千年以前的"兵"。

今天我们依然想保持在中国制药业领先的地位，我们制定了一个中国创新战略。作为一个制药公司，杨森公司有非常成功的业务增长，这要归功于我们关注了几个重要的疾病领域，并在这些领域进行了非常大的投资，因此在这些领域我们有一些能力和专长。在这些疾病领域中我们也分析哪些对于中国是至关重要的，我们总结出了四个疾病领域，分别是肺癌、慢性阻碍性肺病、肝炎、血癌，这都是我们认为我们有专长，对中国也很重要，所以我们会重点投资，把药品带到中国市场。

　　在四个领域中，和肺有关的占到了两个，是不是杨森认为中国今后会在肺病上有一个比较高发的态势？

比尔·海特　近年在中国诊断发现的结果表明，肺癌和慢性阻碍性肺病都处于一个上升的趋势。很多中国的肺癌患者也患有慢性阻碍性肺病，由于广泛存在的抽烟和空气污染问题，我们认为，治疗肺病的药物未来会有更大的需求。而且，治疗这些疾病，仅仅靠增加性药物是不够的，还要有创新的药物和治疗手段。

杨森认为肺癌可以预防和早期介入治疗，这样它可以治愈，这也是我们的愿景。如果是晚期，我们希望通过多种方法的结合，去达到延长寿命甚至治愈的效果，因此我们的目标是使肺癌变成慢性的可预防和可治愈的疾病。

> 作为癌症和肿瘤方面的专家，你认为糟糕的空气质量和肺病的发生率之间的趋势相关性如何？空气质量是不是引起肺部疾病最重要的原因？

比尔·海特　抽烟和空气污染都是造成肺部疾病发生率上升的因素，因为两者都会导致肺部的慢性感染，会使得鼻腔喉道里面的细胞受到损伤，细胞的DNA 会被破坏，并不是所有的损害都会导致肺癌，但是有的基因受损就会导致。这些患者经常咳嗽，他会产生痰液，如果检查会发现，肺部会增大，炎症会导致纤维变性，导致用肺部进行空气交换的困难。

> 之前提到杨森今后可能采取创新性的药物来治疗肺病。在中国的药物审批时的周期非常长，如何解决这个问题？

比尔·海特　确实是这样，创新药物审批需要五六年，所以我们需要尽快使药物进入审批流程。如果我们一年能使两款药物进入审批程序，那么六年以后，我们每年都可以有两款新药上市。我们理解审批流程需要时间，明白监管者的担心，并愿意和监管者很好地合作，这样我们才能保证一直有药物通过审批。

我们也很高兴杨森现在有很多款药物在审批程序中,因此随着时间的推移,这些药物都会陆续上市。这样药物都是针对主要的一些疾病,对中国病人也会非常的重要。我们希望跟监管者很好地合作,进入非常稳定的产出新药的节奏,使中国病人可以受惠于此。

中国这种比较保守的审批药物的制度会不会造成一些对病人不太好的影响?

比尔·海特 我们知道监管者肩上也有很大的责任,药品既要保证安全也要保证疗效,这需要很大的队伍和很多的检验工作,所以速度不可能很快。当然我们希望可以增加人员,增强专业的水平,使得审查的过程更加有效率。我们手头确实有几款药物,一旦上市,会给中国的病人带来很大的益处。同时我们也能理解监管者的责任,我们相信未来审批的效率也会增加,为病人带来更多的益处。

有两款新药是我个人感觉非常兴奋的,一款和保罗杨森有关的,他曾经有位姐姐或妹妹因为肺结核去世,所以他发誓要研制出治疗肺结核的药物。肺结核的治疗很麻烦,三十多年都没有出现革命性的新药,并且我们知道在肺结核中有一种耐多药的,耐多药的肺结核一直没有出现非常有效的药物,杨森公司花了近二十年的时间,研制出一款疗效非常好的、针对耐多药肺结核的药物。我们去年发布了这款药品。它叫斯奈瑞,我们知道这是一款具有革命性的新药,这对全世界的患者都非常有好处。

另一种广泛的疾病是糖尿病,二类糖尿病在未来的中国有进一步的上升趋势,这是由于中国未来的饮食结构的变化。中国的饮食结构越来越西方化,快餐更普遍,肥胖人群也有所增加,这些都和二类的糖尿病有正相关。而且二类糖尿病的护理非常困难,需要按时服药,注意饮食,控制体重。因此我们出了一款新药，它的机制和以前的药物是完全不同的，它同时还能帮助病人控制体重，而且它的作用目标是人的肾脏。人进食之后，食物中的葡萄糖会经过肾，不需要的会被移除，而糖尿病人则会在这一阶段再吸收葡萄糖，这样就导致了不平衡。我们的新药可以保证葡萄糖在经过肾脏的时候会被排除，并且吸收的热量也会得到控制，从而有效的控制体重，对于血糖水平也会有很有效的管理。

> 在 GSK 的事件爆发之后，监管部门对国外药厂的审核更加严格，这个事件对于杨森的策略是否有影响？

比尔·海特 我可以保证，这对我们在中国的战略造成影响，我们始终保证对于法规的遵守，强生公司从创始以来一直有个信条称作"Credo"，这个非常有名，这是我们的创始人的儿子亲自制定的，是我们的价值指南，我们全体员工都非常重视。

基于此信条，我们有严格的内审制度来保持我们高的道德水准。确实我们对别的公司陷入这样的丑闻表示遗憾，但这并没有改变我们在中国的策略。我们的产品中包含婴儿产品，因此安全对我们来说更为重要，消费者的信心是不能失去的。我们在做每一件事情，都保证它合乎规范和法规，这对我们来说不是新鲜的事情，是一贯如此。

发表于财新网 发表时间：2014 年 10 月 27 日

产品创新的"中国导向"

强生公司中国区主席：吴人伟
强生亚太创新中心总裁：吴冬
记者：蒋飞

　　强生中国 10 月 31 日宣布在上海成立亚太创新中心。这是 18 个月内强生在全球范围内建立的第四个创新中心，将借助与本地科研人才和项目的合作，推动制药、医疗和诊断器材、消费品以及个人护理领域的创新成果商业化。强生由此成为少数将全球创新研发部门放在中国本地的跨国企业之一。

　　就此话题，强生公司中国区主席吴人伟和强生亚太创新中心总裁吴冬接受了财新记者专访。吴人伟告诉记者，强生过去是把国外研发的新药、新产品拿到中国，进行一些必要的修改使其更适应中国市场。但是今后强生将借助亚太创新中心，针对中国的高发病种研发新药，如乙肝、血液病、肺癌和呼吸系统疾病等。其中，由于持续严重的大气污染，肺癌和其他呼吸系统疾病已经对中国居民的健康构成新的威胁。

　　创新中心的另一重意义在于内部研发的外部化。吴冬说，大型跨国公司需要与具备活力的外部科学家和初创型公司合作；同时这些公司往往以科学家为主，不具备产品化和商业经验，强生创新中心的团队可以帮助其进行临床验证，更快地转化为产品并实现商业化。

从实验室到市场

财新记者 强生过去也在中国建立过内部的研发中心。现在强生把亚太区的创新中心放在上海，这种实践的初衷是什么？

吴人伟 有很多的科学成果留在高校里面或者研究中心里面，没有办法变成应用在病人身上。我们希望以强生这个商业模式，打开一扇门，协助外部科学家和创新者做的更好。

除了在上海设立的亚太创新中心之外，强生还在伦敦、加利福尼亚和波士顿建有创新中心。截止目前，强生在全球设立的创新中心已经与外部伙伴达成80个项目合作，其中包括在中国地区的四个项目。

这四个项目的合作伙伴分别是中国药科大学、北京大学、浙江大学以及苏州工业园区纳米科技园，涉及多种新型药物和诊断技术的研发合作。

吴冬 过去的 5 年里，强生每年投入大约销售额的 11% 用来支持研发工作。2013 年，强生的全球销售额达 713 亿美元，用于研发的投资超过 80 亿美元。

强生不光要进一步的强调我们内部的科研发展，还希望成为整个生态系统的组成部分。我们虽然每年投入几十亿美元计进行研发，但是跟整个产业链中间的研发投入比，还只是沧海中的一粟，需要利用外部的创新力量。

强生创新中心的团队以资深管理人员为主。他们通过本地的资源网络寻找创新项目，并与科学家们一起工作，提供科研资源和资金支持。除了自有资金之外，强生创新中心的交易团队还与风险投资机构开展合作，共同投资新的医疗项目。这种模式也规避了过去大公司内部冗长的汇报审批流程，旨在建立更具活力的科研成果商业化生态系统，并且已经取得初步成效。

从设立第一个创新中心到现在已经有一年半时间，有没有达到预期的效果？在投资方面，这些创新中心具备多大的权限？

吴冬　强生首席科学官、全球制药主席 Paul Stoffels 说，他不看需要投多少钱，而是要看这个项目的科学价值在哪里，有没有科学新颖性。所谓新颖性，就是新的科学、新的发现，不是炒冷饭。

在加州，强生创新中心正在攻关的阿尔兹海默症已经是美国第六大致死疾病。这种疾病困扰着美国 540 万患者的生活，预计在 2050 年将会增加到 1350 万人。目前，强生公司正在通过内部研发和外部合作研发多种不同的治疗阿尔兹海默症的药物，其中有不少药物的研发是通过强生创新中心进行的。

强生公司在 2014 年 7 月 30 宣布，加州创新中心在针对阿尔兹海默症的药物合作研发取得了第一个具有里程碑意义的阶段性成果。该中心已经确定并选择了三个针对阿尔兹海默症的新的药物靶点作为研发方向。强生希望这些努力可以为患者带来崭新的突破性药物，改变未来阿尔兹海默症的治疗手段。

听起来，强生在做的事情与风险投资行业有几分近似。

吴冬　我们的想法其实就是，希望与我们合作的科学家专心科研。科学家你让他搞个会计、注册公司产品，他搞不来。因为强生有商业团队，我们可以把我们这个商业团队平常在做的事情，帮他们。所以他们的时间花在研发上面，应该是能够得到很大的成果，就是让他们做他们做得好、该做的事，然后其他的，我们用我们的商业团队帮忙提供服务，也是希望能够增加他们成功的可能性。

强生创新中心与风险投资机构有密切的合作，但是我们还是有很大的不同。我们首先谈科学，再谈交易，一定要问你的科学是不是能够转化成革命性的医疗手段或者革命性的健康护理手段，这是我们的宗旨。

中国导向

在设立亚太创新之前，强生在中国的研发体系的情况如何？

吴冬　强生于 2006 年在上海成立新兴市场研发中心，专注于为中国和其他新兴市场的消费者，研究及开发各类消费品及个人护理产品。

2009，强生年成立了杨森制药中国研发中心。目前该中心共有 350 名研究人员，在上海和北京各设有实验机构，分别专注于药品的研究与开发。

此外，强生还在京沪两地设立了多家疾病治疗研究中心，包括非处方药 / 非专利药中心、生物制剂中心、肝病防治中心、综合生物识别技术中心，以及设在上海枫林生命科学园区的研发实验机构。

把亚太研发中心放在上海，这对强生的中国战略意味着什么？

吴人伟　过去，强生的研发以美国和欧洲为导向。我们在国外发明了一种药物，然后把它带到中国，让它更便宜和更适合本地市场。但是在上海建立亚太创新中心显示出，强生变得更加以中国为导向，今后我们的创新就会更专注于中国市场的高发病种。

医疗领域的创新需要不断的投入。中国解放初期那些病种，你现在来看几乎都没有了。因为我们国内不断的投资在医疗方面来解决这些病种的问题。可是经过 30 年改革开放，由于社会老化、膳食习惯改变，及空气污染的问题，新的病种又开始出来，而且这些东西坦白讲也是具有中国特色的病种，如果我们不开始在这个方面投入的话，病患势必无法得到照顾。

肺癌的诊断和治疗将是一个重要的领域。现有医学估计，未来全球超过 50% 的肺癌病例会发生在中国，如果按照传统上跨国公司以欧美为中心的研发模式，无法及时性的调整研发方向满足肺癌的诊治需求。

强生创新中心的研发除了药品之外，还涉及医疗器械。以肺癌为例，绝大部分肺癌病例发现太晚，极大影响了治愈率。强生正在思考如何发展一种早期诊断方法，以此更早发现肺癌并提高治愈率。

吴冬　中国的医药研发实力在过去十年里面大大增强，我们的科学家发表在国际顶级杂志上的论文数量翻了好几番，质量也越来越好。这些科学家也越来越多的自主创业。我们希望做的是让科学家专心做好科学，剩下的事情强生这样的大公司可以贡献力量，共同打造一个完善的生态体系。

发表于财新网 发表时间：2014 年 11 月 4 日

我在沃尔玛 30 年

沃尔玛首席执行官：董明伦 (Doug McMillon)
记者：胡舒立

　　提起沃尔玛这家由美国零售业传奇人物山姆·沃尔顿于 1962 年
创立的公司，人们脑海中一定会冒出几个"之最"——世界上最大的
连锁零售商、最大的私人雇主、世界 500 强榜首以及最具价值的品牌，
等等。沃尔玛于 1996 年进入中国，在近 20 年的发展中，已经在全中
国开设了 401 家商场，创造了约 9 万个就业机会。中国市场已经成
为沃尔在美国之外最主要的战场之一。沃尔玛的 CEO 每到一个国家都
会去巡店，既巡视自家门店，也会去考察竞争对手的店面。不久前，
沃尔玛 CEO 董明伦到访中国，他又去了哪些店铺取经呢？

财新记者 你在中国期间都去了哪里？除了巡视沃尔玛的门店，也会去看竞争对手的吗？

董明伦 　过去几年中，我到过北京很多次。昨天，我巡视了一些门店，山姆会员店在中国发展得非常好。几个月前，我去了深圳和广州。过去几年，我还去过其他城市和不同的店铺，也包括竞争对手的。我试着学习和理解顾客的想法。我曾遇见一个带着孩子购物的母亲，我问她有什么改进的建议。她提到的第一件事情就是电子商务，以及如何在网上能寻获更多产品品类。有时候，网上价格也更优惠。就我们的情况而言，我们不仅需要确保实体店铺的竞争力，

也有必要把网站和店面结合起来，为顾客带来最好的服务。

在中国，淘宝和京东都是沃尔玛的竞争对手。你有没有浏览过他们的网站？

董明伦　当然，这很有意思。无论我身在何处，我都可以登录别人的网站，学习它们是如何在特定的某一天促销。你也许知道，我们有一家总部在上海、在其他城市也有分部的公司，叫一号店。这是一个我们在几年前投资的纯电商公司。一号店的业务保持着巨大增长。几个月前，我们去了上海的一幢公寓大楼，有超过 8 万人住在这里。我们对这个数字很吃惊。我仍在试图接受竟然会有这么多人住在那里的事实，以及这会带来多么大的机遇。在这种情况下，一号店在这幢公寓大楼里建了一个提货点，住户可以自取在网上或者移动端订购的商品。我们也有送货员配送订单到公寓。所以，我们不仅运营普通的门店，还有购物中心或者大型店面，以及通过电商网站或者配送中心服务顾客。

但是我们什么时候可以在一号店见到沃尔玛全品类的商品？

董明伦　一号店已经扮演了一个非常重要的角色，在未来也会继续。在未来的一段时间内，我认为包括在中国，我们将通过有效结合电商和实体店，给顾客提供最好的服务。因此，我们不是只想赢在电商领域，我们也会运营最好的门店。沃尔玛的独特之处就在于能将两者做最好的结合。

你对沃尔玛在中国的发展状况作何评价？中国已经成为沃尔玛第二大新兴市场，仅仅排在墨西哥后面。

董明伦　对沃尔玛来说，中国已经是最重要的市场之一。但是我认为正视在中国发展是一个长期过程非常重要,在中国市场打下一个稳固基础非常重要。我们把焦点放在从采购、定价到服务,每一天都做得更好一点。这个稳固基础也包括合规。我们是一家目光长远的公司。

你们明年将要关掉 25 间门店对吗?

董明伦　我们时常关闭门店。在美国是这样,去年我们还关闭了一些巴西的门店。保证每一间门店经营正常是很困难的。我们运用大量数据选址,从人力到资金,调用一切资源。有时,像在中国,我们有战略上的失误。如果要前进,我们只能关店。因为这些店铺会拖累整个体系。

所以你讲保持目前门店的数量和规模?

董明伦　是的,我们开店的速度将高于关店速度。事实上,未来三年,我们将在中国开设 100 间左右的门店。这将会使我们的门店数从 400 左右提高到500。一直以来,零售商关店没有什么特别。

不过,我们将积极改造旧门店以拥抱未来。在中国,举个例子,我们提供送货服务。如果人们想要送货上门而不是到店里购物,他们就可以这么办。我们已经在世界上其他国家取得了相关经验,用英国举个例子,沃尔玛的顾客享受着送货上门的服务已经有 15 个年头了。过去几年,我们还增设了汽车超市、自提点。然而,门店内购物的人群比例仍然占到了 90%。顾客还是需要实体店的。在中国,这个比例可能不同,五年间或者十年间,我们将提供所有服务,逐步提升送货和提货能力。在一些国家,这意味着点击鼠标下单和取货,当然还会有人去商店购物,如果你想来挑选晚餐所需的活鱼,或者亲手摸到那些你想买回去的土豆。

记者述评随着越来越多的人通过互联网消费，使用智能手机下单，并比较不同的商店，沃尔玛面临着越来越大的挑战。但实际上，沃尔玛从未忽视过科技的力量。上世纪 70 年代末，公司就开始使用计算机进行管理；80 年代初，又实现全球联网。近年来，它收购了许多互联网公司，并在加州圣布鲁诺（San Bruno），设立了自己的实验室。

董明轮：你提到的很多被并购的公司都来自硅谷，这可以提升我们的竞争力，以便更加有效地为顾客服务。我们还会继续寻找机会，从并购中挑选人才。我们试图从一些被收购的公司中挑选一些杰出的领导者和人才，他们能以电子化的方式为顾客提供服务，这些事我们很难办到的。这些收购同样帮助我们运用如大数据这样的技术，提升了产品的搜索能力，减少生意中的欺诈行为。从某种程度上讲，沃尔玛是一家科技公司，我们站在了零售业的前沿。过去，我们做了如下事情，向供应商提供所有信息，以便它们帮助我们记录和预测消费需求。这种数据共享和开放在当时是一大突破。我们将继续寻找机会，引领未来。

如今，谁是沃尔玛最大的竞争对手？是像乐购、家乐福一样的传统连锁商店，还是新兴的互联网巨头，比如亚马逊？

董明伦　都是。在全世界范围内，我们与很多线上线下的出色的零售商竞争。有许多是强劲的竞争对手，并且它们做的越来越出色。作为一个企业，我们继续进步的压力很大。好消息是最终顾客说了算。无论是谁，提供最好的服务才是方向。因此，我们会从竞争中学习，我们以谦逊的态度承认我们有许多需要学习的。我们能学到什么？在更好地服务顾客方面，它们做了哪些我们没有做到的？我们如何借鉴经验以便打开新局面，在提供最好服务的同时吸引新顾客？

电子商务很流行也很便捷，但目前看来，它不能跟传统零售商获取同样的利润。沃尔玛如何保持盈利的平衡？

董明伦 好问题。我们的首要任务是服务顾客。如果我们积极拥抱未来，获得某种程度的销量，我们会为股东创造一个公平的回报。我们的理念，如你所知，是薄利多销。我们努力做到高效率。

中国的消费者通常担心沃尔玛在食品安全和其他问题上的双重标准？

董明伦 我们有世界各地的一个标准。在中国，我们已经采取了一系列措施改善食品安全和品质，这对我们很重要。我不能一一列举它们。其中一件是减少供应商数量，以便我们可以与能提供最高品质的供应商合作。我们也在投资建立新的配送中心。在过去几年，我们增加了配送中心的数量，到目前为止，数量已经达到了 17 个。其中几个是专门针对新鲜和易变质的商品。这能保证我们做好检验工作，确保供应链上的商品达到最高标准，也可以帮助我们控制上架产品的质量。技术的应用也是其中重要一环。最近在美国和一些中国的店铺，我们在试验手持移动终端设备，以帮助店员对鲜食进行测温。这对冷热食物保持温度和品质十分重要。我们也在实验室进行更多的 DNA 检测。我们已经决定在未来三年投入 3 亿元人民币确保食品安全。

我记得沃尔玛曾在中国举办了可持续性发展峰会。过去几年沃尔玛在绿色供应链上都做过哪些努力？

董明伦 值得庆幸的是，沃尔玛的规模可以帮助我们对供应链施加积极的影响。作为企业，我们有一些宏大的目标，包括我们自身如何变得更加可持续，我们如何使用能源。例如，我们在体系内如何使用能源，以及当它与供应链相关时，我们如何与农民合作，与工厂合作。我们正在一起提升供应链各个环节的标准，以及产品是如何制造的。

追求可持续发展和利益最大化之间是否是此消彼长（trade-off）的关系？

董明伦　没有。长期来说，可持续发展对生意是有好处的，并且带来增长。在过去的几年间，我们的观念上有了很大的转变。在大学教授和非盈利性组织的帮助下，我们深入了解了可持续发展，我们发现减少浪费不仅对环境有益，也同样可以帮助我们削减成本。我们知道了使用 LED 灯更划算，这最早是在北京。久而久之，我们坚信成为一个坚持可持续发展的公司是门好生意。

当沃尔玛宣布你接替麦克当选公司 CEO 时，媒体用了"意外"这样的词语，你对这次升职感到惊讶吗？

董明伦　有一点。因为这是一份巨大的责任。我有幸遇见过创始人山姆·沃尔顿，所以我理解这份独特的责任意味着什么。对此我很兴奋，也同时感到责任重大。

你曾经与沃尔顿一起共事，相比起麦克你应该更了解他，因为麦克1995 年才加入公司。

董明伦　如果说我和山姆·沃尔顿共事过，这可能有些夸张。我当时非常年轻，但是我确实见过他，目睹过他参加各种会议上以及如何领导公司。今天，我仍然试着带着他的激情和远见，像一个创业者一样思考。我想，在生意里，你必须像创业者一样，乐于冒险和尝试，与顾客零距离接触，行动迅速。因此，尽管沃尔玛如今上了一些年纪，规模庞大，我们仍要像个小商贩一样思考问题，一对一服务顾客。一旦我们做到了，我们可以在中国和世界其他地方持续性成功。

为什么爱上了沃尔玛？甚至从那么早的时候？

董明伦 主要因素是人。我喜欢沃尔玛的人。另一个原因是我们的目标——给顾客打造高品质货物的渠道，是我个人也看重的理念。

我注意到，你在读 MBA 期间，已经是沃尔玛的全职员工。你为什么在读书期间就给它们打工？它们帮你付 MBA 学费了吗？

董明伦 不，它们没有支付。但是我自己努力支付读书的费用。我的第一份工作是装卸工，但之后，我成为一间店铺的助理经理，我学习到很多店铺运营的经验。毕业后，我在采购部谋得一个职位，我喜欢极了。致力于解决客户想买什么，如何买到以及提供符合预期的商品，是一个巨大的挑战。但我至今仍然很享受这个过程。

您从一开始就计划要慢慢盘上管理职位吗？你什么时候开始意识到，公司的未来属于你了？

董明伦 实话是，我只是很享受我所做的一切，把当时应该做的事努力做到最好。有一个阶段，我梦想可以领导采购部门，我的职业上的熊心，某种程度上可以说，停留在了这个想法上。因为我非常热衷于服务顾客带来的所有挑战。

你在沃尔玛的 30 年间，有没有遭遇过任何危机或者面临巨大挑战？

董明伦　当然。人们当然会在如此长的一段时间里遭遇挑战。我在工作的第一天就遇上了。我当时开老板的车，但启动的时候抖动得很厉害，但是他原谅了我。

　　董明伦提及的个人危机并未影响他在公司的发展，然而，沃尔玛却因两年前的"墨西哥贿赂事件"遭受重创。2012 年 4 月，美国《纽约时报》揭露了沃尔玛为了在墨西哥快速扩张，用行贿方式获得开店许可。此后，沃尔玛陷入了旷日持久的内部调查。

　　我对反腐题材很感兴趣。2012 年，我读到了《纽约时报》那片文章，关于沃尔玛在墨西哥行贿。《纽约时报》也因此拿到了普利策新闻奖。你当时掌管沃尔玛国际事业部，你们的回应和行动是什么？

董明伦　沃尔玛的一个核心价值观是诚信。正如你提到的，我在沃尔玛待了很长时间，对公司的文化和正直度都引以为豪。我们对于合规的调查进行了很多年，这让我们能够坚持自己的价值观。合规计划覆盖了 13 个区域，包括食品安全以及如何处理许可证和执照。我们必须确保获取许可证和执照的方式合法。

　　为什么沃尔玛在海外市场的内部管控标准降低了？比如，墨西哥。

董明伦　我们只有一套标准。我们管理人，这需要培训以使他们成熟起来。我们尝试尽快加速进程。

　　中国的反腐环境对沃尔玛意味着什么？

董明伦　在我看来，中国的这一届领导人很有勇气。一个国家愿意为经济增长打下坚实基础的意愿令人振奋。中国潜力巨大。对我们来说，合规项目是大有益处的，我们将继续投资和确保合规项目的执行。

　　沃尔玛已经花费了数百万美元在内部此类调查，这有没有阻碍沃尔玛的国际步伐？

董明伦　要在美国及以外地区保持增长有许多组成因素，这也与合规有关。第一件事就是人才和技能。我们做过一件事，尤其是在过去的几年间，是确保在各个领域都有专家坐镇。它同样需要一个走向成熟的过程。

记者袁新对此文亦有贡献

发表于财新网《舒立时间》栏目 发表时间：2014 年 11 月 2 日

沃尔玛中国未来要实现两大目标

沃尔玛中国总裁兼首席执行官：柯俊贤 (Sean Clarke)
记者：李雪娜

柯俊贤 3 年前来到中国。在担任沃尔玛（中国）CEO 前，他的职务是中国首席运营官。在中国之前，他的工作履历是沃尔玛在日本、德国、加拿大的首席财务官。

柯俊贤在中国的这 3 年，正是中国电商日新月异发展的 3 年。也是传统零售行业增速放缓的 3 年。

但财务出身的柯俊贤，不认为互联网会对传统零售商带来冲击，他反而看成机会。

他自称是个传统老派的人。"在我看来，顾客还是喜欢去实体店买东西，所以我不知道电商能不能改变人们的这个习惯"。

对外的乐观，并不表明沃尔玛不为所动。事实上，沃尔玛已有所行动。过去两年来，沃尔玛加大中国供应链投入、完善物流配送布局、控股 1 号店、开通山姆会员线上服务等，都在向外界表明沃尔玛面对行业变局的真实态度。

柯俊贤说接下来沃尔玛中国要实现两大目标：有质量的增长和继续保持低价低成本优势。

实现有质量的增长

财新记者 新官上任三把火，你上任中国区总裁已有半年，过去这段时间你为沃尔玛中国带来哪些新的改变？

柯俊贤 过去的半年我主要关注和高福澜 (Greg Foran)（上一任沃尔玛中国 CEO）进行"无缝衔接"。未来我将为沃尔玛中国带来一个改变：那就是把我们的团队从原来转型阶段带入增长阶段。

我相信你对我们过去一些闭店、架构重组等很多问题都很关心，但坦白来讲，这些对沃尔玛中国来讲，都已经是过去式了，已经完成了。现在我们更加关注的是有质量的增长。我的做事风格比较实际，我会鼓励团队同事，做决策时要尽量简单明确。因为我们零售业并不是一个特别复杂的行业。

沃尔玛在中国的发展目标是什么？如何实现？

柯俊贤 第一个目标是要实现有质量的增长，这个有质量的增长包括我们目前两个主力业态，即沃尔玛购物广场和山姆会员店。我们之前提出未来三年沃尔玛在中国要新增 110 家门店，我们会继续朝这个目标努力。今年仅 9 月份我们就新开了 6 家门店，其中的 5 家位于沃尔玛之前没有进驻过的城市。

第二个目标是继续保持低价优势。我们要在价格上成为最受信赖的零售商，在质量上成为最受信赖的零售商，这些目标能够指引我们的行为和业务规划。沃尔玛中国一直在进行投资以保证我们能够实现这一目标，比如我们过去三年花了非常多精力和资源去建设我们的供应链，以更好的保障食品安全。这个投资也是基于这个目标去做的。

另外，未来积极推行山姆会员制业态。该业态非常受中国中高收入人群的欢迎。对山姆会员店在中国发展，我们有一个积极加速增长的规划，该业态的目标城市是在沿海城市和内陆大型城市。去年我们分别在杭州、苏州开了山姆会员店，其业绩表现非常好。今年 12 月我们预计在武汉再开一家。武汉店将是沃尔玛中国华中地区首家山姆会员商店。

此外，沃尔玛旗下沃尔玛亚洲不动产公司将在中国开发购物中心业态，以山姆会员店作为该购物中心的主力租户。这个团队的主要任务是找到非常好的位置和项目地块，能够让我们真正开发出优质的山姆会员商店。

沃尔玛亚洲不动产公司是沃尔玛在中国的商业地产运作公司么？

柯俊贤 是的。亚洲不动产公司做购地自建项目，比如通过竞争获得地块土地使用权，然后自己设计建造一个购物中心的商业综合体，山姆会员店作为其主力业态。很明确的是，该商业综合体不包括住宅和酒店开发。我们专注点还是在零售上面。

沃尔玛中国的首个自建综合体项目将落户珠海香洲区，该综合体定位为社区型购物中心，为沃尔玛在中国自行开发、建设和经营管理，总投资约 6 亿元。2016 年 4 月正式开业。这只是一个开始。

关于地块方面，想问一下沃尔玛中国门店建设，是以地块购买的方式？还是租赁，或者与地产商合作的模式进行的？

柯俊贤 我们买地自建门店的数量是非常非常少的，像前面提到的珠海的购物中心是买地自建的。除此之外，我们唯一一个自主建设的门店就是沃尔玛大连山姆会员商店。我们在中国其他的所有门店都是以租赁方式和业主合作。

有人说沃尔玛有三大核心优势：供应链管理，大数据营销和自有品牌创建。你同意这种总结吗？你认为沃尔玛的核心优势应该包括哪些？

柯俊贤　这三个竞争优势中的一点，我非常赞同，就是供应链。沃尔玛的供应链管理模式就是通过中央集中采购、集中配送到门店这种形式来运营的。所以这也是我们在过去几年对供应链加大投资的一个原因。供应链管理在沃尔玛全球市场包括中国都是沃尔玛的一个竞争优势。

我认为沃尔玛第二个核心优势是沃尔玛文化。沃尔玛员工坚信诚信行事，从最基层员工开始，一直到公司管理层，都在遵循这样的文化和信仰。

沃尔玛第三个核心竞争优势是本土化。虽然沃尔玛为集中采购，发展决策亦是从中央和总部层面做出，但我们的员工在各个地方，都能够为本地顾客提供非常好的服务。这是我们公司与其他零售商不同的一点。

我来中国之前，曾在加拿大工作过，加拿大市场差不多也有 400 家门店，和中国市场相近。虽然沃尔玛是全球最大的零售商，但工作的时候无论在中国还是加拿大，我都依然感觉我们是一个小公司，因为我们能够为地方顾客提供更好的服务。

目前很多外资抱怨中国的营商环境对外资企业不太友好，从政策到监管等各方面都比较严，外资在中国面临着一个严峻的经商环境。您怎么看待目前的营商环境？有些外资企业已经撤出中国了，您对中国的市场的信心从哪里来？

柯俊贤　我对中国非常有信心。沃尔玛进驻中国已经有 18 年时间，而且我们为能够在中国长期发展感到骄傲。一家公司无论内资也好、外资也好，想要在一个市场获得成功，就要一个长期的视野和愿景，并要有足够的信心在这个市场发展下去。我们对我们在中国的投资和经营都非常有信心。

我们在中国市场看到非常好的机遇，比如城镇化进程和现在二三四线城市不断的发展，对零售商来说，都是很好的机会。现在的法规环境和自由化的市场环境，不断完善的法律法规，对内资外资都是一件好事。这些能够帮助公司在该市场长期健康发展。所以我对我们公司在中国的发展非常有信心。

对比一下，沃尔玛在中国和美国的发展，就可以看到我们为什么对中国市场有信心了。沃尔玛在美国发展 18 年的时候，其门店数量为 200 家左右，今年也是沃尔玛在中国发展的第 18 个年头，其门店数是美国当时的 2 倍。中国消费者的收入是当时的 10 倍。所以我们的信心是有原因和理由的。

在中国暂无开社区店计划

> 未来几年沃尔玛在中国开店计划是什么？开新店的考量因素是什么？

柯俊贤 今年我们会开 28-30 家门店，其中包括一家山姆会员店。明年预计会开 30-40 家新店。除了这些新店的开业计划外，我们今年还预计开 5 家配送中心和生鲜配送中心，到今年年底我们中国 400 家门店，全部由我们自己的供应链覆盖了。而且这个覆盖的商品种类包括生鲜食品，冷冻及干货。

供应链对我们业务发展来说，是非常重要的。因为它能够帮助我们保障商品的质量，而且能够丰富我们的商品组合。所以当我们在三四线城市开店的时候，当地顾客也能享受到和一线城市顾客一样的商品。我们希望通过对供应链的投资为顾客提供最好的服务。

物流配送网络不仅对沃尔玛有帮助意义，对我们的供应商也有帮助和有意义。因为有些供应商他们可能不具备超强的配送能力。对他们来说，每天往我们门店送货不实际、不易操作，所以我们公司建立物流配送网络，不仅会帮助自身的业务发展，也能够帮助到供应商。

我们的管理团队都在非常成熟的市场工作过，在这些市场也是那些能够保证品质，而且能够保障标准一致性得到持续执行的供应商，才能够成为最顶尖的供应商。

我还注意到，你们在改造升级一些门店的同时，也关闭了部分门店。请问正在和将要关闭的都是哪些区域城市的门店，关店的主要考量因素是什么？对沃尔玛中国的业务影响有多大？

柯俊贤　沃尔玛中国去年宣布要关闭 15-30 家门店，关闭的门店涉及到全国好几个城市，关店过程差不多快接近尾声了。关店其实是一个很正常的现象，根据国际成熟市场经验，不论日本、加拿大，还是美国、英国市场，都会有一些常规的闭店行为。关店有很多原因，在中国最常见的原因是该门店经营因商业中心转移而受到影响，从而导致客流下降，但归根到底是，该门店经营的财务表现没有达到我们的目标，这种情况下我们会考虑对门店进行关闭处理。

　　其实在沃尔玛中国转型之前，我们没有主动关闭过任何一家门店。很重要的一点是，在关店期间，沃尔玛中国的市场份额和顾客忠诚度反而有所上升。

沃尔玛中国的业态主要以沃尔玛购物广场和山姆会员店为主，未来是否会进一步丰富业态形式？　是否会往社区店模式倾斜，以便更好地满足消费者的便捷购物需求？

柯俊贤　目前来看，我们认为在中国还有相当大一部分市场可供挖掘，这个市场对我们的购物广场和会员商店这两种业态来说，都有很大机会。所以目前我们没有小型业态或社区店计划推出，在很长一段时间之内，都会主要关注前面说的这两个主业态。

中国零售商都在竞争"最后一公里"，你是如何看待"最后一公里"竞争的？沃尔玛有没有对　"最后一公里"提出自己的竞争策略？

柯俊贤　我们大概在 9 个月之前就推出了一个项目，就是如果顾客在门店购物满 188 元人民币的话，我们就可以免费送货到顾客指定的地址。但前提是这个地址距离门店 2 公里范围内。目前这个活动在我们全国 400 家门店都在推广。顾客反映非常好。当然我们目前配送主要还是靠第三方力量，未来我们在配送方面会做更多的探索。满 188 元免费送货项目不包括生鲜食品。所以我认为我们生鲜食品配送方面还有很多机会去探索。

　　　　　沃尔玛在全球的口号是天天低价，你们怎么保证自己的价格优势？

柯俊贤　我们的口号是天天平价。要做到这一点，我们首先要成为天天低成本的零售商。天天低成本的意思，就是说我们在商品的采购、配送和销售上面，都要尽可能做到高效。这就是我们在过去三年时间，花了很多资源投入到供应链建设，以及对采购团队和其他并行架构进行优化的一个原因。我们希望尽量减少从供应商到配送中心再到顾客的流程中的步骤，减少这些步骤能够帮助我们进一步保障商品的质量、降低成本。从而把节省下来的成本，以低价形式返还到顾客，给顾客提供更优惠的商品。

　　我们所说的天天低价的运营模式，目标是希望顾客能够信任我们的价格。我们希望顾客到沃尔玛门店购物时，能够买到想要的商品，而且不需要操心商品的价格，因为他能够相信沃尔玛的定价。

　　为了实现这一点，我们也是从成熟市场引进了非常多的成功经验和流程包括信息技术，这也有助于我们与优质供应商更好地合作。这种合作所带来的好处就是，顾客能够省心地在我们的门店购物，能够有一个好的购物体验，而且能够真正省钱，生活得更好。

　　　　　在沃尔玛中国超市，经常可以看到沃尔玛的自有品牌，如惠宜等。
　　　　　沃尔玛中国什么开始自有品牌创建的？目前自有品牌下的产品种类

数量有多少？在所有产品的总销售种类数量中占比多少？目前营收贡献率可达到多少？

柯俊贤　从全球来讲，沃尔玛自有品牌有很多年的历史。之前你也讲了，有人认为沃尔玛三大核心竞争力其中就包括了自有品牌这一块。当然在其他市场是成立的，但在中国，目前沃尔玛自有品牌的渗透率还不是那么高，像在英国，我们的食品品类有 40% 都是自有品牌，但在中国自有品牌的品类占比还不到 5%。我们自有品牌还包括洗发水，洗洁精，家居用品等非食品类商品。

自有品牌的整体理念是，我们会直接找到供应商，他们都是一些同时为那些知名品牌提供产品的供应商，我们会跟这些供应商直接合作。这样一来，我们的自有品牌既跟知名品牌拥有同等的质量，又具有价格上的绝对优势。我们在全世界各地包括中国，希望能够做到这一点。而且我们非常希望能在食品方面提高自有品牌的渗透率。其实我们在总部也在做一个自有品牌的试吃活动，就是让我们内部员工以顾客的角度去品尝自有品牌食品，以确保我们自有品牌食品上市之后能够受到顾客的喜欢，为顾客提供更高性价比的商品。

至于自有品牌渗透率，我们目前还没有一个具体的数字目标。我们的最终目标都是要服务顾客，为顾客提供他们想要的选择。所以如果顾客喜欢我们的自有品牌，我们会增加自有品牌占有率。我们发现中国顾客比较信赖知名品牌商品，在我们的自有品牌惠宜上就能体现出来。尤其在食品领域。当然对自有品牌我们有更高的要求，会去验厂、会去检测商品的 DNA，以确保这个商品生产出来是安全可靠的。

自有品牌利润贡献率应该比其他商品的利润贡献率要高一些吧？

柯俊贤　总的来说，自有品牌毛利要比其他商品高一些。因为我们的成本是得到控制的。当然我们并不完全是基于财务上的考虑去开发自有品牌，更多还是为了顾客的需求。

中国市场在沃尔玛全球是一个怎样的地位？沃尔玛中国门店营收占全球多大比例？是否达到了沃尔玛的期望？沃尔玛对中国区的市场期望是什么？

柯俊贤　我不太方便在这里透露我们的营收比例，但可以这样说，中国是我们沃尔玛公司除美国之外最重要的一个市场。我们非常重视在中国零售业务的发展，包括我们实体零售业务和线上零售业务。中国市场未来 20–30 年很有潜力发展成为跟沃尔玛美国一样大的零售市场。

继续完善中国供应链管理

供应链管理是世界公认的沃尔玛最大的核心优势之一。2012 年 10 月沃尔玛中国提出的五大升级战略中，特别提出加大供应链投入：通过加大投资建设物流配送中心，引入先进科技应用等方式确立市场领先地位。能否解释下你们是如何"引入先进科技"应用在供应链管理中的？

柯俊贤　我先讲我们现在正在引进的一个技术。首先在采购方面，对采购整个组织架构进行了优化，期间我们从美国引进了一个系统工具，也就是说现在在中国所使用的是系统工具跟美国是一样的。还有包括我们的库存、管理技术，这个跟我们所有的成熟市场都是一样的。

在供应链方面，目前我们有一半的配送中心都是在使用沃尔玛在成熟市场的全球物流系统技术。我们的目标是在明年对所有配送中心都应用这样的技术。

　　另外我们还有一个系统，叫零售链系统。这个系统是一个数据交换的系统，我们可以在内部使用，也可以在外部跟我们的供应商一起共享。供应商可以从这个系统中了解到非常详细的交易数据，交易数据时间保存可以短到一个小时，也可以长达两年。

　　我们希望能够与大型供应商共同发展，快速做出反应，并且根据顾客需求做一些改变。我们预期希望明年能够跟中国的一些大型供应商比如中粮集团建立合作伙伴关系，就像我们在美国和宝洁、联合利华建立的合作关系一样。这样我们能够更好滴了解顾客的需求、顾客的变化，能够更加高效地工作、服务顾客。我们也希望通过这样的方式复制我们在其他成熟市场的成功经验。

　　另外我们还引进了一个技术以保障更好的食品安全，你之前参观了我们深圳的配送中心，我们希望通过这样一个技术，保障顾客在沃尔玛门店买到的生鲜食品永远是最新鲜的。

　　你们和中粮集团的合作主要侧重哪些方面？

柯俊贤　希望在全国范围内每一天都为顾客提供高质量的食品，我讲到中粮公司，是举一个例子，我了解中粮公司的商业架构，希望有一个长期的长足发展，所以他们是非常有机会跟沃尔玛有更进一步的合作。中粮非常有创新精神，在某些品类上面，比如说米、油、酒类等商品方面是市场的领导者，而且他们也在我们这里做一个特别省心价的项目，在这个项目中，中粮公司能够为我们提供值得信赖的质量和价格。我们也希望通过"特别省心价"项目在长达6个月时间中，为顾客提供高品质高性价比的商品。

　　当我们讲到"特别省心价"，有些顾客看到低价，可能会对商品质量产生怀疑，但实际上我们认为，可以通过全世界最高效的供应链流程来进一步降低成本，而且我们也会以比较低的毛利去售卖这些商品。通过低价的形式控制成本惠及消费者。我们在这样做的同时，绝对不会降低对商品质量的要求，尤其是跟可信赖的、大型供应商合作，能够进一步保障商品质量，保障我们进一步控制成本。

> 沃尔玛一直期望于绕开中间商，直接和供应商进行合作。那么在沃尔玛中国市场，我们是否彻底做到了这一点？

柯俊贤　目前还没有完全实现。其实在一些情况下，有一些中间商是合理的，比如针对三线城市的小的当地品牌，我们可能就需要一个中间商帮助小品牌把商品运送到门店去，但和大品牌、大供应商，沃尔玛中国也有直接的合作关系。

几年之前，我们刚开始做转型工作时，供应商都不太愿意接受这样的概念，通常都是供应商自己通过第三方把商品配送到门店的额，不太愿意接受把商品送到配送中心，再由我们配送中心配送到门店。但是事实证明，后一种方式更高效。因为它能帮助我们提升有货率，所以这几年供应商的接受度越来越高。

对于零售商来说，成本很大一部分来自库存，还有库存的高峰期，也就意味着一个零售商能够更好的对商品的库存和销售做好预测和规划的话，这个零售商就能够更好的控制成本。所以跟这些大型供应商建立合作伙伴关系的一个好处就是我们可以共同预测和计划，更好的了解商品的价格和成本，而且通过沃尔玛自己的物流配送中心的配送来节省成本。这样对供应商对沃尔玛都是有好处的。而且门店的操作和运营也会更简单、价格更低，同时不会影响到质量。

> 过去一段时间，沃尔玛中国对供应商进行了调整，从原来 2 万家压缩到 7000 多家，是不是也是基于上面的考虑？

柯俊贤　我们对供应商进行精简，一方面是因为这有助于我们的供应链和库存管理，但另一个更重要的原因是这样做可以使我们跟食品供应商的合作更高效，更能够保证商品品质的统一。

我们对供应商商品的检测一直是非常严格，对没有达到合格标准的供应商的态度非常明确：不可能跟他们继续合作。

> 沃尔玛中国在引进供应链管理过程中，是否存在本土不服的问题？在这个过程中，要怎样保持引进节奏？

柯俊贤　沃尔玛全球物流技术基本上都引进过来了，有的修改是语言方面的转换，英文翻译成中文。物流体系也基本上全部引进过来了，当然我们也会根据中国本地化的需求，做一些小的调整。比如厦门有本地法规，要求收货的时候提供一些配套的东西，那么我们就在物流体系中做一些相应的修改。这样物流配送中心在送货时，确保其按照当地法规接受检查，而不要等到门店再去检查。

一般来讲，沃尔玛体系、流程和操作标准都是首先要符合当地国家和地区的法规标准，因为我们是全球体系，所以在某些情况下，我们的标准还要比当地法规标准还要高一些。

> 2012 年 10 月，沃尔玛中国进行了一系列调整，其中包括采购体系的调整。比如将 28 个采购办公室进一步压缩到 8 个，这种调整是基于怎样的考虑？目前成效如何？

柯俊贤　为什么之前我们有 28 个采购办公室呢？是因为中国地大物博，沃尔玛门店分散在各个地方，所以就必须依靠在各地的采购办公室，去跟当地的供应商进行洽谈衔接以及采购方面的合作，让供应商在我们的物流体系还没完全建立起来的时候，把商品直接送到我们的门店。

所以当我们的物流体系可以覆盖到全国所有门店的时候，就可以避免不同城市间采购办公室的重复工作，因为每一个采购办公室要跟他们的供应商就类似商品进行洽谈，如果我们通过已经比较完善的供应链体系、通过物流配送中心，进行统一采购和配送的话，这样就可以大大减少采购方面的工作，可以更高效地进行运转。举个例子，我们今天采购到的大部分商品都是总部这边通过集中采购完成的，除了熟食和面包外，其他大部分品类可以通过集中采购方式来完成。

以猪肉的采购举个例子，之前28个采购办公室都会去购买这个品类，而现在我们有了一个猪肉集中采购团队，他们在总部这边工作，都是猪肉品类的专家，可以更好更高效地采购到这些猪肉。

集中采购意味着每一个供应商的采购量加大了，这样不仅高效还通过加大采购量降低了成本。这部分降低的成本的实惠反馈给顾客，就保障了顾客可以购买到高品质、价值实惠的猪肉，买的人多了，就形成了一个良性循环。

实际上这个模式正是其他成熟市场在做的，也就是说中国正慢慢往成熟市场转变。

是不是可以说之前采购权力下放，现在统一回收上来了？

柯俊贤　是的。

经过一系列转型之后，沃尔玛中国取得了怎样成效？

柯俊贤　自从沃尔玛中国开始转型以来，我们从原来350家店增长到现在的400家店，门店数量上升了15%，跟原来相比，库存数量却没有发生变化，基本上跟原来差不多。与此同时，有货率上升了15%，也就是说顾客在我们门店购买的时候，有货率更高了，更有可能买到他想要买到的商品。

就以现在来举例子，现在我们门店的有货率已经达到了98.7%，这就意味着 100 个商品里面，只有一个是缺货的。但如果你拿这个数据去跟其他零售商相比，会发现我们沃尔玛的这个数据相对来说是非常高的，甚至超过了沃尔玛许多国际市场的水平，已经接近世界级水平了。

    沃尔玛是如何运用大数据获取竞争优势的？

柯俊贤　前面提到的零售链系统，就是沃尔玛的内部系统，它就是大数据应用的一个很好的例子。但是在运用跟顾客有关的大数据这一块，也就是像线上零售商那样分析应用跟顾客有关的大数据，在这一方面，沃尔玛中国还有更多工作要做才能把这些数据的应用发挥到最大。

    我想这个问题如果问到我们沃尔玛全球总裁董明伦先生的话，他应该会感兴趣。因为他对大数据应用这一块一直在做研究。我以前在英国工作过，当时就观察到乐购通过会员卡或购物卡来收集顾客数据，但他们并没有很好地去运用这些数据，只用到非常少的一部分。但现在就不一样了，线上零售商能够收集到更多数据，包括顾客选择了什么商品，没有选择什么商品；喜欢什么，不喜欢什么。成熟市场在大数据应用方面现在做的更好一些，沃尔玛中国应该可以很快赶上甚至超过它们。

    你认为沃尔玛供应链管理值得中国零售商学习的有哪几点？在供应链管理这一块，你对中国零售企业或电商的建议是什么？

柯俊贤　我们之前讲过了，要跟一些大型供应商达成长期战略合作伙伴关系，相信这个建议无论对实体零售商还是对电商来说，都是非常有用的。

    供应链管理对实体零售商和线上电商来说是很不一样的。线上零售商更多是直接在仓库把所有商品收集好，然后配送到顾客手中。而实体零售商则是通过卡车等运输工具把商品大批量运送到门店。还有一个建议是不会错的，就是去关注顾客需要什么，想要什么。

电商不是威胁是机遇

在中国目前高速发展的电商购物平台的大背景下，沃尔玛中国有没有担心过会否对沃尔玛中国业务带来冲击？是否担心客流的流失？

柯俊贤　电商发展对我们并不是一种威胁，反而是一个非常大的机遇。在一些非常成熟的市场，电商的市场占有率大约是 10%–15%。

这就是说，对传统零售商来说，这个市场蛋糕还有很大一块没有被分走，最成功的零售商应该能够做到线上与线下业务无缝衔接。如果要赢得市场赢得顾客的话，必须做到这一点。

沃尔玛目前是 1 号店的主要控股人，所以对我们来说，如何更好地实现线上线下无缝衔接也是一个非常重要的工作。而且我们也在逐步加深跟 1 号店的合作，以找到更多机会去服务顾客。

可能我是一个很传统很老派的人，我认为无论怎么样，顾客还是会喜欢周末或休息的时候，跟自己的家里人一起去实体门店，去超市逛一逛、买东西。我不知道电商能不能改变人们的这个习惯。

11 月 11 号这一天在中国还有个特别称谓，就是光棍节，这一天成了网络购物的狂欢节。2008 年光棍节这一天线上市场的营收大概在数千万，但去年仅阿里巴巴的淘宝天猫平台当天营收就达到了 250 个亿，提升了 700 多倍。今年淘宝天猫更是达到了 570 亿元人民币，相当于沃尔玛 2012 年在中国全年的销售额。类似这种中国网购狂欢对沃尔玛内部有没有一定的冲击和影响？

柯俊贤　　我们认为中国电商快速发展，对我们来说也是一个机遇。因为我们公司也希望做到线上线下的融合，也希望发展电商业务。我们在英国、美国、加拿大这些市场的线下线上业务的联系是非常强的。我们在中国目前还没做到这一点，所以我们认为这是有机会和空间的。

但我们目前还没有东西要对外发布，电商的确会对我们带来巨大挑战，但我们也同时看到了这个机遇，并且已经做好了相关的准备。光棍节这一天，不仅是线上零售商的狂欢节，对于线下实体零售商来说同样也是。我们会围绕光棍节做一些活动。当然我们的活动可能不会像阿里巴巴那么大那么壮观。

您提到最成功的零售商是做到线上线下无缝衔接，现在沃尔玛做到什么程度了？据我了解，沃尔玛中国山姆会员店已经开通了线上购物通道，但沃尔玛购物广场好像还没开通。

柯俊贤　　关于这方面的内容，我们暂时还没有正式的东西可以对外发布。我们会十分密切关注这件事情。如果有新的内容发布，我们会立即与你分享。

前面提到沃尔玛中国正逐步加深和 1 号店的合作，能否谈下我们和 1 号店正在展开哪些方面的合作，未来还会增加哪些合作？

柯俊贤　　目前我们和 1 号店在几个方面有重大合作，其中包括采购方面的合作，还有会利用沃尔玛在全球的采购规模和采购系统，来引进一些进口商品，还有包括沃尔玛一些自有品牌在 1 号店网站进行售卖。这几个项目都是相当成功的。因为我们能够利用沃尔玛的采购规模和全球采购系统，为顾客带来更多实惠。

更看重和供应商的长期战略合作

> 沃尔玛倡导天天低价，给顾客更多的优惠。在这个低价模式倡导下，
> 也由此给外界带来一种观点，就是沃尔玛在和供应商议价中过于强
> 势过于主导，而供应商则处于相对弱势的地位。沃尔玛是如何平衡
> 低价模式、自身利润及供应商利润三者之间关系的？

柯俊贤　　沃尔玛是 1962 年在美国创办的。大概在 1970 年代晚期开始跟宝洁公司建立了战略合作伙伴关系，然后我们在其他市场不断复制这一做法。我们希望沃尔玛在中国有一个长远的发展。所以我们需要做的，是建立和供应商长期的合作伙伴关系。如果说我们希望明年或下一季度多赚一些钱，其实这是很容易做到的。但这很容易破坏我们跟供应商之间的合作关系。我们希望我们跟供应商建立一种有利于双方的合作关系。大家都能够成长，都能够盈利，而且还能够给顾客带来实惠。所以想短期盈利挣钱这种做法是行不通的。如果我们公司有人想通过压榨供应商的方式，尝试在下一个季度多挣钱的话，这其实就违背了我们公司的理念和预期。我们希望从现在到未来，比如 10 年甚至更长，都能够跟供应商之间有良好的合作，双方彼此都能够获益、共同成长。

　　供应商也能够通过沃尔玛对供应链管理，供应系统技术的投入而获利。比如供应商生产笔，红、蓝、黑三种颜色。通过沃尔玛提供的零售链系统，他们能随时检测到每一个小时任一种颜色的笔在任一个门店销售情况，以此判断哪一种时间区间哪一种笔卖得最好，从而引导他们做出准确的生产决策。通过这种信息互换的形式，供应商能够更好的做好规划，更好的为我们公司提供商品，我们预期和期待的就是和供应商共谋发展，而不是彼此互相利用或互相压榨。

发表于财新网 发表时间：2014 年 12 月 3 日

多元化是有选择的专注

西门子股份公司总裁兼首席执行官：罗旭德（Peter Loscher）
记者：李增新

　　创立于 1847 年的西门子股份公司（Siemens AG）是全球电子电气工程领域的领先企业，业务涵盖工业、能源、医疗、基础设施与城市等诸多领域，在 2012 财年营业收入达 783 亿欧元。从最初的西门子三兄弟发明指针式电报技术以来，西门子业务在 165 年中不断扩展，伴随着数十起全球瞩目的跨国并购与合资——一个成功的多元化企业怎样选择业务扩展领域，如何挑选收购对象与合作伙伴？

　　多元化不仅在于产品，也在于市场和运营基地。西门子自 1872 年起在中国开展业务，如今在中国有 17 个研发中心，73 家运营企业和 65 个地区办事处，超过 3 万名员工，2012 财年收入 63.5 亿欧元。在经历过 30 年的高速增长后，中国经济转型和城镇化进程面临着能源、环境、交通、医疗和公共服务领域的众多挑战，坚持多元化战略的西门子怎样看待这些挑战，如何把握其中的机遇？

　　2007 年上任的西门子总裁兼首席执行官罗旭德有自己的思考。作为西门子历史上第一位外聘 CEO，罗旭德用"科技公司"来概括西门子，指出其多元化的基础其实是专注化，专注的领域是超越当前技术水平几代的"飞跃"阶段。对中国，他清晰地记得上世纪 80 年代在香港中文大学求学时期，在上海看到的自行车大潮和黄浦江对岸的浦东稻田，坚信今天的中国能够成为创新的发源地，经济转型任务艰巨但能够实现。

　　"与一些仍在计划和尝试进入中国的跨国企业相比，我们一直就在这里。" 谈到参观建于1912年的云南水电站时，看到了仍可正常运转的西门子电机，他备感自豪。

　　在他眼中，中国不仅是西门子的市场和生产基地，更是人才的汇聚地和研发中心。西门子在成都建立的自动化工厂，是德国以外首座全数字化基地；西门子为中国特制的诊疗产品和医疗解决方案，从最初出口到亚洲和拉美的新兴市场，直到打入了美国、欧洲等发达市场。

　　短暂的采访无法涵盖"西门子无处不在"的方方面面，罗旭德更坦言自己也要寻求东北亚区首席执行官程美玮的帮助，才能解答有关中国具体业务的问题。即便如此，他的见解值得关注。经济学和工商管理学教育背景的罗旭德，同时还担任德国经济亚太委员会主席、欧洲工业家圆桌会议副主席，并在德意志银行和慕尼黑再保险股份有限公司担任监事。

财新记者　西门子是多元化的全球企业。作为西门子的总裁，你是如何理解多元化的含义的？

罗旭德　我们的多元化是在市场领先基础上的多元化。首先是创新。西门子是全球创新的领袖之一，对创新充满激情。我们平均每个工作日有41项新的发明，我们的长期路线图总是聚焦于在我们所在的市场内保持创新优势，这是我们策略的核心。第二，我们是一家全球电子电气工程领域的领先企业。我们相信全球合作，去年刚刚庆祝了在华开展业务140周年。第三个支柱，是对人的关注，即人才的多元化与发展，在全球吸引和培养最优秀的人才，使他们得以施展，致力于西门子的全球业务。

过去 100 多年来，西门子发展了多种业务。在选择进入何种业务领域时，你们是否存在一些标准？

罗旭德　首要的是关注社会。我们总是在寻找最为紧迫、最具挑战和最相关的商业领域。我们的一个策略是集中发展与"大趋势"（megatrends）有关的领域。比如，西门子的业务与中国的战略目标相吻合。

中国专注于城镇化、绿色增长过程中的技术创新，而我们在全球工业企业中有最广泛、最全面的绿色业务组合。我们是世界上惟一一个能够覆盖电力矩阵的各个领域的企业，能够为火力发电、可再生能源发电、输电以及为石油和天然气的开采、转换和输送提供一系列完整的产品、服务和解决方案。我们的业务还涵盖医学影像、实验室诊断、医疗信息技术和助听器等领域。

其中，能源效率是重中之重：怎样节约能源，怎样更高效地利用能源，这是最具挑战性也最为紧迫的话题，因为我们目前正在消耗的资源是全球资源储量的 1.5 倍。经济增长需要消耗更多资源，但必须要以更为有效的方式进行，才能为下一代留下一个适合生存的世界。

说到业务领域的选择，我注意到西门子在一些领域退出了，包括电信、消费电子、手机业务，比如撤出了与富士、明基等合资公司中的股份，为什么？

罗旭德　我们对西门子如何成为绿色基础设施的先锋，综合可持续解决方案的提供者，做出了清晰的定位。换句话说，我们更愿意看到超过当今技术水平几十年、上百年的创新方案，比如在 1904 年我们就制造过电动汽车，在 1903 年就建造过时速超过 200 公里的列车。我们在本质上是一家研发为驱动、以创新为公司文化的先锋公司，这种创新周期是很长的。我们的优势不在于创新像下一代的 iPad 这类产品，西门子的创新更多表现在产品的"内核"。数字革命是西门子创新的核心，但它体现为工业数字化革命、行业专属信息技术（Vertical IT），比如"好奇号"火星探测器就是由美国太空总署喷气推进实验室（JPL）采用西门子 PLM 软件进行设计开发的。我们不是消费品公司，消费品公司在短周期创新这一领域比我们强。

现在很多人说到制造业回流美国的现象，这是否是个趋势？你们会怎样应对？

罗旭德　危机中的中国和德国都是实体经济中高技术制造业复兴（renaissance）的极佳例子。这两个国家都把重心放在实体经济。现在高技术制造业在全球各国都处在最优先的政治考虑之中。确实，美国在过去很长一段时间经历了制造业萎缩，但现在页岩气使美国能够加入到制造业复兴的潮流中。我们有裂解技术和设备会进入美国，正在进行和正在考虑回迁美国的有 200 个工业项目。

美国、欧洲和中国对传统能源的使用和可再生能源的利用似乎政策方向有所不同。你如何判断未来的趋势？对此采取什么应对措施？

罗旭德　能源转换进程具有共性，共性就是我们必须确保要消耗更少的能源。各国的能效进程有所不同，欧洲最缺乏能源资源，在能源保护策略上也最看重长期策略。

中国所处的位置最特别，它有一个非常丰富的能源组合，并且有一个清晰的能效战略，已经写在了"十二五"规划当中。我经常对我中国之外的同事说，中国是惟一的我所知道的，市长也会有能源目标的国家。这非常好，因为它会贯穿各领域操作层面所要承担的责任。

总之，能源必须要放在不同国家有不同的能源组合的这一背景下，但提高能源效率是每个人的目标。这对西门子来说是一个巨大的优势，因为我们有最高效的燃气轮机，在各种能源组合当中都有业务，除了核能。

说到核能，日本福岛事件后，德国退出了核能领域，这对西门子来说意味着什么？

罗旭德　早在 2001 年，西门子就已经将与核岛相关业务转移到了与法国阿海珐集团（Areva SA）的合资公司中，那时候西门子就决定要放弃核岛业务。2011 年，西门子已经全面退出该合资公司。当然，我们将继续提供与核电常规岛相关的所有发电技术和设备，比如变压器，但我们不再涉足核岛相关业务。

我们现在的业务集中在能源效率、可再生能源和为消费者减少消耗能源提供技术等，但并不去试图影响一国的能源策略。比如，从云南到珠江三角洲地区之间的特高压项目，就是基于西门子的高压直流输电技术，这是西门子在全球投入运营的第一条 ±800 千伏特高压直流输电线路。

去年西门子火电业务大幅增长，这也是能源组合选择的结果吗？

罗旭德　这正是为什么研发项目的重点之一是清洁煤技术。可再生能源是西门子业务中最大的增长点，比如在风能领域，2004 年我们的营业收入是 3 亿欧元，去年达到 51 亿欧元。以技术水平与市场增长和份额来看，我们是全球最大的海上风电公司，最近还与上海电力集团成立了两家风电合资公司。

但世界仍然会有一个非常广的能源组合，因此我们必须在油气的使用上下功夫，比如我们现在在世界范围内能够实现的最高联合循环发电效率达到60.75%，而现代燃煤电厂的发电效率仅可达到 47%。在煤炭领域，所有的研发都集中在清洁煤技术上。

中国企业往往在成本上有优势，当他们生产的太阳能电池板、风机出口到全球时，经常听到进口国企业的抱怨，而中国国内的可再生能源的使用却并不普及。你如何看待这种情况？

罗旭德　这其实取决于中国政府怎样在不同的能源组合中取舍。我们是一家科技公司，对我们最重要的是获取信任、信心和合作机会，以向中国提供我们的技术，帮助中国实现能源目标。对于中国企业出口，我们不会去抱怨。我认为，答案是如果你想在一个长期内有成功的商业模式，就必须有能力在一代又一代的产品中都能保持创新的领导力。这是西门子最重要的思考方式，也是超过 165 年来驱动创新的力量。

很多人认为，由于产权特别是知识产权、经济结构与市场环境的因素，中国的商业环境具有很大的不确定性，并不具备好的创新氛围，很难有自己的比尔·盖茨、乔布斯。你怎么看？

罗旭德　我认为与文化有关。西门子三兄弟于 1847 年在柏林的一间仓库里成立了公司，其中一个弟弟去了圣彼得堡，另一个去了伦敦，他们都拥有一项当时的新技术——指针式电报机。这项技术迅速走向全球，在 19 世纪 80 年代，进入了美国、亚洲和欧洲，俄罗斯和中国都有了电报。这说明文化的形成，需要有成千上万的创新型的、具有企业家精神的思维方式的个体。这正是德国多年来一直秉承的。不在于企业究竟是大还是小，但要有一种文化，让企业家的创新精神能够兴盛。创新氛围、专利保护、知识产权，要有适用于不同市场的思维。中国正在发生变化，因为已经清楚地认识到创新是提高增长质量的一个关键驱动力。

中国正在绸缪新型的城镇化。你认为最应当注意的问题有哪些？如何看待这种趋势所带来的机遇？

罗旭德　我认为中国已经有了清晰的策略。中国的一大优势是可以相对地"新建"城市，有机会从一开始就做好设计。在发达国家，有些城市的设计足迹已经很难改变，而中国可以综合考虑各种层面的问题，社会、水资源、能源、空气等。另一个优势是中国城市差别可以很大，有机会平衡城镇的规模。未来趋势可能不是超大城市，而是更广范围内的"中心—辐射"式（Hub-Spoke）的服务体系。

从工业的角度看，这意味着城际交通和城市公共交通系统非常重要，意味着有机会创造小级别的能源中心，这样可以形成一个能源网络，控制能源流向；还有机会使城市设计更关注社会层面。我记得听过联合国人类居住规划署（UN HABITAT）总干事的讲话，他说城市的最大问题是公共和私人空间的混合，但实际上存在着一个最优的组合。孟买的公共空间是 2%，这么小的公共空间下无法建立可持续的基础设施。纽约是非常少有的案例，它今天的样子与当初的设计一模一样。

因此，如果从一开始就能设计好街道布局，使公共和私人空间合理组合，可以做到更合理、更科学。

建造新的城市，是一个非常不同的挑战，必须要把全球经验考虑进来，科技只是一部分，但不是解决方案的全部。

这是否也是西门子新成立基础设施与城市业务部门的考虑？西门子在中国有怎样的业务规划？

罗旭德　城镇化其实不仅对中国，对全世界都是个挑战。全球 70% 的能源消耗、50% 以上的污染来自于城市。我们需要从技术角度解决这些问题，这正是西门子未来长期发展的方向，因为我们拥有众多相关解决方案，而且我们是备受信任的合作伙伴。我们近期与中国三个城市签署了城市基础设施项目合作的备忘录，这一领域是西门子未来几十年的业务重心。

　　你对中国铁路系统的市场化前景怎么看？市场化的推进方向应是怎样的？

罗旭德　中国领导层希望吸引更多私有资金，这也是世界上许多国家正在发生的。一方面有专注于规则和安全的监管机构，而后要有企业负责建设和运营铁路系统，这是积极的一步。面向将来，我认为关键是如何充分撬动公共交通系统。中国正在发展高速铁路网络，就需要使货运在远距离内的运行更为节能。

　　这意味着在长途交通、城际和市内公共交通中有巨大的机会，因为高铁可以分担公路货运的压力。

研究员罗兰对此文亦有贡献
发表于财新网 发表时间：2013 年 4 月 17 日

中国钻石市场增速放缓

永恒印记首席执行官：斯蒂芬·卢希尔（Stephen Lussier）
特派香港记者：戴甜

　　斯蒂芬·卢希尔，永恒印记（Forevermark）首席执行官，戴比尔斯集团（De Beers）执行副总裁，其于 1985 年加入戴比尔斯集团任北美地区市场总监，1991 至 1993 年间担任亚太区总监，开拓中国及印度市场，2002 年获邀加入国际钻石商贸公司 DTC 执行委员会，自 2009 年正式出任永恒印记首席执行官。

　　被认为是近年来全球奢侈品市场主要动力的中国豪客正在"销声匿迹"。

　　香港统计处 6 月初公布的数据显示，香港 4 月零售额锐减，同比下跌 9.8% 至 388 亿港元，其中珠宝首饰、钟表等名贵礼物的销售额下跌 39.9%，百货公司货品销售额跌 1.3%，电器及摄影器材跌 8.3%，杂项耐用消费品减 22.3%。

　　据国家统计局最新数据，4 月全国社会消费品零售总额同比增长 11.9%，今年首 4 个月同比增长 12%，但其中金银珠宝销售额 4 月则锐减 30%，首 4 个月同比下跌 4.8%。

　　"香港零售额下跌引发外界关注，但事实上不只是赴港豪客消失，中国豪客在全球消失。"香港冠域商业及经济研究中心主任关焯照向媒体表示。

　　美银美林研究报告预计，内地新一轮反腐打击将持续一年，且更为严厉，今年政府与企业消费将进一步缩水，社会零售总额面临增长放缓压力。报告指，促进消费的目标自三中全会后就鲜有提起，因为拉动消费与反腐存在冲突，过度消费也不利于建设生态友好、节俭型社会。

咨询机构贝恩认为，伴随市场 30% 至 40% 的爆发性增长不再持续，以及消费者的多样化，中国奢侈品市场崩盘的风险加剧，尽管从全球来看，中国消费者仍然是奢侈品的最大消费群体，占全球总支出的 29%。

中国奢侈品市场是否如数据报告所言"退热"？受冲击较大的珠宝行业又会做出哪些调整？高增长能否保持？

财新记者 内地与香港珠宝行业零售额均出现下滑，永恒印记在大中华市场是否同样面临销量下滑？是否担心内地打击反腐以及经济增速放缓等因素影响钻石饰品销售？

卢希尔 永恒印记很幸运没有受到影响，去年及年初以来的零售额增长依然强劲，增速达 40%，中国市场是永恒印记的第一大市场，也是主要驱动力，我们预计今年的销量依然能保持以相同的速度增长。考虑到金价波动，经营金银饰品的珠宝商可能会面临挑战，今年的销量可能不比去年，但钻石市场受影响较小。

永恒印记在中国市场的核心产品是新婚饰品，婚戒大概占到销售额的七成，其中购买者包括新婚情侣，也有已婚人士随着生活水平的改善前来补买上一枚钻戒的。主打新婚饰品很有帮助，这一定位让永恒印记较少受反腐及经济波动的影响，婚戒不能算是一般意义的奢侈品，它纪念了人生中仅有一次的重要时刻，传递了永恒，满足人们精神上的需要。

目前永恒印记中国市场年增长接近 40%，但未来 5 年将会有哪些变化？对于钻石市场而言，为什么说未来中国也许不是最有潜力的市场，但是最为重要的市场？

卢希尔　世界范围来讲，美国是第一大钻石消费国，中国市场在过去 20 多年来从无到有、增速惊人，跃居为第二大消费国，占据了全球钻石销量的 12% 到 15%。永恒印记 2008 年末进驻内地市场，而内地市场只用了大概两年的时间就超过了香港。中国内地目前是我们最大的市场，美国市场短期也很难追赶。

我相信未来 5 年，中国仍将是增长最为迅猛的市场，随着城镇化的不断推进，将有越来越多的中国人跻身钻石消费群体。我认为，未来中国市场的增速可能会在 10% 至 15%，而不是过去的 35% 到 40%，但这已经是不小的增长了。

中国三线城市消费旺盛，尤其是婚戒产品。永恒印记在中国有着全球近三分之一的零售伙伴。我们将继续拓展网点布局，已经进驻的城市也会增加新分店的数量。

永恒印记是否会考虑设立直营旗舰店？选择与珠宝零售商合作设立网点是基于哪些考虑？

卢希尔　大多数国际奢侈品牌确实都设有直营店，永恒印记自身不设直营店，而是选择与合作伙伴搭档，其中有如下几点考虑：首先，永恒印记可以专注做公司擅长的业务，也就是钻石的选取，同时也能打造自身钻石品牌，我们和珠宝商一道合作，他们对当地市场更为熟悉；第二，这种经营模式也有利于快速增长，如果自己开设直营店，永恒印记可能需要 30 年才能建成 400 多家分店，但是我们 4 年内通过与珠宝商合作就实现了，同时也提升了品牌知名度。

永恒印记未来会在全球继续增加合作伙伴，截至去年我们在全球已有 1300 多个合作珠宝商，希望未来几年这一数字能够增加一倍，我们也有信心通过与周大福、周生生等现有伙伴及新伙伴的合作，增加永恒印记在内地的业务。

在钻石消费方面，中国消费者具有哪些特点？

卢希尔 我1991年任职于戴比尔斯亚太区总监，到现在已经有20多年了，中国的变化差不多是翻天覆地的。内地钻石消费者有几个特点：一是消费者年龄整体偏低，市场更年轻，美国市场的钻石主力消费人群在45至50岁，而中国是25至28岁；二是新婚饰品及首次消费人群占了大多数，美国、香港等成熟市场则会有一定比例的第二次或第三次购买者，这直接影响饰品的设计，首次购买者会更倾向于选择单钻、简单镶嵌的经典款式，这也是在中国卖出最多的款式。

中国消费者更为注重钻石的品牌和质量。美国的消费者更关心钻石的大小，而中国消费者则关心钻石的质量，这点在他们看来比大小还重要，好的钻石会让他们觉得特别夺目，戴起来也更有自信。

西方钻石饰品的主要购买者是丈夫，他们为妻子购置作为礼物，而在亚洲市场，自主购买和礼品市场的份额差不多是一半一半。这里的礼品不同于中国意义的"送礼"，我们希望，永恒印记能够成为夫妻间欣赏与爱的代言，而不是从不认识的人那里得到的礼物，我相信这也是保持品牌持久魅力的方式。

你认为中国最具潜力的市场在哪里？拓展市场中还面临哪些障碍？

卢希尔 我个人很喜欢上海，上海较香港在文化上更具活力。北京承载传统，香港金融色彩浓郁，而上海不仅有金融行业，在文化、时尚等领域同样有着一展宏图的抱负。

而永恒印记未来的增长推动力会在三线城市，那里有着最高的增速。我

2014 年 1 月去了武汉，见了那里的两个销售员，都 20 多岁，商场里很冷，她们穿着大衣，当月卖出 1400 枚永恒印记钻戒，每只钻戒均价约在 2200 美元，我后来去美国时给那儿的很多珠宝商看了与她们的合影。

发表于财新网 发表时间：2014 年 7 月 2 日

第八篇 聚焦文化软实力

▶ ▶ ▶

中企需多研究海外市场

奥美集团全球董事长兼首席执行官：杨名皓 (Miles Young)
记者：王宇倩

    杨名皓，英国人，1982 年加入奥美，后担任奥美亚太区首席执行官，2009 年初任奥美集团全球董事长兼首席执行官。

    在发达国家的消费者看来，"中国制造"或许已不再是廉价低质的代名词，但将它与品牌和创新联系起来，这中间还有很长的一段距离。在海外发展的中国企业，面对不熟悉的监管和社会环境，也频繁遭遇难题。

    在杨名皓看来，这些难题主要源于企业对当地的市场政策和消费者偏好不够了解，也与管理方式所需的转变有很大的关系。

    一方面是"走出去"，一方面是"引进来"，急于吸引投资和发展旅游业的地方政府，也同企业一样，将城市品牌塑造提升为了工作重点。

    2008 年，奥美与成都本地整合营销企业阿佩克思联手，协助成都市政府开展震后城市形象建设活动。2010 年，双方设立合资公司，并为成都策划了一系列城市品牌国际营销活动，包括"成都全球招募熊猫守护使"。2012 年 6 月，奥美与江苏省政府签订协议，为当地企业"走出去"提供战略和经营建议，并助推江苏省国际影响力。

    "事实上，世界其他地方对中国城市的印象是非常模糊的，"杨名皓表示，"熊猫仅仅是一个帮助你取得关注的手段，"背后的软实力，也就是创造力，才是最重要的。

财新记者 总的来说，中国企业在海外的形象如何？

杨名皓 这个形象已经有了很大的变化。五到十年前，尤其在欧美市场，中国品牌基本就是廉价的代名词，这个印象已经有了很大的改变。联想就是这样的一个例子，它做得非常好，制造优秀的电脑产品，事实上它市场份额显著的增长表明它跟戴尔惠普或任何其他品牌一样好。另外，华为公司是一个具有成本优势的优质供应商，但它不只是被看作廉价的。它有附加值，它提供的产品是经过深思熟虑的，因此这远比其竞争者思科公司更有优势。

另一个已发生的是，人们认识到中国比看起来要更多面。例如，中国的设计，这是以前从来没有谈到的，现在很多杂志写了关于它的内容。你打开一个西方的设计杂志，会看到关于中国设计师的文章：时装设计师、平面设计师、家具设计师等。中国建筑师开始成为众所周知的人物，我认为形象已经从单一的维度变得全面，这也有助于中国的形象。

华为在美国的收购曾经受政府的阻挠所以不成功，这与公司的形象有关吗？

杨名皓 美国并不总是友善的。也会有保护主义、政治利益，在自己的选区内要支持和代表某种政治倾向。所以被拒绝投资的理由不一定是根本的原因。我认为美国对于中国能源或通讯方面的投资的反应，是一定程度上和美国的政治倾向和决策有关的，而与中国公司无关。

进入海外市场的中国企业应该关注什么？

杨名皓 对于联想和华为这样的大公司，他们需要具备对即将进入的那个国家的文化敏感性。以前美国人和英国人开始开拓全球市场时，他们也需要接受文化培训。我第一次来中国时，也接受了中国文化的培训，这很有用。因此我认为随着中国成为全球化的参与者，认识到文化的机遇，比其它任何都重要。

另外，中国企业需要在市场研究上投入更多的资金。我们的母公司 WPP 集团，也是最大的消费者研究机构，它显示中国公司实际每年只花费 2500 万美元在消费者调研上。这是绝对微不足道的。一个公司在海外开拓市场，却没能足够了解国外消费者是很危险的。了解消费者的需求后，接下来重要的一步就是根据不同的市场需求定制产品。

中国企业在国外运营，管理方面遇到的最大困难是什么？

杨名皓 最大的挑战来自管理架构。西方市场通用的矩阵管理架构与中国企业熟悉的金字塔型的指挥和控制模式不同，它意味着责任的多重性。一个组织中，贯穿了水平和垂直的线，站在每一个交叉点上，看到的是不同区域，不同业务单元的业务。西方企业已经用了 25 年去了解矩阵管理。对中国来说，矩阵管理还是一件新鲜事。当你用从上而下的管理模式，管理一个进入了全球市场的公司时，这就有问题了。所以你在转向新的矩阵管理时，可能会有些迷惑，谁来决策广告的预算？是那些矩阵交叉点上的广告专家吗？是区域的广告人士吗？是在本土的广告人嘛？是为单一业务单元工作的广告人士吗？这并不清晰，一旦离开你的祖国，你就需要面对这些管理问题。

除了公司，很多地方政府现在也致力于提升自己在海外的知名度，成都市和江苏省政府还与奥美签署了合作协议。塑造城市品牌的最主要目的是什么？

杨名皓 塑造城市品牌，我觉得主要有两个原因。一是它体现了一个区域或城市的软实力，而软实力是一个国家需要发展的资产，它是在品牌战略中体现的。二是他们也在与其他省份竞争，吸引直接投资。任何国家做一些事情，首先至关重要都是吸引投资，其次是吸引旅游，旅游业带来收益，第三是宣传本土品牌。所以，品牌战略囊括所有这些事情。这是经济竞争政策的一个方面。现在成都五月份会举办财富 500 强会议，成为中国除北京和上海后最为外界所知的城市，因为政府已经对各种新思想持非常开放的观点，使用数字媒体，举办大型活动，运用社交媒体，保持高度的创新性。其结果是它具有了很高的知名度，其外国直接投资大幅增加等。

> 张艺谋为成都设计过一个广告，把成都形容为 "来了就不想离开的城市"。你怎么看这个广告？奥美是怎样宣传成都的？

杨名皓 作为一个外国人，说这是一座你不想离开的城市，是不让人信服的，我的意思是，它并不意味着什么，这是一个错误的概念。我们为成都设计的口号是 "Can do Chengdu"。宣传方面，我们发起了 "成都大熊猫守护使" 的活动。基本上这是一个数字营销战役，基于一场全球竞赛最终选出几位来到成都，并成为熊猫守护使。在英语中，Pambassador（大熊猫守护使）是一个很好的词，这是一个巧妙的文字游戏，听起来绝对吸引人，所以它立即就进入到英美的社交媒体和主流电视媒体，并且这个热门势头一直在继续。我们在英国投放了病毒视频，并让 Pambassadors 出现在伦敦的街头，这的确是一件很有趣的事，因为它转变了中国在人们脑海中的传统印象，很多人都很疑惑，这真的是中国吗？

当然，熊猫仅仅是一个帮助你取得关注的手段。但事实上，世界其他地方对中国城市的印象是非常模糊的，人们对它的了解并不多，甚至念不出它们的名字，有一些城市的名字已经改变了但是人们却仍停留在原来的认知，比如外国人现在知道 Canton 就是广州，但是广州是什么，在哪里，完全没有概念。

你怎么看中国的软实力发展？

杨名皓　我想政府部长谈软实力的时候实际上就是指创造力。创造力可以追溯到大学的课程设置，追溯到像我们一样的创意产业，追溯到设计学校，追溯到艺术，以及艺术在创意方面所担当的角色，用一个词来说明，就是对于中国的文化认同。当代艺术在影响外界对中国看法的方面有着革命性的巨大影响。我们的研究很清楚地表明，当人们被问起你怎样看待中国时，人们脑海里就会浮现出当代艺术的图像。十年以前，人们只能想起红色的龙或者类似的东西，但是现在，他们会有更广泛的联想。我认为软实力就是关于这些东西的。

发表于财新网 发表时间：2013 年 4 月 1 日

以国际合作提升中国科研水平

爱思唯尔中国区总裁：黄有堃（Yukun Harsono）
记者：陈沁

　　黄有堃，印尼华人，哈佛大学社会学学士、工商管理硕士。曾在兰登书屋纽约办公室工作，负责市场、运营以及定价。2006 年加入爱思唯尔，先后在总部阿姆斯特丹和纽约任职，制定学术、政府市场营销战略，对北美、亚太和欧洲学术市场有深入了解。

　　中国何时会出诺贝尔奖得主？近年来，中国科研发展迅速，论文出版数量已居全球第二，但是质量仍不尽人意。

　　根据科技医学信息提供商爱思唯尔发布的报告，中国在科研领域的投入持续增长，科研人员增速超过大多数国家，文章发表量逐渐上升，尤其在工程、物理和数学领域的活跃程度已达全球最高水平，但是整体而言中国文章被引用量仍低于全球平均水平。

　　如何提高中国科研质量？政府应当发挥怎样作用？最近许多顶尖大学都开了中国中心，这对中国科研有何影响？财新记者专访了爱思唯尔中国区总裁黄有堃。

　　爱思唯尔与全球最优秀的科技和医学团体合作出版 2200 多种期刊以及 25000 多种图书，包括顶级医学杂志《柳叶刀》《细胞》以及 Mosby、Saunders 等核心出版物。

财新记者 你怎么看中国近年来的科研发展？有什么趋势？

黄有壂 过去十年间，中国科研在出产数量上的发展是惊人的，比如中国作者署名文章增速排全球第一。在出版数量上看，中国现在是全球第二，仅次于美国。考虑到中国人的母语不是英文，而这些文章大多数以英文发表，这个第二的排名已是非常大的成就。

但是中国科研发展的质量还有提升空间。质量评判的一个很重要的标准是，你的论文被其他多少位作者引用过。中国论文的被引用量过去几年也有明显增长，但是仍低于全球平均水平。

怎样才能提升中国论文的被引用次数，换言之提升科研发展质量？

黄有壂 因为论文多以英文发表，所以我认为最直接的一个方式是帮助中国研究者们提升英语水平，在写作语言上扫清障碍。在研究方面，应多加强与全球的合作。当他们做研究、写论文的时候，不只是寻求中国的合作者，而是在美国、欧洲也寻求合作者。这能够提升中国科研成果在国际的曝光度。

此外，关注同行所发表文章，最好是能参与到业内期刊的审校工作中来，多参与国际会议，与所感兴趣的文章的作者相结识。一个行业内大家最关注的是几本顶尖的期刊，但是还有许多质量不错、聚焦某一特定领域的期刊也是值得关注的。我们曾组织会议，研究一本期刊最关注的、最多刊登的是哪些话题的文章，哪些作者的名字经常出现，怎样才能与这些作者认识。这些都是科研工作者提升自身水平行之有效的方法。

政府在提升科研水平上应发挥怎样的作用？

黄有堃　中国专注于成为更加以创新驱动的经济体，政府在科研上可以发挥非常关键的作用。首先，政府在鼓励国际合作上可扮演重要角色。一是在资金支持上，可以对资金的申请者设立门槛，比如是否曾以国际合作的方式发表过文章，或者所申请报批的项目中是否有与其他国家研究机构合作的内容。二是鼓励更多中国研究者走出国门，比如到国外做博士后，参加国际会议等。三是加强机构间的合作，由不同国家、不同系别成立联合研究机构。

最近许多顶尖大学都开了中国中心，比如哈佛、耶鲁、斯坦福、宾大等。这对中国科研有何影响？

黄有堃　这是非常好的第一步。许多这些大学加强在中国的存在能够使教授们来华访问，与中国学者互动。下一步是如何使中国的大学能到美国尤其是美国的高校设立类似机构。中美大学之间能够加强交流，就某一特定话题举行学术会议。

中国政府近几年非常看重对海外留学人才的引进，比如千人计划。你怎么看？

黄有堃　这是个好的开始，需要进一步的发展和落实。我们发现，这些海外留学人才，他们的论文在全球的认知度更高，他们的科研成果在国际上的影响力也更大。我的建议是，在引进这类人才时，不仅关于其个人，因为研究多是以合作形式完成，所以在关注某一个人才时，要看看其研究合作者中，有多少在中国，有多少在海外，回国后其研究所需的合作还能否正常展开，最好是能对某一领域的人才以"抱团"的方式引进。

爱思唯尔今年在中国有什么样的发展计划？

黄有堃　我们希望能够驱动在中国的增长，看看在医疗教育、研发等领域能为中国做什么。过去我们的中国战略更多是销售，把全球产品卖到中国。但是一个新的情况是，中国在参与到全球研发的过程中面临许多挑战，我们希望从中国的需要出发，为中国定制（Made for China）服务，比如帮助中国的学者们解决英语语言问题，以及更高效地吸收全球科研成果。我们非常关注在中国政府看来什么是最重要的，尤其是在研发、医改、教育等领域。

发表于财新网 发表时间：2015 年 4 月 9 日

如何选择商学院

美国西北大学 Kellogg

商学院院长：萨利·布朗特（Sally Blount）

记者：王力为

　　萨利·布朗特自 2010 年 7 月 15 日起担任美国西北大学 Kellogg 商学院院长。1992 年至 2001 年，执教于芝加哥大学勃斯（Booth）商学院。在此期间，为 MBA 项目及高级管理培训课程中最受好评的教授之一。2001 年，加盟纽约大学斯特恩（Stern）商学院；2004 年至 2010 年担任斯特恩商学院副院长以及本科学院院长。职业生涯早期曾在波士顿咨询集团担任顾问。1992 年在 Kellogg 商学院获得管理学博士学位，1983 年获得普林斯顿大学工程学专业与 Woodrow Wilson 学院双学士学位。

　　商学院教育在中国方兴未艾，越来越多的中国人选择在中国完成商学院教育，中国商学院也越来越受到全球的承认。在英国《金融时报》最新发布的 2014 全球 MBA 排行榜中，有四所大陆商学院排进前 100 位，他们毕业生平均 150%-160% 的薪资涨幅，远高于其他学院 100% 上下的涨幅。

　　美国商学院也被吸引到了中国这片热土上来。美国顶级商学院之一——西北大学 Kellogg 管理学院（下称 Kellogg）携手北京大学光华管理学院，将于今年 9 月起开设"北大光华 -Kellogg EMBA 联合学位"项目。2 月 17 日，光华管理学院院长蔡洪滨与 Kellogg 管理学院院长萨利·布朗特在北京共同开启了该项目。

财新记者 金融危机后，人们对于商学院的态度发生了怎样的变化？

布朗特 实际上在金融危机后，商学院的申请人数出现了显著的上升。工作岗位少了，更多人希望抓住这一机会，接受全日制教育。虽然这一趋势现在已经趋于平稳，但从更长期的视角来看，2000 年之后，全世界发生了太多巨变：诸如脸谱（Facebook）、亚马逊（Amazon）这样的公司重塑了创新的标杆；金砖四国（BRIC）闯入大众语境；中国成为全球第二大经济体。

因此，我们培养商业领袖的方式也必须与时俱进。Kellogg 从来不会把自己禁锢在一个模式里：我们与全球许多学校建立了联合 EMBA 项目；我们是美国唯一开设为期一年全职 MBA 项目的顶级商学院；也是第一个开设为期三年 JD（法学博士）–MBA 项目的商学院。从课程设置的角度来说，我们是一个很平衡的商学院。

对于商学院的申请者来说，EMBA 项目相对于 MBA 项目有什么不同？

布朗特 我认为商学院教育最重要的一点，是能让一个人在事业发展的特定时期接受他最需要的教育。在 40 岁上下时，很多人往往已经在事业上有一定建树。所以 EMBA 教育最主要的目标是为他们未来将要承担的高层管理职务做准备，让优秀的商业人才进入最顶级的行列；MBA 项目更多的是保证学员可以进入一个职业发展的上升轨道。我相信商学院的教育可以帮助人们改变世界，但在传达这个理念的同时，我们也希望符合不同人才的需求。

那么读 MBA 还是 EMBA，选择国内还是国外的商学院，在这些方面应该做怎样的考量？

布朗特　应该根据申请者的目标和他身处的环境，即在新兴市场还是成熟市场，作综合判断。假如我有一个孩子目前在中国生活和工作，我不会建议他离开工作环境两年，去读一个全职MBA。更好的选择也许是读一个兼职的MBA项目，或者是过几年之后再读EMBA。

　　但如果是对我的女儿，我会建议她读一个全职的MBA。因为她身处美国，增长相对新兴市场略显缓慢；她有很广泛的兴趣，在本科时读的是文理学院，而且已经环游了世界很多地方。我认为，目前建立一个好的（商业）思维模式会对她很有帮助。

　　　　在中国的商业活动中，人际关系的作用异常重要。在商学院，学生们往往更重视学业还是社交？

布朗特　Kellogg做过一个细分市场研究（segmentation study），发现一部分学生更重视学业，一部分更重视社交，也有相当大的群体对两者都很看重，Kellogg商学院在这方面是比较平衡的。不同的人有不同的倾向，我不觉得一定要做一个抉择，完全可以两者兼顾。

　　在中国，我确实听到过有不少人读两个EMBA的例子。所以我理解，由于文化的原因，人际关系在中国更受重视。

　　　　Kellogg商学院最看重学生哪方面的特质？

布朗特　在Kellogg我们常说，"high impact, low ego（多一分影响，少一分自负）"。更通俗的来说，我希望当一个Kellogg的学生走进一个房间时，他能提升整个团队的素质，而非突显自己的地位。杰出的领导者，会为了建立一个更好的团队而作出自我奉献。

　　如果你去问美国的猎头公司就会知道，Kellogg的学生正是因为具备这样的品质，以及高度的团队意识而闻名，这与其他的一些学校有所不同。因此，我很自豪我们可以培养出真正具有团队意识的人才——可以为了组建一个更好的团队，而放弃、或控制自己的自我意识。

Kellogg 是怎样做到这一点的？

布朗特 这得益于我们几十年来形成的文化。我自己也在很大程度上受益于这样一种文化和气氛。拿我自己来说，我来自东海岸，那里不少人倾向于多考虑自己，少考虑他人。在 Kellogg 学习的经历在一定程度上改变了我，进而为我现在领导 Kellogg 作了很好的准备。

Kellogg 商学院选择光华管理学院，开设这个联合 EMBA 项目，是出于什么考虑，这个项目有什么独特的地方？

布朗特 目前，这是唯一一个由美国顶尖商学院和中国大陆顶尖商学院联合开设的 EMBA 项目。这个项目汇集了两所商学院最好的师资，我们对于中美两国的市场环境也有很深刻的认识，而且 Kellogg 与全球其他商学院设立联合 EMBA 项目的成功经验，对这一项目也很有帮助。

Kellogg 与光华管理学院的合作已有近 20 年的历史，两个学院有很强的学术互补性，Kellogg 精于有关市场和客户的理论及实践，光华则有很强的经济管理和公共政策研究实力。

对考虑申请商学院的人，你有什么建议？

布朗特 首先要想清楚你要的是什么、你的目标是什么？然后，考虑在文化上，哪个学校更适合你。Kellogg 在招生时，会选择更善于与团队合作并建设团队的人。过于个人主义的申请者，并不是我们的目标。所以我认为你需要去了解自己，之后去观察不同商学院的文化，然后选择你最认同的理念。

发表于财新网 发表时间：2014 年 3 月 6 日

在线教育升温是积极信号

华尔街英语中国区首席执行官：保罗·布莱克斯顿（Paul Blackstone）

记者：闻静

见习记者：南皓

布莱克斯顿 2013 年出任华尔街英语（中国）首席执行官，全面负责华尔街英语在中国的运营事务。自 1998 年加入华尔街英语以来，布莱克斯顿曾在华尔街英语阿根廷、法国、美国和中国等多地的学习中心担任高级管理职位。在正式出任华尔街英语（中国）首席执行官之前，布莱克斯顿曾先后就任华尔街英语（中国）副首席执行官及华尔街英语（中国）全国运营总监长达 8 年。

在线教育市场持续升温。随着百度、阿里、腾讯、网易等互联网企业纷纷推出在线教育产品，传统教育培训机构是否还能隔岸观火？

英语培训一直是中国教育培训产业的大头。2014 年 2 月，Tutorgroup 融资一亿美元，为旗下 TutorABC、VIPABC 等大中华地区英语培训业务充能。而作为英语在线培训的先行者，在上一个十年曾声名赫赫的华尔街英语、英孚教育、韦德英语等培训机构，似乎已风光不比当年。面对新进企业在线教育市场的"大举进犯"，它们是否还能在市场中保有一席之地？

财新记者 华尔街希望怎样向互联网教育转型？很多学员反映，在华尔街上课，多半时间已经是在线听课、做练习，当下华尔街英语"不断探索互联网平台"，努力方向是什么？

布莱克斯顿 华尔街英语对教育技术一直是具有创新精神的践行者。时下任何可用的技术，只要我们认为它能对学生的学习体验有所帮助和提升，我们就一定会使用。这一点从 1972 年我们在意大利开设第一家学习中心就一直如此。这也基于我们的核心方法论，相比把很多学生安排在一个大课堂里而言，我们总是试图进行单独教学。

技术和多媒体只是帮助我们实现了这一点。有的学生能在一小时就取得进步，有一些学生基础比较好，则只需花 45 分钟，有些可能花半小时就够了。基于此，我们认为单独教学是非常重要的。

另外，多媒体在展示语言环境这一点上是非常理想的手段。比如视频就是通过视觉去展示语法和特定的语境。所以我们的多媒体课程就是一部"肥皂剧"，用一条故事线涵盖从初级到高级的学习要点，用故事让学生身临其境。比如，讲授"如何用英语预定酒店"时，学生通过多媒体，可以看到走进酒店的人物，可以直观地看到人物对话时的动作、表情。然而，如果教学只是在传统课堂里，相对来说学生就更需要对环境的想象力，这一点并非总能做到。

所以，采用多媒体单独教学有三个优点：第一，学生可以根据自己的节奏、速度取得进步；第二，学生可以重复练习；第三，目标语言可以通过特定语境来展示。而当学员再次来到老师面前时，学生则需要提前不断练习语法和词汇，以确保上课时已经准备好跟老师进行沟通。

在这一过程中，教师的角色发生变化，他们不再是传授，而是检验学生是否能够正确使用语言。

怎么看中国英语教育培训市场的未来？线下和线下教学的市场份额会呈何种局面？

布莱克斯顿 从 2000 年开始就有很多企业开始提供互联网教育服务，距今已是相当长一段时间了。这意味着市场中有许多竞争者和服务提供者。作为其中的一员，我们认为，我们提供给用户的是便利：如果学员想来教学中心，我们有很多地理位置优越的线下网点；当学员不愿意为赶地铁或是交通问题而烦心，他们就可以上多媒体课程。所以，互联网教育的核心在于，学生不必亲自跑到学习中心上课，100%的课程都可以通过网络来完成。当然，不同的人有不同的需求和想法。

不过，这也是一个很大的市场，有足够的空间预留给定位不同、方法不同的企业。总体而言，中国互联网教育的上升趋势是一个积极的信号。

如何看中国高考对英语的改革？中国英语教育的应试风气真的会得到遏制吗？

布莱克斯顿　英语考试并不是检验英语沟通水平的最好方法。考试能帮助建立阅读能力和理解能力。但学习一门语言远不止这些，关键还是建立沟通的自信和技巧。中国教育改革是政府非常积极的一步。教育的重心将从那些只知道应试、却没有沟通技巧的人，转移到那些懂得学以致用的人身上。英语的真正价值在于沟通，那么教育重心就应该被放到沟通上，而不是考试上。

所以这是华尔街英语成为学校英语教育替代品的一次机会？

布莱克斯顿　我认为如此。但我们还没有看到改革的明显迹象。不过一旦人们开始关注英语沟通这样的实用技能，那么华尔街英语一定是获利的一方。因为这些人正是我们的目标群体。我们的目标客户不是应试者，而是那些想要提高沟通能力的成人和青年。

是否认为高考改革将给华尔街英语更多吸引中小学学员的机会？有招收更多年轻学员的打算么？如果有，将如何做？

布莱克斯顿　很难说。目前还没有看到教育改革的明显迹象。我们服务的学生年龄都在 15 岁以上，全球的华尔街英语都是这个标准。但其实我们的主要目标群体的年龄段在 22 到 29 岁。这些人都是由于各种原因想要提高自身英语能力的职业青年。他们不是为了通过考试才来华尔街英语，甚至也不是为了得到更好的工作。人们来华尔街英语是因为他们想建立个人自信，想建立一个充满智慧、都市化、全球化的形象，而这种形象所代表的是一种想要了解这个世界，同时也想帮助世界了解中国的群体。

所以英语教育的角色也应包含文化和沟通，让人们乐于交流自己的文化，同时也作为一扇窗，让中国人看到世界的其他角落。当然也有人来学习是为了社交，这又是另一种沟通。

所以我们并没有降低学员年龄限制的计划。我们也是全球最大教育机构培生就谈的一员。培升集团旗下还有针对儿童英语教育的朗文学校、和英语考试业务环球雅思等。

有人说，华尔街英语曾经"火了一阵子，但现在似乎没落了"，怎么看公众的这种印象？

布莱克斯顿　从目前我们的入学学员人数看，不是这样的：2013 年，我们的注册人数增加了几乎 40%，这也是我们进入中国大陆以来学员最多的时候。我认为，人们持这种想法可能是因为市场中有了更多的竞争者。十年前人们觉得华尔街英语很"高调"，但那时市场中并没有这么多英语培训机构，可以说，华尔街英语创建中国了高端英语培训行业。

我们现在仍然很"高调"。但我想，这十年间又有很多机构进入了市场。从注册的学生数目看，我们正在度过我们创立以来最好的阶段，今年前几个月的数字也是如此。我们还是在继续增长的。

在中国台湾的英语培训市场，VIPABC 被认为在规模上已超过华尔街，你会担心同样的事情发生在大陆么？

布莱克斯顿 一点都不担心。我觉得 VIPABC 的加入是件好事。有新的机构进入市场令我激动，最重要的不是新进者本身，而是其带来的传播效应。不论新进入的是 VIPABC，还是新东方，或是腾讯，他们都增加了该行业的曝光度，也给予消费者更多选择。

消费者选择的增加，会促使行业水平的提升，我认为这是好事。

像 VIPABC 这样的公司，如果在广告或是其他方面有更多投入，会为行业带来一系列影响，华尔街英语也会因此受益。因为广告等投入将扩大英语培训市场，消费者们在决定前也会货比三家，他们不仅会去了解 VIPABC，也会研究其他机构。所以，当我们在营销上投入更多时，会对整个行业和竞争者有利。其他机构高调做广告，也会让我们受益。

英语培训是一个巨大的市场，并且，高端服务总会占有一席之地。

所谓高端服务，核心是高质量的培训方法。所以，培训机构应该在产品上持续投入，包括聘请最好的老师并对老师进行培训，并系统化地保障教学质量。此外，学习环境也很重要，无论是物理空间，还是数字环境。所以，我们在这两方面都投入巨大。

有投资人说，"站街上发传单的营销模式过时了，现在都在向网络营销转向"，您如何看？

布莱克斯顿 如果我们的学生数量出现下降，那或许的确如此。但营销渠道从来不只一个。我们有一个成熟的营销团队和激励机制，及多种渠道用以吸收新学员。在线广告是一种渠道，其实我们是最早开始线上营销的公司之一。线上的空间竞争非常激烈，从营销和引导性销售来看，线上营销也是非常昂贵的。

现在，我们在全国 11 个城市设立了学习中心。所以，我们当然要利用这些线下教学点，他们多数在商圈、地铁站附近，我们可以很方便地邀请人们走进去。人们很乐意走进去看看华尔街英语是怎么一回事，或是测试下自己的英文水平。要知道，在线平台并没有这方面的优点。有些机构只做线上培训，那么他们大部分引导营销都在网上也无可厚非。

拥有线下的教学，就意味着多了一种营销方法。我们选择教学点的原则是，人们在哪儿，我们就把培训中心开在哪儿。比如人流密集的零售区，或是交通枢纽。我们会在那些购物、乘车或是停车方便的地方选址。当然，我们也会继续在量上进行投入。

关键是要为学生创造方便，但也要保证这个方便并不会使教学质量下降。但最重要的是我们还需确保来华尔街英语的学员可以受益于我们的学习方法。对学生而言，有效的学习方法比仅听外教讲课更加重要。

华尔街英语尝试邀请明星拍摄微电影作为宣传方式之一，并称这是在传达"改变"的信号。"改变"是指哪些方面？宣传片播放后效果如何？

布莱克斯顿　这是我们品牌承诺的延伸，我们想告诉人们，来华尔街学习，是一个改变自己未来的机会。这和我们过去的做法不太一样，但也是围绕品牌讲故事的一个方式。邀请演员张翰是一步好棋，他也乐意通过我们来提升自己的英语水平，这与我们的品牌定位相符。

我们希望能有更多这样的故事，可以高诉消费者，公司中的小角色，也可以改变自己的人生。这些职位比较低的公司员工，通过提升英语能力，有潜力得到更好的工作，或是用别的办法帮助他人。

发表于财新网 发表时间：2014 年 4 月 8 日

在线教育的市场空间

ALISON 网站创始人兼 CEO：麦克·费瑞克（Mike Feerick）
记者：张岚

全球范围内在线教育出现了公益和商业化两股潮流。相比起由麻省理工学院、哈佛大学发起的慕课（MOOC）网络课程联盟，商业化免费在线教育网站 ALISON 更倾向于提供基础教育和职业培训。商业化运营让其用户规模加速扩大，并通过广告和付费认证的模式实现了盈利。

2013 年 ALISON 网站获得世界教育创新峰会（WISE）的创新项目大奖。面对普通人已经能够感受到的在线教育发展潮流，ALISON 提供了一个比较完整的发展样本。

财新记者 发展在线教育有两股潮流。一股是由全球顶尖大学发起的非盈利性在线课程体系，另外一种就是走商业化的道路。为什么你从一开始就选择了后者？

麦克·费瑞克 ALISON 是追求盈利的社会企业。我们有非常宏伟的目标。目前全球信息技术的发展，已经能够让我们通过调整商业模式来提供免费的教育，同时实现盈利。做慈善事业是有极限的，通过商业化的运作则能够让免费教育变得可以持续，并不断扩大覆盖面。全球有 20 亿人使用网络，中国的网民数量也非常多。但你要考虑，全球有 70 亿的人口。所以说，我们离

ALISON 的目标还很遥远。

所以说你现在的商业模式是可以盈利的?

麦克·费瑞克　我们现在的模式是倚靠广告。为实现我们的目标，我们在 ALISON 上有尽可能多的课程。我们也提供各种服务。如果你需要学习、需要获得能力认证，这些服务是免费的。但如果你需要一些非必要的服务，那么我们会收费。不过，运营的成本依然很高。我们现在有的就是规模。2007 年 ALISON 成立之后，我们用了 5 年的时间积累 100 万名用户。用户数超过 200 万用了 1 年时间。今年我们的注册用户数在二三百万之间。

到底是哪些用户在使用 ALISON？

麦克·费瑞克　一定程度上来说，我们的用户是边缘用户。比如在英国，我们有很多用户是通过公共图书馆接入 ALISON 的。由此可以判断，其中很多用户是新移民。他们来英国学习英语和基本技能。而在美国，一些用户是通过政府的服务部门接入的。比如你是佛罗里达的一名失业者，你可以在就业服务部门获得培训。ALISON 为这些部门提供基础的培训课程。

他们是怎么知道 ALISON 的？在网站的营销推广上，你用了什么样的策略?

麦克·费瑞克　我们获得过联合国教科文组织的奖项，这次获得世界教育创新峰会（WISE）的奖项也是，这些奖项帮助我们拓宽影响。但最令人惊讶的还是用户的口碑传播。在最初的 5 年当中，我们没有市场营销的预算。但那时我们在全球有 1 万名志愿者，帮助我们推广网站。他们在 ALISON 上勾选选项"志愿推广",然后在线下做实际的推广。特别在非洲,用户通过村落聚会告诉其他人有这么一个网站。还有一些志愿者会组织大家集体学习 ALISON 上的课程。这种营销模式现在依然起作用。

　　这么多的志愿者,你是如何激励他们的?

麦克·费瑞克　　在 2007 年,世界上还没有像慕课(MOOC)这样的公开课联盟。我们是第一家提供在线免费学习内容的网站。尽管之前麻省理工学院(MIT)有过一些尝试,但提供大量的免费内容,我们还是第一家。很多人看到免费的教育资源非常激动。但也有人表示质疑,他们认为质量差的产品才免费。举个例子,在 2005 年、2006 年我们为一家公司提供付费计算机语言课程。当我准备开始做 ALISON 的时候,我告诉他们今后不会再收取费用。对方思考了一夜之后对我说,"麦克,你还是收费吧"。所以说,用户对免费内容的看法需要你用好的产品来改变。

　　你们有一项服务非常吸引人,就是学习能力认证。这是你们自己开发的服务项目吗?

麦克·费瑞克　　在确认网络广告能够实现快速增长之后,我就开始计划推出培训认证的服务。这花费了我很多的时间去想,具体应该如何做。我的思路是提供"简单可及"的服务。因为"简单"具有强大的能量。比如,如果 30 年前你要应聘打字员,那么雇主就会让你当面打一篇文章。你就能知道应聘者的打字速度和准确率。现如今,网络随处可及。如果有人持有 ALISON 的认证,那雇主可以要求他现场进入 ALISON 的测试系统,当场测试他的能力。比如招聘会计,雇主可以要求应聘者进入测试系统,体系会提供 20 道试题。通过测试,你就能知道对方对财务知识、财务流程的熟悉程度。这种测试,在手机、平板电脑上就可以完成。已经有30万人获得了ALISON的学习能力认证。

　　雇主对 ALISON 的认证能有多大的认可度？

麦克·费瑞克　这个问题我是这样看的。我们的平台并不培养博士研究生，而是基础能力的培养。获得认证的用户在求职、跳槽时拥有很好的实力证明。你还可以向雇主提供你在 ALIDSON 的多个学习项目的认证。比如你要竞聘一个会计的职位，对方看到你还有项目管理、统计等学科的能力认证，你会更容易得到职位。因为雇主关注的无外乎两样事，一是你能否胜任某一岗位，二是你是否具备学习能力。我想会有越来越多的公司认可我们的认证。

　　你的学习能力认证服务是收费的？占到你收入的几成？

麦克·费瑞克　综合来说，和广告是五五开。未来广告还会是网站的主要收入来源，但我们也在开发一些新的服务。比如为补考的学生提供订制辅导课程，比如付费无广告等等。

　　你不觉得你的模式很容易被复制？

麦克·费瑞克　这样的事情是难免的，你永远都会有竞争者。但最后，大家比拼的是用户的规模。行业竞争其实会把在线免费教育的理念传播的更广。

　　智能手机会是你们下一步的战略布局吗？

麦克·费瑞克　对我们来说，来自智能手机的影响已经是现实。最近几个月里面，每100% 的流量增长，其中有1% 来自手机。我们对智能手机这股潮流无法免疫。特别是在非洲，通过廉价智能手机和无线网络进行学习，可能会帮助那里的人跨越代际贫困。而且一些课程的课，也比较适合用户在相对短的时间里面完成。

　　三五年后，你估计会有多少用户？

麦克·费瑞克　我们已经实现盈利。用目前的用户量和增长率来做简单估算，大约会有 1 亿用户。

发表于财新网 发表时间：2013 年 11 月 18 日